尾張名古屋 歴史街道を行く

―社寺城郭・幕末史―

大塚耕平

中日新聞社

まえがき

尾張名古屋と聞いて連想するのは、名古屋城、信長、秀吉、家康、熱田神宮、東海道といったところが定番でしょうか。

尾張名古屋は畿内と近く、神話時代や古代から大王家と関係が深い尾張氏が移り住んだことから「尾張」という地名が生まれました。

東海道の古称は海沿いの道を意味する「うみつみち」です。都から伊勢に抜け、伊勢湾を渡って渥美半島の伊良湖岬や三河湾の蒲郡辺りに上陸し、海岸線沿いに東国に向かいました。

やがて陸路で尾張を横断する古代東海道が誕生します。古代東海道は五十三次で知られる近世東海道とは経路が異なります。その間に普及した中世鎌倉街道も近世東海道と経路は同じではありません。宮宿（熱田宿）は近世東海道の代表的な宿場です。尾張藩、名古屋城下町の玄関口として賑わいました。

尾張名古屋の近世史はあまり語られません。幕末史に尾張名古屋、つまり尾張藩はどのように関わっていたのでしょうか。尾張藩14代藩主徳川慶勝（慶恕）と彼の３人の弟、高須四兄弟は幕末史の中心人物です。

この本は、そうした尾張名古屋の先史時代から幕末までの歴史を概観するために書き下ろしました。

きっかけは仏教です。趣味が昂じて「愛知四国霊場の旅」（中日新聞社）を上梓しました。知多四国、三河新四国の札所を紹介しつつ、戦国史等に触れる内容ですが、読者から「尾張名古屋についても書いてほしい」との有難いご要望をいただきました。

仕事柄、愛知県内を隈なく行き来していますので、尾張名古屋の古社、古刹も折に触れて参拝しています。

常々感じていたのは、尾張名古屋は神社創建を契機に地域の歴史が形成されていることです。畿内に近く、大王家と姻戚関係にある尾張氏が移り住んだことと、古社、古刹の縁起は密接に関係しています。

七世紀に国府が置かれました。国分寺、国分尼寺も建立され、尾張名古屋は畿内や周辺地域と道で結ばれていきます。古代東海道に続き、鎌倉幕府が成立すると鎌倉と都を結ぶ中世鎌倉街道（鎌倉往還）が造られます。さらに戦国時代が終わり、名古屋城下町が築かれると、近世東海道に加え、周辺地域とつながっていた間道が脇街道として整備されます。

濃尾平野には木曽三川をはじめ、日光川、庄内川など多くの河川があります。街道や河川の要所には、社寺や砦、城が築かれ、尾張名古屋の歴史を織り成していきます。

筆者は名古屋市千種区に住んでいます。自宅は母校城山中学校のすぐ傍ですが、「城山」の城は織田氏の居城、末森城のことです。末森城の南東には、信長の父信秀、弟信行を弔う桃巌寺があります。いずれも自宅から500メートルの距離です。

名古屋東部丘陵地では貝の化石や貝塚が見つかり、末森の地名は須恵器（陶器）に由来します。海が入り込んでいた先史時代から人が住み、須恵器も作られていた証です。

子どもの頃から慣れ親しみつつも、体系的に整理できていなかった尾張名古屋の地政と歴史の概要を整理したのが本書です。趣味の本です。事実誤認や勉強不足の点があると思いますが、ご容赦ください。

本書にはもうひとつ筆者なりの目的があります。それは第5章の尾張藩幕末史です。歴史は常に勝者の歴史です。時が経つと巷間伝わる通説、すなわち勝者の歴史が検証され、修正されていくことがあります。

客観的検証が行われるには時間の経過が必要です。現在語られている幕末史は薩長史観に基づいています。それ以前の歴史に比べると日が浅く、客観的検証は今後の課題です。

そうした観点から、尾張名古屋で生まれ育った者として、尾張藩は幕末史にどのように関わっていたのか、第5章ではその点を追っています。

尾張藩14代藩主徳川慶勝と15代藩主徳川茂徳は幕末史のキーパーソンであり、尾張藩も重要な役回りを担いました。にもかかわらず、テレビの歴史ドラマ等ではほとんど取り上げられません。薩長史観に基づく幕末史であるが故です。

尾張藩で起きた「青松葉事件」については、経済小説の先駆者城山三郎氏の「冬の派閥」

（1982年、新潮社）、奥山景布子氏の「葵の残葉」（2017年、文藝春秋）が扱っています。しかし、この幕末の歴史的事件を知らない尾張名古屋の人は多いと思います。

ちなみに城山氏の「城山」は上述の城山神社の「城山」です。城山氏は名古屋出身であり、筆者の自宅近く、つまり城山神社のある末森城址の麓に住んだことから「城山」をペンネームとしました。縁を感じます。

以上のような趣旨で上梓した本書の内容は次のような章立てです。それぞれの中で、関連する社寺、城郭を探訪します。

第1章は、先史時代から、古代、中世、近世、幕末までの尾張名古屋の通史です。尾張氏、斯波氏、織田氏、徳川氏の歴史でもあります。

第2章は、中世鎌倉街道を中心に歩き、沿道の歴史を訪ねます。三河国から境川を渡り、宮宿（熱田宿）を経て美濃国に抜け、輪之内を下って高須藩のあった海津に向かいます。

第3章は、名古屋開府、名古屋城築城、そして碁盤割城下町を探訪します。城下の武家地、町人地、寺社地の歴史を紐解きます。

第4章は、名古屋城下町から放射線状に東西南北に延びる脇街道を歩きます。道中に散在する古墳、社寺、城郭が尾張の歴史を物語ります。

第5章は尾張藩幕末史です。14代藩主徳川慶勝、15代藩主徳川茂徳（一橋家当主）、会津藩主

松平容保、桑名藩主松平定敬の高須四兄弟の足跡を追います。

読んでいただくうえで、以下の点にご留意ください。

第1に、時代の異なる話題が交錯している場合があります。本書の狙いは歴史学的正確性を期すものではなく、尾張名古屋の歴史を概観することです。時代の異なる街道や社寺城郭が併存するように記している場合があることをご容赦ください。

第2に人物名です。武士は改名することが多いため、一般によく語られている名前を記しています。例えば、徳川慶勝は秀之助、義恕、慶恕、慶勝と変遷しましたが、極力慶勝と記しました。

第3に年表記です。基本は西暦（太陽暦）年を記しつつ、括弧内に和暦（太陰暦）元号年を記しています。西暦と和暦にはズレがあり、年末年始の西暦年と和暦年は一致しません。和暦元号は645年の「大化」から始まりました。それ以前の天皇号年は原則として記していません。南北朝時代は南朝の和暦に統一しています。

第4に月日表記です。幕末史の記述の仕方は研究者や著作家によって区々ですが、年は西暦、月日は和暦で記す場合が多いことに準じ、原則として「西暦年（元号年）和暦月日」という変則的な表記をしています。年末年始の重要な史実に関しては、例外的に和暦年月日の後に西暦年月日を併記しています。

第5に距離や面積等の表記は極力尺貫法に統一しています。尺は約30センチメートル、丈は10尺、間は6尺、町は60間、里は36町、坪は約3・3平方メートル、畝は30坪、反は10畝、町は10反です。

第6に地名表記です。地名は時代とともに変遷しますが、基本的に代表的表記に統一しています。

第7に、本書を執筆するに当たり、多くの先行研究や玉書、玉稿を参考にさせていただきました。参考文献全てを巻末に掲載できないことをお許しください。なお、本文中に登場する古典文献の解説は巻末をご覧ください。

最後になりますが、中日新聞出版部の勝見啓吾部長と伊藤多代さんには前著に続いてたいへんお世話になりました。御礼を申し上げます。

本書の内容は覚王山日泰寺の弘法さんの縁日で配っているコラム「弘法さんかわら版」に書き下ろしている文章がベースとなっています。長年「弘法さんかわら版」配りにご協力をいただいているボランティアの皆さん、事務所の皆さん、妻の真理子さんに感謝します。

本書が尾張名古屋を愛する歴史愛好家の皆さんの歴史散策のお供となれば幸いです。

２０２２年12月

末森城下の本山書斎にて　大塚耕平

目次

第2章　鎌倉街道を歩く

第3章　名古屋城下町を訪ねる

第4章　脇街道を行く

第5章　尾張藩幕末史を追う

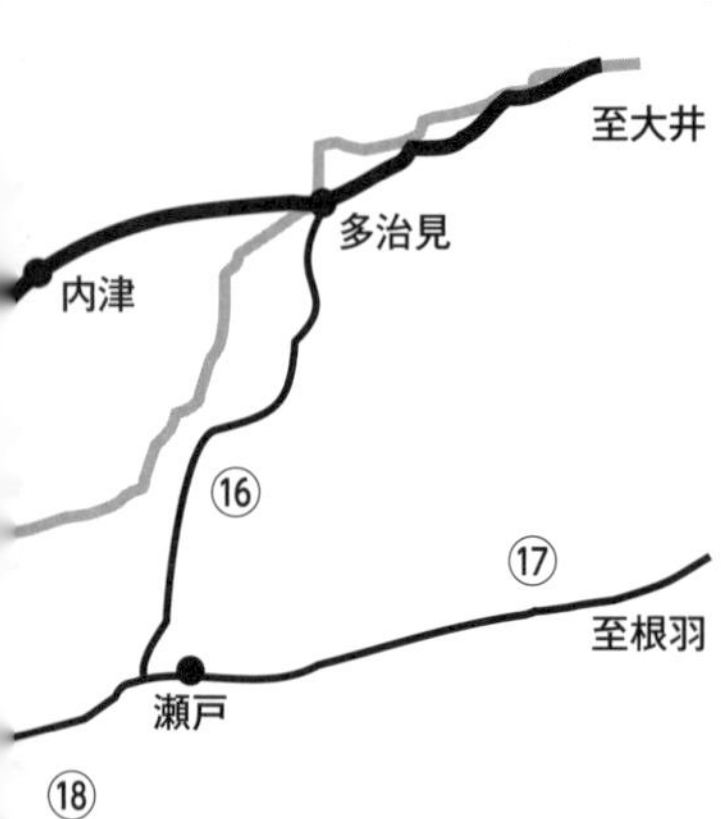

［尾張街道図］

①古代東海道
②中世鎌倉街道
③近世東海道
④佐屋街道（下街道）
⑤津島街道（上街道）
⑥柳街道
⑦百曲街道
⑧高須街道
⑨八神街道
⑩美濃街道
⑪岐阜街道
⑫岩倉街道
⑬上街道（木曽街道）
⑭稲置街道（犬山街道）
⑮下街道（善光寺街道）
⑯水野街道（品野街道、瀬戸街道）
⑰伊那街道（中馬街道）
⑱焙烙街道
⑲高針街道
⑳飯田街道（伊那街道）
㉑駿河街道（岡崎街道）
㉒挙母街道
㉓足助街道（七里街道）
㉔大浜街道
㉕東浦街道（師崎街道）
㉖半田街道
㉗大野街道
㉘西浦街道（常滑街道）
㉙知多街道
㉚塩付街道

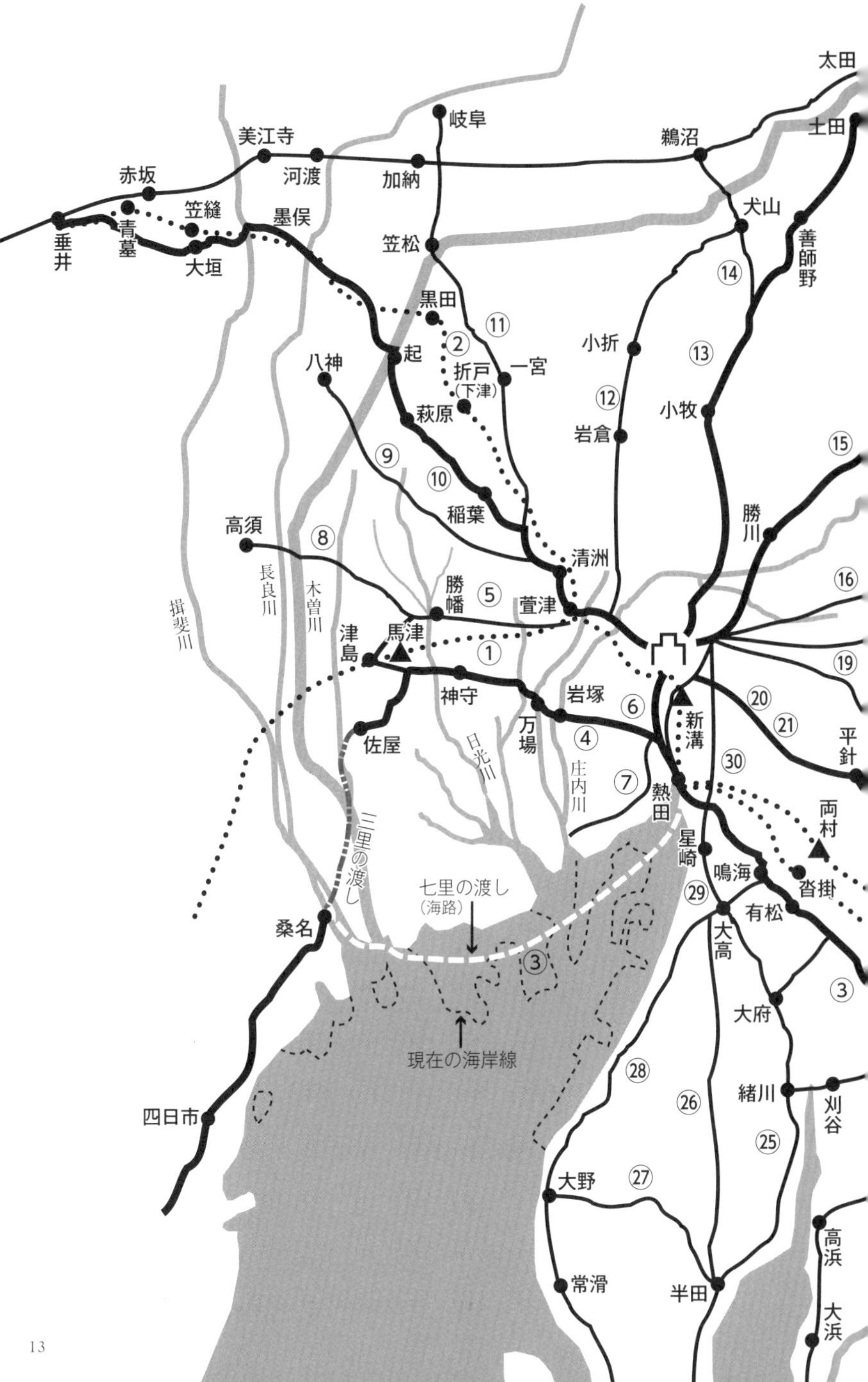
太田
土田
岐阜
美江寺
鵜沼
赤坂
河渡
加納
笠縫
墨俣
犬山
垂井
青墓
大垣
笠松
善師野
黒田
⑪
⑭
②
小折
起
折戸
(下津)
一宮
⑬
八神
萩原
⑫
岩倉
小牧
⑨
⑩
⑮
稲葉
勝川
高須
⑧
清洲
長良川
木曽川
揖斐川
勝幡
⑤
萱津
⑯
津島
馬津
①
⑲
神守
岩塚
⑥
⑳
㉑
新溝
佐屋
万場
④
平針
日光川
庄内川
⑦
㉚
熱田
三里の渡し
両村
星崎
鳴海
沓掛
七里の渡し
(海路)
㉙
有松
桑名
大高
③
③
大府
現在の海岸線
㉘
緒川
刈谷
四日市
㉖
㉕
大野
㉗
高浜
常滑
半田
大浜

第1章

尾張国史を旅する

尾張は街道の国です。街道沿いに社寺が創られ、要衝に砦や城が築かれ、宿場が置かれました。街道の経路は時代とともに変遷しました。街道のそこかしこに、尾張氏、斯波氏、織田氏、豊臣氏、徳川氏の歴史が刻まれています。第1章では、尾張国の古（いにしえ）を探訪します。

1　尾張国概史

尾張は、木曽川、長良川、揖斐川の木曽三川や、濃尾平野中央を流れる日光川や庄内川、年魚市（あゆち）潟に流れ込む中小河川が作り上げた肥沃な扇状地です。木曽三川の西には養老山地がそびえ、東の平野部は猿投山方向に隆起しています。伊勢湾の海岸線は時とともに徐々に南下し、東海道や鎌倉街道の経路に影響を与えました。

扇状地の端には自然堤防が形成され、江南、大口、一宮、稲沢等の尾張北部の町はその上に生まれました。つまり、先史時代の海岸線は尾張北部に迫り、尾張南部は海でした。古代、中世、近世と、海岸線の南下につれて、扇状地や干潟に土砂が堆積し、干拓新田が造られ、尾張南部の陸地が拡大していきます。

尾張と聞けば織田信長、豊臣秀吉、そして名古屋を開府した徳川家康の三英傑があまりにも有名ですが、信長以前はあまり語られません。

そもそも尾張は尾張氏（うじ）が支配したから尾張と呼ばれるようになりました。律令時代以前に大和国葛城郡に高尾張という集落があり、そこから移り住んだ人々が尾張連（むらじ）と呼ばれ、地名と氏名（うじな）として定着します。

古代において「おはり」は「小（こ）墾（はり）」と書き、「墾」は土地を拓いて開墾することを意味します。接頭語の「小」は「御」が転じたものです。「小治」「大治」と書き、それらが尾張に変化したとする説もあります。「烏波利」と表記した古文書も存在します。7世紀の木簡や先代旧事本紀では「尾治国」とも書かれています。

氏名の由来には諸説あるものの、大和王権の大王家と関係の深い尾張

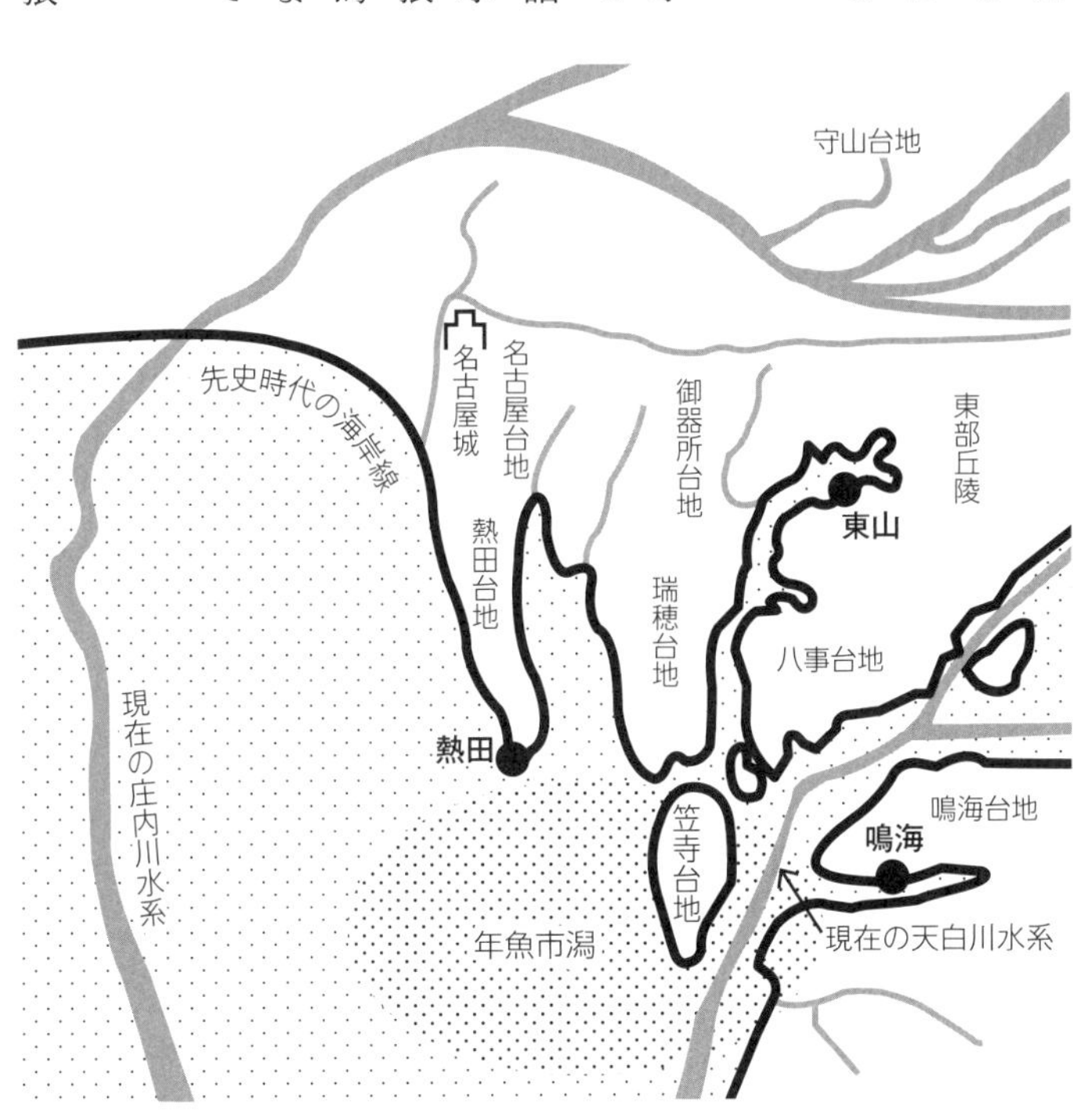

［年魚市潟と尾張国］

氏が治めていた土地が、すなわち尾張です。そして律令時代には、都と東国を結ぶ古代東海道が尾張国を通りました。

尾張氏は国造（くにのみやつこ）を務め、熱田社の大宮司も代々継承します。やがて、尾張氏の娘と婚姻した藤原氏が大宮司を務めるようになります。

平安時代末期の大宮司であった藤原季範（すえのり）の娘、由良御前が源義朝に嫁ぎ、源頼朝を産みました。また、季範の養女（孫娘）も足利義康（足利氏祖）に嫁ぎ、足利氏にも血脈をつないでいます。義康から数えて8代目が室町幕府を開く足利尊氏です。

鎌倉時代には鎌倉と都の間を往来するために、古代東海道がもとになった鎌倉街道（鎌倉往還）が発展し、尾張国は複数の駅（うまや）を擁します。

室町時代初期には美濃国守護の土岐氏が尾張国守護を兼ねていましたが、１４００年頃に斯波義重が尾張守護に任じられました。義重の父義将は越前と越中の守護であり、義重は父から越前守護職を継いだ後に、尾張と遠江の守護も兼ねます。その際、越前守護に仕えていた織田氏も尾張に移り、尾張国の給人となりました。給人とは領主の命を受けて領地を支配する者を指します。

織田氏の先祖は越前織田の剣（つるぎ）神社の神職であり、子孫が守護の斯波氏に仕えました。斯波氏は室町幕府の三管領家の筆頭であり、管領は将軍を補佐して幕政を統括する要職です。

やがて織田氏は斯波氏から尾張守護代を命じられ、大和守家と伊勢守家に分かれて勢力を競います。信長はその大和守家の三奉行家のひとつ、弾正忠家（だんじょうのじょうけ）に生まれました。

織田信長の臣下であった豊臣秀吉、同盟者であった徳川家康など、尾張国は多くの武将を輩出しました。江戸時代の大名は三英傑の配下から出た者が多く、徳川家康に仕えた三河出身者のほか、前田、浅野、池田、山内、蜂須賀などの尾張出身者が各地で大名となりました。系譜を辿ると全国の大名の約7割が尾張と三河に血脈がつながります。

また、多くの藩の家臣団に尾張武士、三河武士が仕官し、江戸開府に際しては大勢の尾張人、三河人が移住しました。尾張は徳川御三家筆頭、尾張徳川家の領地となり、三河は譜代大名領、旗本領、社寺領、天領となりました。


この間、尾張には街道が発展します。中心は近世東海道です。古代東海道、中世鎌倉街道が原形ですが、経路は変わったところもあります。

そもそも、古代東海道は律令時代に定められた五畿七道のひとつです。東海道と聞くとまさしく「道」が思い浮かびますが、古代における東海道にはふたつの意味がありました。ひとつは「道」としての東海道。もうひとつは関東から東海にかけての太平洋側の「地域」を表す東海道です。

五畿とは大和、山城、摂津、河内、和泉の畿内五国を指し、七道は畿外の東海道、東山道、北陸道、山陰道、山陽道、南海道、西海道の七つの地域を表します。

江戸時代になると、1610（慶長15）年の名古屋開府に合わせ、徳川家康の命で近世東海道が整備されます。そして名古屋城と城下町が誕生すると、城下と周辺地域を結ぶ脇海道が整備されていきます。

さて、尾張国の歴史と街道の旅に出発しましょう。

2　尾張の街道

江戸時代、東国から都に向かう旅人は三河国の西端を流れる境川を渡って尾張国に入ります。伊勢湾岸の鳴海潟や松巨島（まつこしま）を経て宮宿（熱田湊）に至ると、その先の道は3経路に分かれます。宮宿から海路桑名宿に渡るか、あるいは北上して古渡に行き、そこから西進して佐屋街道に入り、佐屋宿から佐屋川を下って桑名宿に向かいます。

陸路で都に向かう旅人は、古渡から北西に進み、美濃街道を通って萱津宿、稲葉宿を経て木曽川を渡り、中山道を目指しました。

境川から宮宿までを歩きましょう。旅人は三河国と尾張国の国境である境川を渡ると、鳴海台地を西に進み、鳴海宿、鳴海潟を経て宮宿を目指します。

鳴海宿から宮宿に至る道は、年魚市潟に浮かぶ松巨島の北を通る上の道、中央を抜ける中の道、南を進む下の道の三つに分かれます。

宮宿から桑名宿の海路は距離が7里であることから「七里の渡し」と呼ばれました。桑名宿に上陸すると、そこは伊勢国です。伊勢から鈴鹿山脈、布引（ぬのびき）山地を抜ける加太（かぶと）越えで畿内に向かうのが近世東海道です。

古代東海道は尾張国の両村（ふたむら）、新溝（にいみぞ）、馬津（まつ）の駅を経て伊勢に入る陸路のほか、知多半島西岸から伊勢湾を横断することもあったようです。「七里の渡し」の原形です。

近世東海道の宮宿から桑名宿の海路は波が高く、危険を伴いました。そこで海路を避けたい旅人は陸路佐屋宿まで歩きます。佐屋宿から船に乗って佐屋川を下れば、川伝いに桑名宿に到着できるので、海路より安全でした。宮宿から佐屋宿に行く陸路は佐屋街道と呼ばれます。

佐屋街道の北には津島街道がありました。甚目寺や津島神社への参詣道でもあります。津島街道の途中には、織田信長生誕地説のひとつである勝幡（しょばた）城があります。

さて、陸路だけで都を目指す旅人は、佐屋街道には向かわず、さらに北上して美濃街道に入ります。

庄内川を渡ると萱津宿です。その北には清洲があり、五条川に沿ってさらに北上すると下津（折戸）宿です。下津界隈は稲沢であり、律令時代の国府が置かれ、国分寺、国分尼寺が造られました。

萱津宿から先は、古代、中世においては、折戸宿、黒田宿、近世においては稲葉宿、萩原宿、起宿等を経て木曽川を渡り、美濃国に入ります。

一宮との境界線である青木川を越えて北上した旅人は、尾張一宮である真清田神社に参拝して黒田宿に向かいます。黒田宿は尾張国と美濃国を隔てる木曽川の左岸にあり、古くから要衝でした。黒田宿を出ると旅人は木曽川の渡し場である玉ノ井に着きます。

これらの道筋は中世鎌倉街道、近世東海道の主要経路です。この経路から分岐北上して、中山道につながるのが岩倉街道や岐阜街道であり、戦国時代には経路上に織田信長が居城した清洲城、小牧山城、岐阜城がそびえました。要衝であった証です。

金華山の岐阜城から濃尾平野が一望できます。在りし日の信長が、宮宿から延びる街道や街道沿いの城郭を眺めていた姿が思い浮かびます。

宮宿では馬は渡し舟に乗れません。馬を伴う旅人は三河国や尾張国で馬を預けて「七里の渡し」に向かいました。帰路に馬を返してもらう際、いろいろと揉め事があったと日本書紀に記されています。そのため、馬を伴ったまま都まで行きたい旅人は陸路を使いました。佐屋宿に至る前の「万場の渡し」では馬を船に乗せている光景が尾張名所図会に描かれています。佐屋宿から桑名宿も馬を乗せることができたと思われます。

都が平城京から平安京へ北に移動したことに伴い、伊勢国を経由する古代東海道よりも、鎌倉街道、美濃街道を使って近江を目指す旅人が増えました。「七里の渡し」経由の近世東海道とともに、この経路が京への要路として整備されます。

さて、宮宿から古渡を経て北上すると、名古屋城下町です。1610（慶長15）年に徳川家康の命で造られた近世を代表する城下町です。

南北の本町通と東西の伝馬町筋は城下町の骨格を形成します。その交差点は高札場があったことから「札の辻」と呼ばれていました。城と宮宿を結び、東海道につながるのが本町通です。外堀と城下町の間を東西に走る京町筋の西からは美濃街道、東からは上街道（木曽街道）、下街道（善光寺街道）につながります。

城下町の外縁には、志水口、大曽根口、三河口（岡崎口）、熱田口、枇杷島口の「名古屋五口」があり、そこから脇街道に出ます。志水口から北へは上街道、大曽根口から北東には下街道、三河口から南東には飯田街道（駿河街道）、熱田口から南には常滑街道、枇杷島口から北西には美濃街道と、脇街道網が整備されていました。

これらの街道は名古屋城下から周辺地域への接続路であり、城下町中心部、外縁部から放射状に延びていました。

3　日本武尊と宮簀媛

尾張名古屋と聞くと熱田神宮が思い浮かびます。熱田神宮には草薙剣（くさなぎのつるぎ）が祀られていますが、その経緯は意外に知られていません。尾張の古代史を探訪しましょう。

尾張は古代から豊穣な国でした。木曽三川の沖積低地は豊かな米の恵みを、伊勢湾は海の幸をもたらしました。豊かであるから人が増え、地理的に近い大和王権との関係が形成されていきます。そして、尾張氏が治めるようになった地域が尾張と呼ばれるようになります。

日本書紀によると、尾張氏の祖神は天火明命（あめのほあかりのみこと）です。天忍人命（あめのおしひとのみこと）から始まるとされていますが、綿津見神（わたつみのかみ）を始祖とする系図もあります。神話の神々のように思えますが、それに比定される古代尾張氏の人物が実在したはずです。

尾張は畿内に近く、しかも豊かであったことから、尾張氏は大王家に后妃を送り出すようになります。例えば、尾張氏の遠祖である奥津余曽（おきつよそ）の妹、余曽多本毘売命（よそたほびめのみこと）または世襲足媛（よそたらしひめ）は5代孝昭天皇の皇后となり、その息子は6代孝安天皇となりました。10代崇神天皇は尾張大海媛（おわりのおおしあまひめ）を妃としています。つまり、尾張氏は天孫族です。

古代、伊勢湾の海岸線は現在よりもかなり北にあり、尾張氏は尾張北部から美濃にかけた地域に居住していました。

12代景行天皇は息子の日本武尊に東征を命じました。日本書紀では日本武尊、古事記では倭建命と記されています。日本武尊は往路伊勢神宮を参拝し、叔母の倭姫命から草薙剣（天叢雲剣）を授かりました。東征には尾張氏の建稲種命が副将軍として参じ、軍功を上げます。国造本紀によれば、13代成務天皇の時代に乎(小)止与命(小豊命)が尾張国造に任命されます。乎止与命の息子建稲種命も国造に就きます。木曽川や庄内川の扇状地の拡大に伴って、海岸線は南下し、尾張氏の居住域も徐々に南に拡大します。松巨島が形成された頃には、熱田の辺りにも尾張氏一族が住むようになります。

東征から戻った日本武尊は、副将軍建稲種命の妹宮簀媛を娶ります。宮簀媛は日本書紀の表記ですが、古事記では美夜受比売と記されます。その後、日本武尊は草薙剣を宮簀媛に託して伊吹山に遠征します。しかし、その途中で病になり、さらに伊勢国への遠征途上、能褒野（亀山）で亡くなりました。

宮簀媛は草薙剣を奉じて熱田社を建てました。これが熱田神宮の起源であり、現在も草薙剣は御神体として祀られています。大宮司家は代々尾張氏の後裔が務めました。

建稲種命の息子尾綱根命は応神朝の大臣、その息子（建稲種命の孫）尾張意乎己（尾張弟彦）も仁徳朝の大臣として活躍します。また、15代応神天皇は建稲種命の孫の仲姫命を皇后としました。

尾張国には多くの古墳があります。三角縁神獣鏡が発見された奥津社古墳（愛西）や東之宮古墳（犬山）は時代的に最も古いと考えられます。白鳥塚古墳（守山）には初代国造の乎止与命、尾張戸神社古墳（守山）には乎止与命の妻、東之宮古墳には二代国造の建稲種命が祀られているようです。

ほかにも、断夫山古墳（熱田）、兜山古墳（東海）など、尾張氏の墳墓や史跡は数多くありますが、あまり知られていません。

尾張国には、萱津神社（あま）や内々神社（春日井）など、日本武尊の東征にまつわる神社が各地にあります。

日本武尊は、東征の往路に萱津神社に参拝しました。村人が漬物を献上したところ、日本武

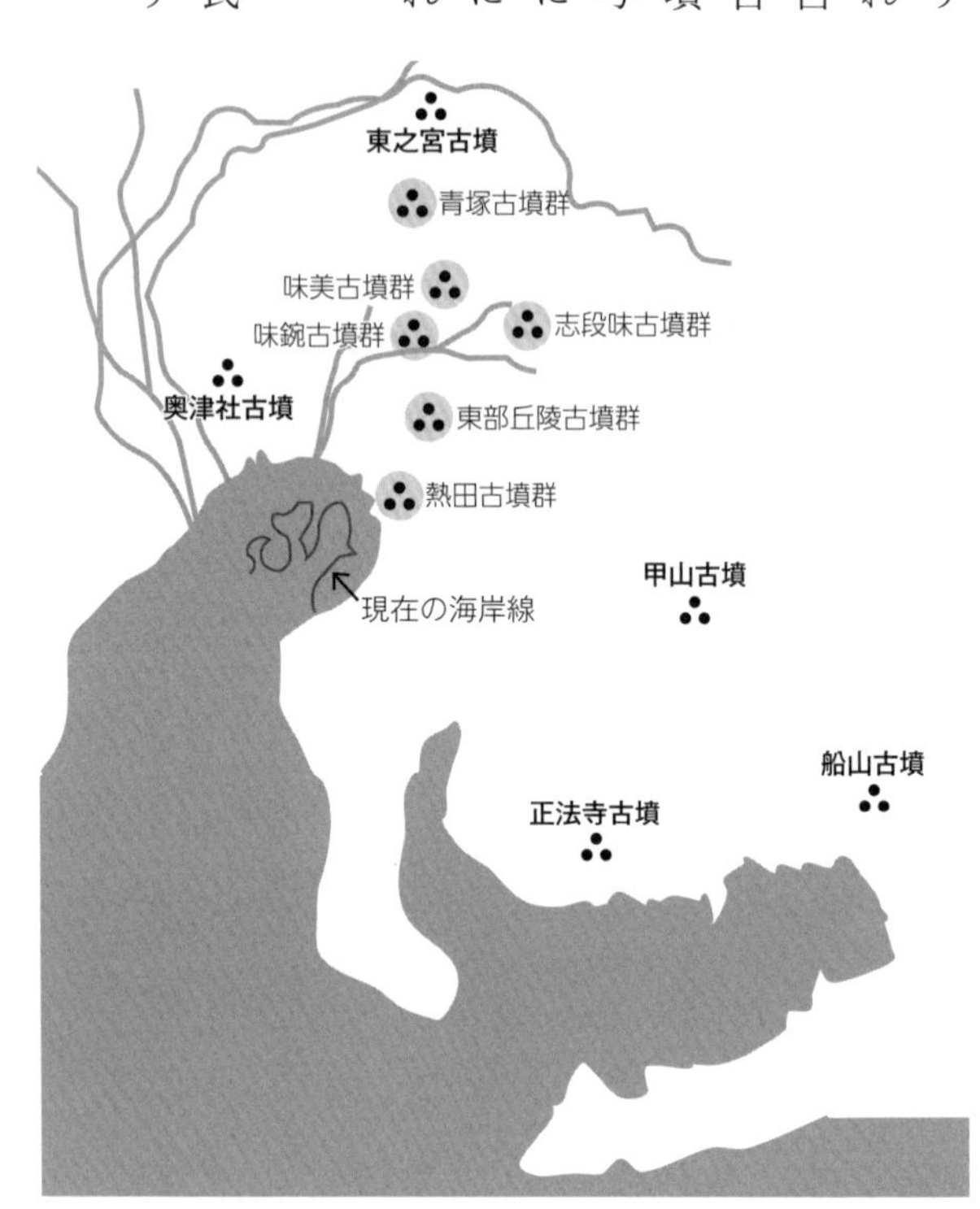

［尾張国の古墳群］

尊は「藪二神物（やぶにこうのもの）」と言って称えます。藪の中で神からの授かりもの（あるいは神への供え物）を賜ったという意味かと思われますが、以来、漬物は「香の物」とも呼ばれるようになりました。萱津神社は漬物の神様を祀る珍しい神社です。

陸奥国を平定し、尾張国に戻ってきた日本武尊が内津峠にさしかかった時、早馬の使者がやってきます。副将軍を務めた尾張国造の建稲種命が亡くなったとの報告です。それを聞いた日本武尊は「ああ現哉（うつつかな）」と嘆き、その霊を祀ったのが内々神社の始まりと伝わります。

内津峠は春日井と多治見をつなぐ峠であり、江戸時代には名古屋城下と中山道を結ぶ下街道（善光寺街道）が通りました。

その後も尾張氏と大王家の深い関係は続きます。26代継体天皇が大和国入りするまでの正妃は尾張連草香（おわりのむらじくさか）の娘、目子媛（めのこひめ）です。子の勾大兄皇子は27代安閑天皇として、高田皇子は28代宣化（せんか）天皇として即位します。30代敏達天皇と皇后額田部皇女（33代推古天皇）の子には尾張皇子（おわりのみこ）がいます。

古代以前の出来事の考古学的検証は容易ではありません。しかし26代継体天皇（在位５０７～５３１年）の頃からの史実はかなり明らかであることから、６世紀初め以降、尾張氏の歴史も徐々に明確になります。

ちなみに「天皇」号が登場するのは６０８年からです。それまでは「大王」と呼ばれていました。

4 尾張多々見と尾張大隅

3〜4世紀頃の尾張氏の支配領域は尾張北東部から東部の丘陵地域であったようです。5〜6世紀頃になると、西部、南部を含めた尾張全域に勢力を拡大します。

飛鳥時代の7世紀初め頃、尾張多々見（美）が年魚市の評督(こおりのかみ)に任じられました。評とは行政組織の呼称です。評が設置され、評督がいたということは、年魚市と呼ばれる地域が朝廷による管理と徴税が行われた豊かな場所であったことの証です。尾張氏は年魚市も支配地に組み込み、さらに知多半島にも勢力を伸ばします。

年魚市は「吾湯市」「愛智」とも書き、「愛知」のもととなった入江の地名を表します。尾張南部の台地群の先に形成された干潟地帯です。

台地群の先端には熱田がありました。それより南が干潟であり、干潟の中には松巨島と呼ばれる島が形成されました。笠寺台地であり、その周辺一帯が年魚市です。

古来、歌枕として知られ、万葉集には「年魚市潟潮干(しほひ)にけらし知多の浦に朝漕(こ)ぐ舟も沖に寄る見ゆ」「桜田(さくらだ)へ鶴(たづ)鳴き渡る年魚市潟潮干にけらし鶴鳴き渡る」と詠まれています。

「あゆち」の「あゆ」は「湧き出る」の意味があり、湧水が豊富なことが地名の由来と考えられます。旅支度をする場所という意味の「足結道(あゆち)」から派生したとする説もあります。「あゆ」

という音が先で、やがて「吾湯」「年魚」と転じ、当て字として「鮎」と書かれたようです。

尾張多々見の息子である尾張大隅は、６７２年の壬申の乱の際、大海人皇子（後の天武天皇）に助力しました。

続日本紀によれば、大海人皇子が吉野宮を脱して鈴鹿関の東、つまりおそらくは尾張に入った際、尾張大隅が館と軍資金を提供しました。その功により、６８４年、尾張氏に宿禰の姓が与えられ、６９６年には尾張宿禰大隅に直の姓と水田40町が下賜されたほか、７１６（霊亀２）年にも大隅の子尾張稲置が父の功によって田を授かったと記されています。

ここで氏姓制度について整理しておきます。尾張氏の姓は当初は連でしたが、前述のように宿禰を授けられました。

氏姓制度は大和王権の身分や職位を表します。氏も姓も現代では名字の意味で理解されていますが、大和王権の氏姓は異なります。古代において、中央貴族、地方豪族が、血統や大和王権に対する貢献度に応じて朝廷より氏と姓を授与され、その特権的地位を表した制度です。氏は血族の名称である一方、姓は大王から与えられた称号です。氏姓は世襲していきます。

氏は巨勢、蘇我、葛城など地名に由来するものと、物部、大友、土師など職能に由来するものに分かれます。尾張は畿内の地名に由来しますが、尾張氏が東海に移り住んだことで尾張の地名になりました。

氏を持つ豪族は田荘（たどころ）つまり土地を所有し、耕作民である部曲（かきべ）や奴婢（ぬひ）を有していました。

姓は、大王家に近い立場にある臣（おみ）、大王家に仕える立場にある連、その下で各部司を管轄する伴造（とものみやつこ）、さらにその下になる百八十部（ももあまりやそのとも）、地方豪族を指す国造（くにのみやつこ）、より狭い地理的範囲での族長である県主（あがたぬし）など、重層的かつ多岐多様にわたります。また、時代とともに変遷しました。

古代氏姓制度は、６８４年に八色（やくさ）の姓が制定されたことで体系化されます。その目的は上位の四姓、つまり真人（まひと）、朝臣（あそん）、宿禰、忌寸（いみき）の一族を定めることであり、この時に尾張氏に宿禰が授けられました。

最高位の姓である真人は大王家に近い一族に与えられました。26代継体天皇から数えて5世以内の皇親氏族が対象です。

その次は朝臣であり、大伴、物部、石上、中臣などの畿内大豪族に授けられました。第3位が宿禰、第4位が忌寸です。以下、道師（みちのし）、臣、連、稲置の8種類の姓です。

連姓だった尾張大隅に宿禰が授けられたことで、尾張氏の大和王権における立場はより強くなりました。

9世紀の摂関政治時代に入ると、藤原朝臣が勢力を増しました。また、諸皇子に氏姓を授ける臣籍降下が盛んに行われ、桓武天皇から平朝臣、清和天皇から源朝臣が誕生しました。身分制度及び人材登用制度としての律令的氏姓制度は徐々に変質していきます。

多くの氏族が朝臣姓を欲したため、朝臣姓を名乗る豪族や武士が増えました。その結果、平安時代後半以降、氏姓は自らの血脈の正当性を語るための尊称という意味が強くなり、自称するようになります。尾張氏も藤原氏から養子を迎えたり、藤原氏の娘を娶って、藤原朝臣を名乗るようになります。

つまり、天孫族の尾張氏は連、宿禰と変遷し、さらに藤原朝臣を名乗っていました。

5　尾張国府

尾張氏が治めた尾張国にも律令制の下で国府が置かれます。国府は各地の中心地域に設けられ、国府間は道で結ばれます。

7世紀頃の文献や木簡には尾張国と尾治国の二つの表記が見られます。いずれも「尾張氏が治めた国」という意味です。

尾張氏は尾張国造を務めました。国造は「くにのみやつこ」または「こくぞう」と読み、地方を治める官職を指します。各地の国造は土着の豪族が務めました。県主が治める県(あがた)が国と並立している場合もあり、尾張国内にも県がありました。

645(大化元)年の大化の改新から701(大宝元)年の大宝律令の間に、古代国は徐々に整理されて令制国(りょうせいこく)に置き換わります。令制国とは律令制に基づいて設置された地方の行政単位です。律令国とも言い、中央から国司が任命または派遣されました。

令制国の政府機関は国衙（こくが）または国庁（こくちょう）であり、国衙の所在する地域を国府または府中と呼びます。国府は「こう」とも言います。尾張国の国府は稲沢です。国府には国庁のほか、国分寺、国分尼寺、総社（惣社）が設置され、令制国における政治・司法・軍事とともに宗教の中心地となりました。

国分寺、国分尼寺の建立は741(天平13)年、聖武天皇による国分寺建立の詔に端を発します。

都と令制国の国府の間には駅路（七道駅路）が造られ、川や海に隣接する国府には、国府津と呼ばれる湊も設けられました。

この時代の伊勢湾の海岸線は稲沢に近い位置にあり、周辺には木曽川や日光川が流れていたことから、尾張国府の国府津の役割を担ったのが津島です。

国府には国司のほか、役人や国博士、国医師などが配置され、小国で数十人、大国では数百人規模だったと推定されます。周辺に集まる農民や商人も含めると千人を超える町となり、畿内以西の大国や大宰府では数千人に達していました。肥沃な尾張国は農業生産力が高く、古代から須恵器なども作られ、畿内に近いこともあって、朝廷を支える令制国、律令国として成長します。

尾張国府の具体的な場所については、地名を根拠に次の2ヶ所が比定されています。

ひとつは稲沢の松下。この地域には「国衙」という小字があります。推定地域は三宅川の自然堤防上であり、真北を基線として国府が形成されたと考えられます。近くに尾張大國霊神社が総社として鎮座していたことも有力な根拠です。

もうひとつは稲沢の下津。この地域には「国府」と名の付く小字があり、相次ぐ洪水が原因で松下から下津に国府が移ったとする説もあります。下津は宿場町として発展し、室町期には守護所も置かれました。その基盤が国府時代に形成されたと考えられます。

7世紀後半には国と評によって地方行政が行われていました。「評」は「こおり」「ひょう」と読みます。「郡」が用いられるのは大宝律令以降であり、それ以前は「評」が行政単位です。倭・百済連合軍と唐・新羅連合軍が戦った白村江（はくすきのえ）の戦い（６６３年）以降、大陸や朝鮮半島からの侵攻に備え、朝廷は九州に防人（さきもり）を配置します。尾張国は防人に任じられた東国人が西国に向かう際の往還路となり、往来が増え、街道や宿場町の原形が生まれます。

７０１（大宝元）年に朝廷は初めて「日本」という国号を使用しました。その後、本格的な地方行政制度が整備され、国・郡・里の3段階に区分されます。７０４（大宝4）年には全国の国印が鋳造され、「尾張国」という表記が定着します。

律令体制下においても国造は存続し、律令国造と呼ばれます。しかし支配の実権は国司に移り、国造は祭祀を司る世襲制の名誉職として、国造の後裔である郡司が兼任しました。8世紀後半以降、国造は徐々に消滅していきます。9世紀に編纂された国造本紀には、全国１３５の国造の設置時期と被官者の記録があります。

927（延長5）年の延喜式によれば、尾張国は海部、中島、葉栗、丹羽、春部、山田、愛智、知多の8郡とされています。

鎌倉時代にも依然として各国に国府が置かれ、国司が任命されていましたが、南北朝時代の混乱が全国に及ぶと、国司の実権は失われ、守護の力が増大します。

室町時代に入ると守護による領国支配が進み、軍事警察権のみならず行政権も手にした守護を守護大名と呼ぶようになります。国司は名目だけの官職となり、守護大名や守護代、有力な国人などから勃興した戦国大名が領国支配の正当性を主張するようになります。国府は徐々に忘れ去られた存在になっていきました。

この時期に尾張国を治めたのが三管領家筆頭の斯波氏であり、後に斯波氏の臣下から織田氏が台頭します。

戦国時代から江戸時代にかけて、地方は大名、大名に準ずる領主、及び幕府によって分割統治されます。領有が細分化された地方では古代国としての支配単位は消滅しますが、形式的に国司は任命され、名目上の行政区分としての令制国は存在し続けます。

しかし、徳川御三家筆頭である尾張藩の領地は、概ね古代から中世にかけて尾張国の領域と重なります。尾張は一貫してひとつの「国」を形成していました。

6　国分寺と国分尼寺

日本への仏教公伝は538年です。当初は氏族仏教でしたが、646（大化2）年の仏教興隆の詔を機に朝廷が認める国家仏教に転じていきます。

45代聖武天皇の頃、平城京で疫病が蔓延し、民衆に不安が広がりました。これを払拭すべく、741（天平13）年、聖武天皇は令制国国府に国分寺建立の詔を発します。

続日本紀には、尾張国の国府、国分寺、国分尼寺の位置は鵜沼川（木曽川）下流と記されています。

奈良時代に建てられた尾張国分寺は、矢合町（やわせちょう）椎ノ木辺りと考えられます。三宅川左岸の自然堤防上に位置し、北東約一里に国府推定地（尾張大國霊神社付近）があります。他の国府と国分寺の位置関係に比べるとかなり遠くに建立された印象ですが、国府域が広かったとも言えます。

矢合の畑の中に国分寺跡の石碑があり、寺域は大規模で、金堂・講堂・塔の遺構が確認されています。伽藍配置は、金堂・講堂・南大門が南北一直線に並び、金堂左右に回廊があり、その東には塔が配置されていました。

日本紀略には、884（元慶8）年に尾張国分寺が焼失し、国分寺を愛智郡の願興寺に移したと記されています。願興寺は10世紀には衰退して廃寺に至ります。その後の変遷は不詳ですが、創建時の遺構北方において、円興寺から改称した国分寺が法燈を伝承しています。創建期の国分寺跡の北に位置します。円興寺と願興寺の関係は不詳です。

円興寺は14世紀の創建で、開基は大照和尚、覚山和尚、柏庵宗意と諸説あります。木造釈迦如来坐像が大小2体あり、いずれも宝髻（ほうけい）を結い、宝冠をいただくので、宝冠釈迦像と呼ばれます。寺の南に熱田社の神領である鈴置郷があったことから、檜材寄木造りの熱田社大宮司夫妻坐像も伝わります。

円興寺はかつてやや北方の一本松の地にありましたが、17世紀初頭に矢合城址の現在地に移され、その際に旧国分寺の釈迦堂（国分寺堂）が椎ノ木から境内に移されました。旧国分寺の本尊とされる薬師如来像も安置され、後に円興寺の本尊となりました。そうした経緯から、旧国分寺の継承寺院となっています。

江戸時代の尾張名所図会では、近隣の円光寺（萩寺）とともに「両円こう寺」として紹介されており、この地域の古刹として知られていました。後に円興寺改め国分寺となります。

いずれの国においても、国分寺の周りには徐々に寺院が増えていきます。最初は南都六宗の寺院が創建され、やがて最澄、空海が平安仏教の礎を築くと、天台宗、真言宗の寺院が建立されていきます。

尾張国は奈良や京都、比叡山、高野山に近いことが影響し、南都六宗、天台宗、真言宗の寺院が他国よりも早く、かつ多数建立され、全国で最も寺院数が多い地域となっていきます。旧国分寺の東西南北には「四楽寺」と呼ばれた末寺が建立されました。北方の安楽寺、東方の平楽寺、南方の長楽寺、西方の正楽寺です。長楽寺は後継の長歴寺に法燈が継がれています。

国分尼寺が建立された場所は国分寺跡から北西に半里弱の法花寺町辺りと推定されます。近くにある法華寺が国分尼寺を伝承するとの説もあります。これは、江戸時代中期の尾張藩士で国学者として知られていた天野信景が著作「塩尻」の中で「国分尼寺の名残が法花寺村の法華寺にあたる」と記して以来の説です。余談ですが、天野信景の国学的考証は後の本居宣長等に影響を与えたとされます。

９８８（永延２）年の尾張国郡司百姓等解文、１００９（寛弘６）年の大江匡房奏状において国分尼寺修造に関する記述があり、国分寺より長く11世紀までは存続が確認されています。その後の経緯は不詳ですが、法華寺の寺伝によれば永正年間（１５０４～21年）に無味禅公山主が才淑恵林を招いて尼寺跡地に堂宇を建て、国鎮寺と号したことに始まります。織田氏の兵火に遭ったものの、残った小堂を現在地に移し、後に法華寺と改称しました。

法華寺から西へ半里弱の位置に建仁年間（１２０１～04年）創建の善応寺があります。織田信長の鉄砲隊長であった道求（橋本）一巴が再興したと伝わります。この地域には尾張氏や織田氏との縁起が伝わる社寺が多数あります。

善応寺の南東一里弱の位置に長暦寺があります。前述の四楽寺のひとつ、長楽寺の法燈を継承する寺院です。

そのほかの古代寺院としては、長福寺廃寺（一宮）、東畑廃寺（稲沢）などが知られています。

7 斯波氏と織田氏

尾張国の古代は尾張氏が司り、中世は斯波氏が支配します。やがて織田氏が台頭し、近世は尾張徳川家が治めます。織田信長の生涯はよく知られていますが、中世斯波氏と信長以前の織田氏の歴史は複雑です。尾張の中世史に入ります。

平安時代末期、熱田社大宮司を務めていたのは藤原季範です。季範は父が目代（もくだい）として赴任した尾張国で生まれました。母は尾張氏であったため、季範は尾張氏一族として熱田社大宮司を務めることになります。

この頃、都では源平の争いが激化し、その対立が全国に波及しつつありました。武士が古代東海道や東山道で東西を往来する頻度が増し、とりわけ東国武士とつながる源氏は尾張国を頻繁に訪れていました。

やがて源義朝が季範の娘、由良御前を娶り、二人の間に生まれたのが源頼朝です。また、季範の養女（孫娘）は足利氏祖の義康に嫁ぎ、熱田社大宮司家は足利氏にも血脈をつなぎました。義康から数えて8代目が室町幕府を開く足利尊氏です。

頼朝が鎌倉幕府を開くと、鎌倉と京の往還道として、古代東海道と宮宿から東山道に向かう経路が東西交通の要路となりました。尾張国の鎌倉街道です。

鎌倉時代から室町時代にかけて氏姓制度に基づく朝廷支配は形骸化し、朝廷が任命する国司は力を失い、武士が各地の守護大名として台頭します。

室町幕府の足利将軍家とつながりの深い有力氏族のひとつが斯波氏です。斯波氏は鎌倉時代に足利宗家から分家したことに始まります。氏名（うじな）は鎌倉時代に陸奥国斯波郡を所領としたことに由来します。

14世紀、後醍醐天皇の倒幕運動に宗家の足利尊氏が与すると、当主の斯波高経がこれに従いました。建武の新政を始めた後醍醐天皇と尊氏が袂を分かつと、高経はやはり尊氏を支えて室町幕府の有力者となります。

その後、高経の四男義将が執事となり、高経が後見します。執事は足利宗家の家政機関として家領や従者を管理する立場を超え、幕政に参与する有力守護大名の長を意味する管領職に形を変えます。高経は管領の父として幕府の主導権を握りました。高経没後、義将は3代将軍義満、4代将軍義持を支え、約30年間にわたって幕府宿老として大きな影響力を持ちました。

三管領四職七頭の体制が確立すると、斯波氏は畠山氏、細川氏とともに三管領家となり、しかも筆頭の家柄として重んじられます。

義将の子義重は、1399（応永6）年の応永の乱における功により尾張守護職に、さらに後には遠江守護職に任じられ、父から継いだ本領越前を合わせた三ヶ国守護職を務めます。以後、戦国期を含む約150年間、尾張国は斯波氏の領国となりました。

斯波氏は子孫が代々尾張守に叙任されたことから足利尾張家と呼ばれるようになります。ちなみに、斯波氏以前は美濃国守護であった土岐氏などが尾張国守護を兼ねていました。

義重は、越前における被官である織田氏、甲斐氏、二宮氏らに尾張赴任を命じ、荘園・公領に給人として配置します。

1405（応永12）年、義重は尾張守護所であった下津城の別郭として清洲城を築城しました。

1410（応永17）年、宿老として幕府に大きな影響力を有していた義将が没すると、義重の子義淳は管領職を解任されます。

1429（永享元）年、足利義教が6代将軍に就くと義淳は再び管領に任じられましたが、強権的な政治を行う義教と宥和的な政策を目指す義淳は相容れません。1432（永享4）年、義淳は管領を辞し、翌年病没しました。

義淳を継いだ弟の義郷やその子義健（よしたけ）も相次いで早逝し、その間に勢力を伸ばした細川氏や畠山氏に押され、斯波氏の権勢は大きく後退します。

細川氏が畿内を制し、畠山氏も畿内周辺に領地を有していたのに対し、斯波氏の領国は都から遠い尾張、越前、遠江に分散していました。そのため、斯波氏の当主は都に住み、領国支配を守護代に任せます。その結果、領国の実権は次第に越前守護代朝倉氏や尾張守護代織田氏等の重臣に移ります。

この間、6代将軍義教の時に御一家制度が整備されました。御一家は足利一門の中でも家格の高い吉良氏、石橋氏、渋川氏です。三氏を三管領家と同格に遇し、足利将軍家断絶の際には将軍職を継承することを想定していました。吉良氏の末裔が三河国吉良荘の吉良上野介です。

義健没後、義敏と義廉が家督を巡って争い、その際に将軍家・畠山氏の家督争いも絡み合い、1467（応仁元）年に応仁の乱が勃発。義廉は西軍の主力となりました。

一方東軍に属した義敏も越前に下って一円支配を目指しましたが、越前守護代の朝倉氏に実権を奪われました。朝倉氏によって義廉の子義俊が形式的な越前守護として担がれ、斯波氏は朝倉氏滅亡までその地位にありました。

尾張では義敏の子孫が守護代織田氏に推戴され、斯波氏はやはり形式的な守護として存続しました。遠江は駿河守護今川氏の支配下となり、斯波氏の越前、尾張、遠江における影響力は失われました。

8　大和守家と伊勢守家

尾張では守護の斯波氏を抑えて守護代の織田氏が台頭します。その後、さらに守護代の分家に過ぎなかった織田信長が尾張を制します。

尾張の戦国史は複雑です。信長台頭までを辿りましょう。

1467（応仁元）年、応仁の乱が勃発。尾張、越前、遠江の三ヶ国守護斯波義廉は西軍、家督争いで対立する斯波義敏は東軍となりました。義廉は京都、義敏は越前に布陣します。

1475（文明7）年、東軍の駿河守護今川氏が遠江に侵攻。尾張にいた東軍義敏の子義寛がこれを撃破。同じ東軍であっても領国侵犯は許しませんでした。

越前では西軍から東軍に寝返った朝倉孝景が越前守護を自称して西軍を一掃。応仁の乱終結後の1481（文明13）年、朝倉氏は同じ東軍であり主君でもあった義敏の勢力も駆逐。両軍相入り乱れて敵味方が判別できない状態でした。

尾張国は守護代織田敏広（伊勢守家）が西軍であり、西軍優勢の地域でした。この頃、尾張守護所は下津城（中島郡）から清洲城（春日井郡）に移されます。

やがて義廉は8代将軍足利義政の不興を買って管領職、三ヶ国守護職、斯波氏家督の全てを剥奪され、西軍優勢の尾張へ落ち延び、敏広とともに巻き返しを図ります。

しかし、応仁の乱終結後の１４７８（文明10）年、東軍であった尾張又守護代織田敏定（大和守家）が９代将軍足利義尚から正式な尾張守護代と認められると、義廉と敏広は討伐対象となって清洲城を追われます。

織田敏広は岳父である美濃国守護代斎藤妙椿（みょうちん）（旧西軍）の支援を得て盛り返し、清洲城を包囲。１４７９（文明11）年、幕府の仲裁によって敏広と妙椿は清洲城の包囲を解き、尾張上四郡（丹羽郡、葉栗郡、中島郡、春日井郡）を伊勢守家（岩倉織田氏）、尾張下四郡（愛知郡、知多郡、海東郡、海西郡）を大和守家（清洲織田氏）が治めることで和睦します。なお、知多郡と海東郡は一色氏が分郡守護に任じられました。

１４８１（文明13）年、伊勢守家と大和守家が再び争い、勝利した伊勢守家を継いだ織田寛広は斯波義寛に帰順し、１４８３（文明15）年、都から尾張に下向した義寛が清洲城に入城。これにより尾張は一時的な安定期を迎えます。

１４９４（明応３）年、美濃国守護土岐氏の家督争いが起きると、守護代斎藤妙純（みょうじゅん）と重臣石丸利光が対立。隣国の争いに際し、織田寛広（とおひろ）（伊勢守家）は斎藤方、織田敏定（大和守家）は石丸方に付き、尾張国内は乱れます。合戦終結の翌年、斎藤妙純が近江で戦死。後ろ盾を失った伊勢守家の勢力は衰えました。

この間、斯波氏の領国であった遠江には駿河国守護今川氏親が侵攻。斯波義寛を継いだ義達は遠江遠征を繰り返したものの、織田氏は従軍しておらず、遠征を巡って斯波氏と織田氏に意見の対立があったことがうかがえます。

1513（永正10）年、下四郡守護代織田達定が守護斯波義達に反旗を翻したものの、義達によって返り討ちにされます。

守護代の下剋上を阻止した義達は遠江遠征を続けたものの、1515（永正12）年、敗北して今川方の捕虜となり、尾張へ送還されて失脚。わずか3歳の斯波義統が当主となり、斯波氏の実権は失われました。

こうした展開の中で駿河の今川氏親は三河、東尾張に侵攻し、那古野城が今川方の勢力下となりました。

この混乱期に台頭したのが清洲織田氏（大和守家）三奉行家のひとつである織田弾正忠家の織田良信、信定親子です。海東郡津島に居館を構えて交易を押さえ、海西郡や中島郡にまで勢力を伸ばし、1527（大永7）年、信定が子の信秀に家督を譲った頃の弾正忠家は主家を凌ぐ経済力、軍事力を誇るまでになっていました。

1532（天文元）年、信秀は今川氏豊から那古野城を奪い、さらに勢力を拡大し、美濃国斎藤氏、三河国松平氏、駿河国今川氏との緊張を高めていきます。

信秀没後、相続を巡って大和守家から干渉されたものの、信長が家督を継承。信長は守護斯波義統が下四郡守護代織田信友に討たれると、子の斯波義銀を奉じて主家である清洲織田氏（大

【織田家攻防史】

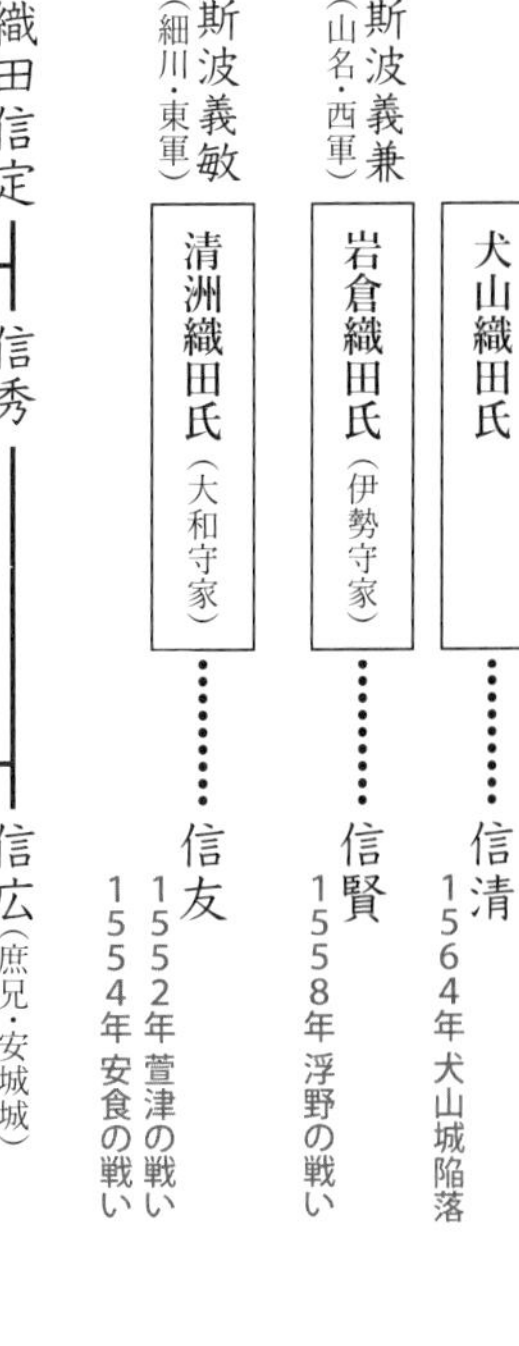

1552年　信秀死去家督継承

1552年　萱津の戦い

別名・海津の戦い。家督相続後の信長が今川方に寝返った鳴海城主との戦いに直面する中、清洲織田氏の実権を握っていた又代坂井大膳らによって信長配下の城が襲撃されたことから開戦。

1554年　安食の戦い

別名・中市場の戦い。清洲織田氏の又代坂井大膳らが尾張守護斯波義統を討ったため、子の義銀を擁して弔い合戦と称して戦った。

1556年　稲生の戦い

別名・稲生合戦、稲生原合戦。宿老林秀貞、弟信行老臣柴田勝家等が、信長では家中が治まらないと考えて弟信行擁立を企て、信行自身も兄信長に反旗を翻し、合戦に至る。

1558年　浮野の戦い

別名・浮野合戦。尾張上四郡を支配する岩倉織田氏の内紛に乗じ、犬山城主織田信清を味方に引き入れて開戦。

1560年　桶狭間の戦い

1564年　信長×信清　犬山城陥落

和守家）を滅ぼし、さらに対立する岩倉織田氏（伊勢守家）も滅ぼしました。

その後、義銀が信長追放を企てると、逆に義銀を追放して尾張を統一。以後、2代に亘って尾張国は織田弾正忠家が支配します。

織田家中の混乱に乗じて今川義元が尾張に進出すると、1560（永禄3）年、信長は桶狭間の戦いで義元を討ち取りました。信長は、尾張知多郡や三河碧海郡を治めていた水野信元、義元が没して今川方から離脱して岡崎に帰城した三河の松平元康、養女を嫁がせた甲斐の武田信玄と同盟を締結。信長はこうした外交戦略で東側、南側の懸念を払拭したうえで、美濃、伊勢へ勢力を広げます。

信長は足利義昭を15代将軍に押し上げて影響力を高めましたが、やがて義昭と対立。義昭は、近江国浅井長政、越前国朝倉義景、甲斐国武田信玄、さらに本願寺等の勢力を糾合して信長包囲網を形成。

元亀年間（1570～73年）に信玄が西上作戦を展開。信長は窮地に立たされますが、信玄の病死により事態は一変します。反信長勢力は撃破され、将軍義昭は備後国へ追放され、室町幕府は滅亡。信長がほぼ天下を制しました。

以後の信長の一生はよく知られており、本書の主題ではないので割愛しますが、1582（天正10）年、本能寺の変で信長は没します。

9　織田家城郭史

織田氏縁（ゆかり）の城の歴史を探訪しましょう。

【清洲城】

清洲城は1405（応永12）年、尾張守護の管領斯波義重によって築城されました。1375（天授元）年築城説もあります。清洲は尾張国の中央部に位置し、鎌倉街道、美濃街道、伊勢街道が合流し、中山道にもつながる交通の要衝です。

清洲城は当初、尾張守護所下津城の別郭でした。1476（文明8）年、守護代織田家の内紛に伴う戦（いくさ）で下津城が焼失。1478（文明10）年、守護所は清洲城に移りました。尾張下四郡を支配する守護代清洲織田氏（大和守家）の本拠でしたが、やがてその重臣の立場から頭角を現した織田弾正忠家の当主織田信秀が居城します。

信秀が清洲城から那古野城に拠点を移すと、守護代織田信友が入城。1555（弘治元）年、信友は信秀の嫡男信長と結んだ織田信光によって討たれ、信長が清洲城に入り、以後約10年に亘って居城とします。

1562（永禄5）年、信長と徳川家康が清洲城で同盟を締結。清洲同盟で東側への懸念がなくなったことから、1563（永禄6）年、信長は美濃国斎藤氏との戦に備えて小牧山城に移ります。

1582（天正10）年、本能寺の変で信長が討たれると、清洲城で清洲会議が行われ、城は次男織田信雄が相続。豊臣秀吉による小田原征伐後、信雄は国替え命令に従わなかったために改易され、清洲城は豊臣秀次が治めた後、1595（文禄4）年に福島正則の居城となります。

1600（慶長5）年の関ヶ原の戦いでは東軍の後方拠点となり、戦後は安芸に転封された福島正則に代わり、徳川家康の四男松平忠吉が入城。忠吉は早逝し、1607（慶長12）年、代わって家康九男の徳川義直が城主となり、清洲藩の本拠となりました。

1609（慶長14）年、家康によって清洲から名古屋への遷府が命じられ、城下町は移転します。いわゆる清洲越しです。清洲城は解体され、名古屋城築城の資材として利用されました。名古屋城御深井丸西北隅櫓は清洲城天守の資材を使って作られたため、清洲櫓と呼ばれました。

名古屋城の完成と清洲越しの完了に伴い、清洲城及び清洲城下町の歴史は終わりました。

【古渡城】

古渡城は1534（天文3）年に織田信秀が築いた平城です。東南方面の敵対勢力である今川氏や松平氏に備えるためです。当時、信秀は今川氏豊から奪った那古野城に居城していましたが、古渡城に移った後は那古野城を嫡男信長に譲りました。

1548（天文17）年、美濃に侵攻した信秀の留守を狙い、清洲の守護代織田信友が古渡城を攻撃。城下町は焼かれたものの、落城は免れました。

同年、信秀は末森城を築いて移ったため、古渡城はわずか14年で廃城となります。


【末森城】

末森城は1548（天文17）年、東山丘陵の端に織田信秀が築城。縁起を担いで末盛城とも書かれました。末森城も今川氏や松平氏の侵攻に備えた城であり、実弟織田信光の守山城と合わせて東方防御線を構成しました。

標高約25間（40メートル強）の丘に建つ平山城です。地形を利用して斜面の中腹に幅広の空堀を備え、内堀北の虎口（こぐち）には三日月堀と称される半月形の丸馬出がありました。

1552（天文21）年、信秀が亡くなると末森城は次男信行が継ぎます。

1556（弘治2）年、信行は林秀貞、柴田勝家などとともに信長と敵対。しかし、稲生の戦いで信長に敗れ、末森城に籠城。信長は末森城下に火を放ちましたが、城内にいた母土田御前の願いで信行は許され、末森城は陥落を免れます。

1558（永禄元）年、信行が再び謀反を企てたものの、柴田勝家が信長に内通。清洲城に呼び出された信行は謀殺されました。

末森城は廃城となりましたが、1584（天正12）年の小牧長久手の戦いに際し、織田信雄が拠点として末森城を使います。信雄は馬出や総構えの構造を造りました。

城の西北山麓にあった信秀の霊廟は城の東南の桃巌寺に移され、信行とともに供養されています。

【那古野城】

那古野(なごや)城は今川氏親が尾張東部まで勢力を拡大した時期に名古屋台地（熱田台地北部）の西北端に築いた柳ノ丸を起源とします。庶流の那古野氏が居城としました。

１５３２（天文元）年、織田信秀が計略により今川氏豊を追放して柳ノ丸を奪い、この時に信秀が那古野城と命名しました。その後、信秀は那古野城を幼い信長に譲り、自身は同じ台地の東南を固めるために古渡城を築いて移りました。

１５５５（天文24）年、信秀の後を継いでいた信長は一族の織田信友を滅ぼして清洲城に移り、那古野城は叔父信光、重臣林秀貞らが護りましたが、やがて廃城となります。

廃城後の城址周辺は鷹狩に使われるような荒野になっていましたが、１６０９（慶長14）年、徳川家康が旧城地に名古屋城築城を命じました。那古野城の旧城地は名古屋城二之丸の場所に当たります。

10　桶狭間の戦い―三城五砦史―

いよいよ桶狭間の戦いです。桶狭間の戦いは三城五砦を舞台としました。

【沓掛城】

沓掛（くつかけ）城は北の長久手、岩崎方面からの道と鎌倉街道が交差する要衝にあり、14世紀に築城されました。

戦国時代の城主近藤景春は松平広忠（家康父）の家臣でしたが、１５４１（天文10）年頃、尾張の織田信秀が三河へ進出するようになると近隣の土豪とともに信秀に帰順しました。しかし、１５５１（天文20）年に信秀が亡くなると、鳴海城主山口教継（のりつぐ）とともに今川義元の傘下に入ります。

１５６０（永禄３）年、２万５千の大軍を率いた今川義元は池鯉鮒（ちりふ）（知立）を出立して沓掛城に入りました。５月18日、義元は評定を開いて松平元康（徳川家康）に大高城への兵糧入れを指示し、翌19日朝、本隊を伴って沓掛城を出発。義元は大高道を通って桶狭間に入り、そこで信長の奇襲を受けて討死します。21日、城主近藤景春も織田勢の城攻めで討死しました。

代わって城主になったのは桶狭間の戦いで勲功一番と称され、沓掛三千貫文を与えられた簗（やな）

田政綱です。1575（天正3）年、政綱は加賀天神山城主となり、その後は織田信照、川口宗勝が城主を務めました。

1600（慶長5）年、関ヶ原の戦いで宗勝は西軍に参陣。敗戦後、捕らえられて伊達政宗に預けられ、沓掛城は廃城となりました。

【大高城】

築城は土岐氏が尾張守護であった南北朝時代以前に遡ります。天文年間（1532～55年）には織田信秀の支配下にあり、1548（天文17）年、今川義元の軍勢が城を攻めましたが、落城しませんでした。

信秀の死後、息子の信長から離反した鳴海城主山口教継の調略で、大高城は沓掛城とともに今川方の手に落ちます。これに対し、信長は鳴海城と大高城の連絡路を断つため、大

［桶狭間の戦い］

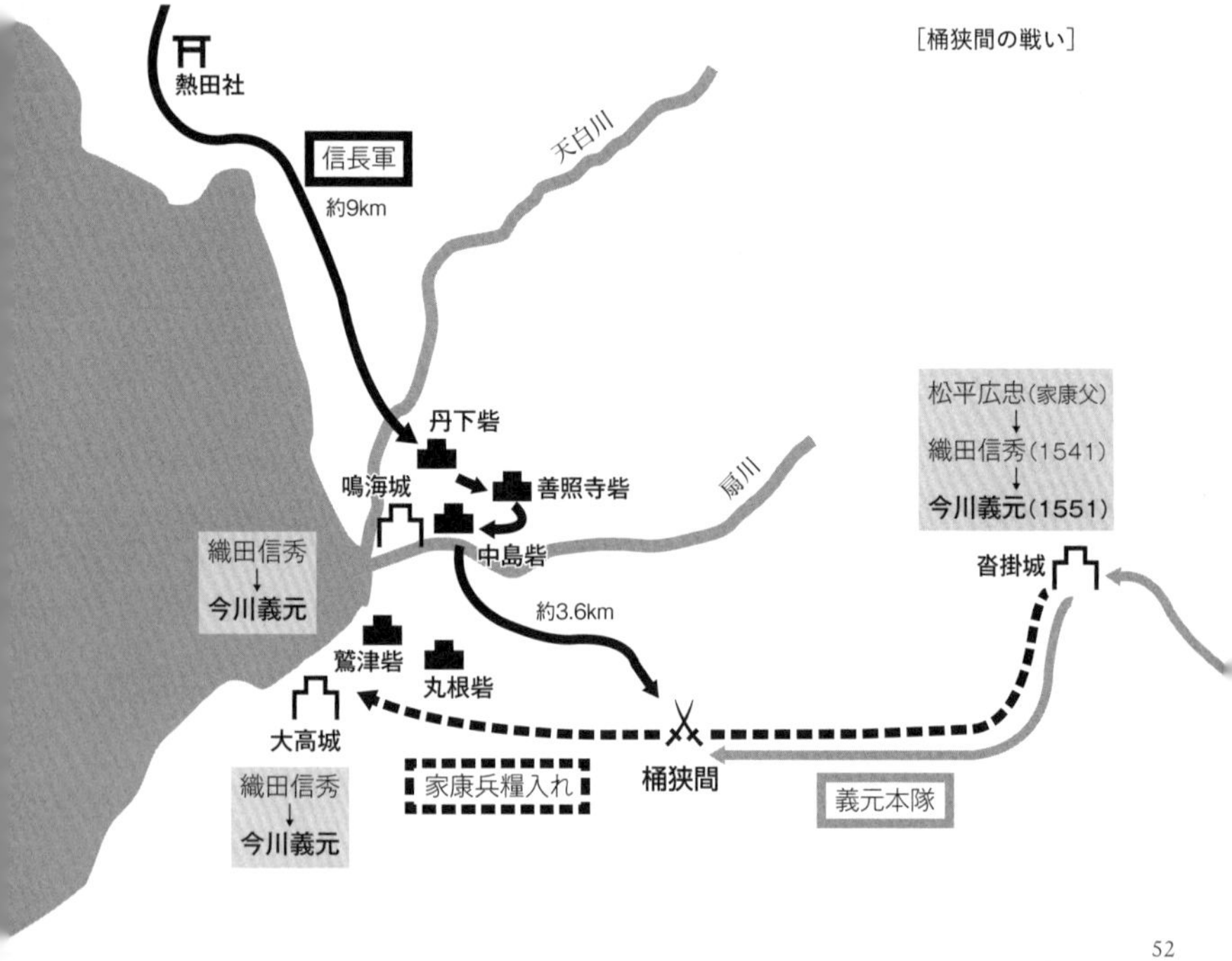

熱田社
信長軍
約9km
天白川
丹下砦
善照寺砦
鳴海城
中島砦
扇川
織田信秀→今川義元
約3.6km
鷲津砦
丸根砦
大高城
織田信秀→今川義元
家康兵糧入れ
桶狭間
義元本隊
沓掛城
松平広忠（家康父）→織田信秀（1541）→今川義元（1551）

高城近くに丸根砦と鷲津砦を築きます。

桶狭間の戦いの直前に織田勢の包囲を破って今川方の鵜殿長照が大高城に入り、5月18日夜には松平元康が兵糧を届け、元康も城の守備につきました。

翌19日、義元討死の一報を聞いた元康は岡崎城に退き、大高城は再び織田配下となります。廃城となった旧城地に1616（元和2）年、尾張藩家老の志水家が館を建てました。


【鳴海城】

鳴海城は別名根古屋城です。応永年間（1394～1428年）に足利義満配下の安原宗範が築城しました。

天文年間には織田信秀の支配下にあり、山口教継が駿河国今川義元に備えるべく城主を務めていました。しかし信秀が没すると、息子の信長を見限った教継は今川氏に寝返ります。教継は息子の山口教吉に鳴海城を任せます。

1553（天文22）年、信長は鳴海城を攻めるも落城させられませんでした。

しかしその後、信長の計略によって今川義元に謀反を疑われた教継・教吉父子は切腹に追い込まれます。城主は今川家譜代の岡部元信に代わり、今川氏直轄の重要拠点となりました。

これに対抗すべく、信長は1559（永禄2）年に鳴海城の周囲に丹下砦、善照寺砦、中島砦を築きます。

翌年の桶狭間の戦いでは、今川軍は緒戦で大高城近くの丸根砦、鷲津砦を撃破。次は鳴海城を囲む三砦に狙いを定め、戦いを優位に進めていました。ところがその直後、今川義元が討ち取られて総崩れとなります。

三砦攻撃のために待機中であった鳴海城兵は無傷であり、戦力的優位は維持されていましたが、鳴海城主岡部元信は義元の首級と引き換えに城明け渡しに応じ、鳴海城は信長の手に落ちました。戦後、佐久間信盛、信栄父子が城主をつとめ、天正年間末期に廃城になります。

【五砦】

丸根砦と鷲津砦は1559（永禄2）年、信長によって築かれました。丸根砦は鷲津砦の東南4町（約450メートル）、大高城から東に8町に位置し、相互に見通せる距離です。

1560（永禄3）年5月19日、桶狭間の戦いの前哨戦の場となり、佐久間盛重を将とする織田軍が立て籠もったものの、松平元康率いる今川軍に敗れて全滅しました。

鷲津砦は大高城の北東七町の丘陵上に築かれました。守将として織田秀敏と飯尾定宗、尚清父子が置かれました。

19日早朝、今川軍に丸根砦とともに攻撃されました。報せを受けた信長が清洲城を出陣し、熱田社に着いた頃には両砦は落城しており、煙が上がるのが見えたと伝わります。

桶狭間の戦い後、信長と家康が同盟関係になったために存在意義を失い、丸根砦と鷲津砦は放棄されます。

前述のとおり、織田方であった鳴海城主山口教継が今川義元に寝返った後、信長は鳴海城を丹下砦、善照寺砦、中島砦で包囲しました。丹下砦には水野忠広、山口広憲、善照寺砦には佐久間信盛、信辰兄弟を配置。砦を築いたのは、敵勢を誘き寄せる狙いもありました。

桶狭間の戦いの折、信長は鳴海に到着すると丹下砦へ入り、その後善照寺砦へ移ります。義元が桶狭間で休息中と聞いた信長は、さらに中島砦を目指します。砦への道の脇は深田のため一騎ずつしか通れず、敵から丸見えであることから家老衆が制止したものの、突然の雷雨で視界が遮られたことが幸いし、信長は無事に中島砦に移りました。

中島砦から出撃した信長は義元本隊に突撃。義元は討死し、鳴海城も信長勢が押さえたことから、三砦は役割を終えました。

11　清洲城と名古屋城

尾張と聞けば、織田信長、豊臣秀吉、徳川家康の三英傑を思い浮かべます。しかし、桶狭間の戦い以前と同様に、本能寺の変、関ヶ原の戦い以後の尾張国の史実も意外に知られていません。

1582（天正10）年、本能寺の変で織田信長と嫡男信忠を討った明智光秀は、山崎の戦いで羽柴秀吉に敗れました。

その後の織田家の体制を決めるために清洲城に重臣たちが集まります。世に言う清洲会議です。

清洲会議の経過と結論には諸説ありますが、信長の次男信雄と三男信孝が対立する中、柴田勝家は信孝を、秀吉は信忠の嫡男三法師を後継者に推しました。結局、三法師が家督を相続することで合意。しかし、まもなく秀吉が信孝と柴田勝家の謀反を理由に合意を反故にして信雄を主君として擁立。秀吉は賤ヶ岳の戦い、北ノ庄城の戦いで勝家を滅ぼし、信孝を自害に追い込みました。

戦後、信雄が安土城に入って信長の後継者を宣言しようとしたところ、秀吉に退去を命じられ、今度は信雄と秀吉が対立。信雄は隣国三河の徳川家康と同盟を結びます。

１５８４（天正12）年、秀吉と家康は小牧長久手の戦いで交戦。秀吉は苦戦し、池田恒興、森長可などの重臣が討死します。秀吉は計略を図って信雄と単独和睦し、大義名分を失った家康は撤兵します。

以後の尾張国は織田信雄に統治されました。

信雄は、本拠であった長島城が天正地震により倒壊したため、１５８６（天正14）年、清洲城を大規模改修して居城としました。同年、木曽川の大洪水が起こり、美濃国との境を流れていた木曽川の流路が西に移動します。

その後、信雄は北条氏滅亡後の関東への転封を拒んだため、１５９０（天正18）年、秀吉に改易され、尾張国は福島正則ら豊臣家の武将に分割支配されます。

秀吉没後の１６００（慶長５）年、関ヶ原の戦いが勃発。東軍は清洲城を集結地点として関東から西進。西軍石田三成の作戦は、尾張東部と三河を電撃的に制圧し、尾張西部、美濃に入った東軍徳川家康を挟撃することでした。三成の作戦通りにはならず、東軍が勝利します。戦後、戦功をあげた清洲城主福島正則は安芸広島に加増転封されました。

１６０３（慶長８）年に徳川幕府が誕生し、江戸時代が始まります。

福島正則の後に清洲城に入封されたのは家康の四男松平忠吉です。当時は清洲藩と称し、尾張国全域と美濃国の一部を領地とする52万石でした。１６０６（慶長11）年、家康直轄領であった知多郡も忠吉に与えられましたが、翌１６０７（慶長12）年、関ヶ原の戦いの戦傷がもとで忠吉は28歳で早逝。その後、忠吉の弟で家康九男の甲斐甲府藩主徳川義直が転封されて清洲藩を継承しました。

当時の幕府は、大坂の豊臣氏及び豊臣恩顧の西国大名の反攻に備える必要があり、家康は清洲城を対豊臣の拠点にしようとしました。

しかし、清洲は庄内川水系の下流域にあって水害が多いこと、水攻めされる危険があること、１５８６（天正13）年の天正地震で清洲城及び城下町が液状化したこと、当時の清洲城主織田信雄が大規模改修を行ったものの液状化被害の解決に至らなかったこと、城郭が小規模で大量の兵を駐屯させられないこと、等々の弱点が懸念されました。

１６０９（慶長14）年、家康は廃城となっていた那古野城址、つまり名古屋台地（熱田台地北部）の北西端に名古屋城築城を決断。翌１６１０（慶長15）年、西国大名を中心とした天下普請を命じます。天守台石垣は加藤清正が普請奉行となりました。

家康は清洲城及び清洲城下町の移転を命じます。清洲城の資材は名古屋城築城に転用され、清洲城下町は武家屋敷のみならず社寺仏閣、町屋に至るまで、丸ごと移転させられました。清洲越しです。

長く尾張国支配の要だった清洲城と清洲城下町は破却され、名古屋城と名古屋城下町が尾張の中心となります。

清洲越しは１６１２（慶長17）年から１６１６（元和２）年の足かけ5年をかけて行われました。

名古屋城を北端に、南北の本町通、東西の伝馬町筋を主軸にして、碁盤割の城下町が造られました。碁盤割の範囲は、北は名古屋城に隣接する京町筋、南は大江町筋、西は御園町通、東は久屋町通の範囲です。御園町通の西側には堀川が開削されました。

家臣のみならず、清洲城下の町屋約２７００戸のほとんどが移転し、3社１１０寺、清洲城小天守も名古屋に移りました。その際、清洲にあった町名も名古屋に移され、町人は原則として移転時に住んでいた名前の町に住むことを命じられます。

名古屋遷府に伴い、清洲藩は尾張藩と改められます。家格も徳川御三家筆頭という将軍家に次ぐ立場に置かれ、その城下町である名古屋は江戸時代の中頃には三都に次ぐ大都市となります。

1614（慶長19）年の大坂冬の陣、翌1615（慶長20）年の大坂夏の陣で豊臣氏は滅亡。豊臣方の侵攻に備えた名古屋城と名古屋城下町は家康の想定した機能を果たすことなく、太平の時代に入ります。

そして260年後、尾張藩及び名古屋城、名古屋城下町が幕末の命運を握る局面を迎えます。詳しくは第5章に記します。

12　尾張藩

尾張藩の領地は約47万石から始まり、1619（元和5）年に約56万石に加増され、幕藩体制が固まった1671（寛文11）年、御三家の秩序維持のためにさらに加増されて約62万石となりました。尾張徳川家が御三家筆頭であることを示すためです。

領地は尾張全域のほか、美濃、三河、信濃、近江、摂津と広範囲に飛地が存在しました。木曽御用林から得られる収入は藩財政に寄与し、表高は約62万石でしたが、新田開発分等を含めた実高は約100万石に達していました。

初代藩主義直は幼少であったため、初期の藩政は家康の老臣たちが担いました。長じて義直は、用水整備、新田開発などに努め、藩政を確立し、1650（慶安3）年まで藩主を務めます。勤王を重んじ「王命に依って催さるる事」を遺訓としました。

2代光友は社寺の創建に注力します。

3代綱誠（つなのぶ）は、母が3代将軍家光の長女であり、将軍家に最も近い存在でした。異母兄松平義昌は陸奥梁川藩の大久保松平家、同母弟松平義行は美濃高須藩の四谷松平家としてそれぞれ独立。異母弟松平友著は尾張藩内で家禄を得て川田久保松平家となり、この3家が分家御連枝となりました。

分家御連枝は、将軍家にとっての御三卿（一橋家、田安家、清水家）と同様に、尾張徳川家に嫡子が絶えた際に藩主を輩出する藩です。

4代吉通は、6代将軍家宣から高く評価され、家宣の子（家継）が幼いため、7代将軍への就任を要請されるほどでしたが、大奥や御三家、幕閣の暗闘の末、実現しませんでした。吉通は家宣が亡くなって9ヶ月後、家継が将軍を継承して5ヶ月後に急死します。

将軍継嗣騒動に巻き込まれたことが影響したのか、吉通は「尾張は将軍位を争わず」を遺訓としました。以来、尾張藩では将軍位を継承するよりも、家康より与えられた尾張藩を護ることの方が大切であるとの家風が形成されます。

【将軍家と尾張徳川家】

将軍家

代	名	在職・続柄
初代	家康	(1603～1605)
2代	秀忠	(1605～1623) 家康3男
3代	家光	(1623～1651) 先代2男 家康孫
4代	家綱	(1651～1680) 先代長男 家康曽孫
5代	綱吉	(1680～1709) 家光4男 家康曽孫
6代	家宣	(1709～1712) 甲府藩主長男 3代孫
7代	家継	(1713～1716) 先代4男
8代	吉宗	(1716～1745) 紀州藩主4男 家康曽孫 →田安家 一橋家
9代	家重	(1745～1760) 先代長男→清水家
10代	家治	(1760～1786) 先代長男
11代	家斉	(1787～1837) 一橋家当主長男
12代	家慶	(1837～1853) 先代2男
13代	家定	(1853～1858) 先代4男
14代	家茂	(1858～1866) 先代従弟
15代	慶喜	(1867～1868) 水戸藩主7男 (徳川斉昭)

尾張徳川家

代	名	在職・続柄
初代	義直	(1607～1650) 家康9男 「王命に依って催さるる事」
2代	光友	(1650～1693) 先代長男 家康孫
3代	綱誠	(1693～1699) 先代長男 家康曽孫
4代	吉通	(1699～1713) 先代9男 「尾張は将軍位を争わず」
5代	五郎太	(1713) 先代長男
6代	継友	(1713～1730) 先代叔父 3代11男
7代	宗春	(1730～1739) 先代弟 3代19男
8代	宗勝	(1739～1761) 2代孫 高須藩主
9代	宗睦	(1761～1799) 先代2男
10代	斉朝	(1799～1827) 将軍家斉甥
11代	斉温	(1827～1839) 将軍家斉19男　先代従弟
12代	斉荘	(1839～1845) 将軍家斉12男　先代兄
13代	慶臧	(1845～1849) 田安家当主7男
14代	慶恕	(1849～1858) 高須藩主2男　水藩戸主徳川斉昭甥
15代	茂徳	(1858～1863) 先代弟　高須藩主5男
16代	義宜	(1863～1869) 先代甥　先々代3男
17代	慶勝	(1869)＝14代慶恕

（2代光友・3代綱誠より→）大久保松平家（陸奥梁川藩）／四谷松平家（美濃高須藩）／川田久保松平家

5代五郎太は継嗣2ヶ月後に2歳で逝去。

6代継友は3代綱誠の十一男です。7代将軍家継が幼少、病弱であったため、8代将軍の有力候補となりました。祖母が3代将軍家光の長女、妻が6代将軍家宣の御台所の姪であり、適齢かつ将軍家に最も近い存在だったからです。しかし、同じ御三家の紀州藩主吉宗が8代将軍に就任。ここでも暗闘があったようです。その後、尾張徳川家は御三家で唯一、将軍を輩出することなく江戸時代を終えることになります。

歴代藩主の中で最も有名なのが3代綱誠の二十男、つまり継友の弟である7代宗春です。当時は8代将軍吉宗による緊縮的な享保の改革が行われていました。１７３０（享保15）年、藩主となった宗春は、名古屋城下に芝居小屋や遊廓の設置を認め、祭りを奨励し、能楽、歌舞伎、茶華道等々、様々な文化芸能を盛んにします。宗春の藩政は吉宗の幕政に対立するものでした。また、幕府から任じられている御付家老よりも側近を重用し、独自の藩政運営を続けました。

その頃、幕府は朝廷が禁じた大日本史の出版を強行する一方、朝廷も反幕府の象徴的儀式である大嘗会を開くなど、朝幕間の緊張が高まっていました。

尾張藩は初代義直の遺訓の下、勤王を旨とする朝廷寄りの立場であったことも幕府の不興を買いました。

宗春が参勤交代で江戸に下向すると、幕府の意を受けた御付家老竹腰正武が国元で宗春の諸政策を覆す騒ぎとなり、尾張藩内は混乱します。

1739（元文4）年、将軍吉宗は尾張藩内の混乱を理由に宗春に隠居謹慎を申し渡しました。宗春の従弟8代宗勝は藩政を転換し、倹約令を中心とした緊縮政策を行ない、学問を奨励して巾下学問所を創設しました。

9代宗睦（むねちか）の治世は38年間に及びます。藩校明倫堂の創設、軍制改革等を行った一方、庄内川の氾濫等の天災被害の影響もあり、藩財政は悪化します。

1799（寛政11）年、宗睦が死去。実子が早逝していたため、翌1800（寛政12）年、藩主となった10代斉朝は御三卿一橋家からの養子です。4代吉通の外孫の系譜として藩祖義直の血統を継いでいましたが、斉朝にも実子がなく、義直からの血統は斉朝の代で断絶します。11代斉温（なりはる）、12代斉荘（なりたか）は11代将軍家斉の実子、13代慶臧（よしつぐ）は御三卿田安家からの養子です。いずれも藩政にほとんど携わらず、藩内の不満が高まりました。とくに11代斉温は一度も尾張入りしませんでした。

藩内では、将軍家周辺から養子藩主を迎え入れて財政支援を期待する御付家老等の幕府迎合的な江戸派と、幕府の藩政介入に反発する独立志向の金鉄党の対立が浮き彫りになります。9代藩主宗睦時代の軍制改革で拡充された大番組藩士等を中心とする金鉄党は尾張派とも呼ばれ、分家御連枝高須藩からの藩主擁立運動を起こします。

こうした藩内の動きもあって、14代藩主に再び御三卿系の養子を迎え入れることは阻止され、1849（嘉永2）年、水戸徳川家の血筋を引く高須藩主松平義建の嫡子慶恕（よしくみ）（慶勝（よしかつ））が藩主として迎え入れられました。慶勝は人事を一新し、藩政に腐心します。

王命尊重の藩祖義直の遺訓、尾張藩護持を諭す4代吉通の遺訓、そして慶勝が水戸系であること、及び御付家老の対立とそれに付随する藩内抗争等が相まって、尾張藩の幕末史は複雑化します。

尾張藩幕末史は第5章に詳述しますが、端緒は以下のとおりです。

慶勝は将軍継嗣問題、条約勅許問題等に関して水戸系の一橋派に与し、井伊直弼ら南紀派と対立。慶勝は水戸前藩主徳川斉昭、福井藩主松平慶永とともに井伊直弼に意見するために不時登城を行ったことを咎められ、1858(安政5)年、隠居処分となります。安政の大獄の始まりです。

15代藩主には慶勝の弟茂徳(もちなが)が就きます。藩内は慶勝派、茂徳派に二分され、他藩同様、尊攘派、佐幕派の対立に加え、成瀬、竹腰の両御付家老の勢力争いも絡んで混沌とします。

1860(安政7)年、直弼が桜田門外の変で暗殺されると慶勝が復権。1863(文久3)年、茂徳に代わり、慶勝の子義宜(よしのり)が6歳で16代藩主になると、慶勝は藩政の実権を掌握し、幕政にも参与して公武合体派の重鎮となります。

慶勝は第1次長州征伐の総督に立てられるなど、否応なく幕末の動乱に巻き込まれていきます。

第2章

鎌倉街道を歩く

古代東海道は律令時代の五畿七道のひとつです。両村（ふたむら）、新溝（にいみぞ）、馬津（まつ）を経て伊勢国に向かいましたが、中世には木曽川を渡って東山道に向かう鎌倉街道も普及しました。

東国からの旅人は境川を越えて尾張国に入り、鳴海、宮（熱田）、萱津、折戸、黒田を経て美濃国に向かいます。第2章では、東海道と鎌倉街道を歩きます。

1　両村駅と二村山

三河国を横切り、境川を渡った旅人は尾張国に入ります。境川は豊田の長田池から始まり、南下して衣浦湾に注ぎ、流路は尾張国と三河国の境界線となっています。

この地域は、律令制下の尾張国を構成する8郡のうち山田郡に属しました。

古代東海道は、尾張国内に両村、新溝、馬津の三つの駅（うまや）がありました。両村は山田郡、新溝は愛智郡、馬津は海部郡であり、つまり伊勢湾沿いの3郡を横断して桑名に向かいます。

駅には永年勤めの駅長（うまやおさ）がおり、旅人に人馬の継立、渡し舟や人足を用意し、食事や宿泊場所を提供していました。駅は後の宿場の原型です。

新溝と馬津の中間地点には、庄内川を渡る草津湊もありました。草津湊は後の萱津宿に発展します。

中世鎌倉街道には、尾張国内に沓掛、鳴海、熱多（熱田）、萱津、折戸（下津）、黒田の6宿が置かれました。近世東海道における尾張国内の東海道五十三次は鳴海宿と宮宿（熱田宿）であり、時代とともに駅や宿の数、場所も変わりました。

宮宿から陸路を北西に向かう旅人は多く、鎌倉街道、美濃街道沿いの宿場は賑わいました。

伊勢湾の海岸線は古代、中世、近世と時代とともに南下していきます。古代の海岸線は尾張北部に位置しましたが、中世、近世には扇状地が陸地化するとともに、新田開拓も進み、海岸線は南下しました。

そのため、近世東海道は鎌倉街道と重なる部分もありますが、海岸部では概ね

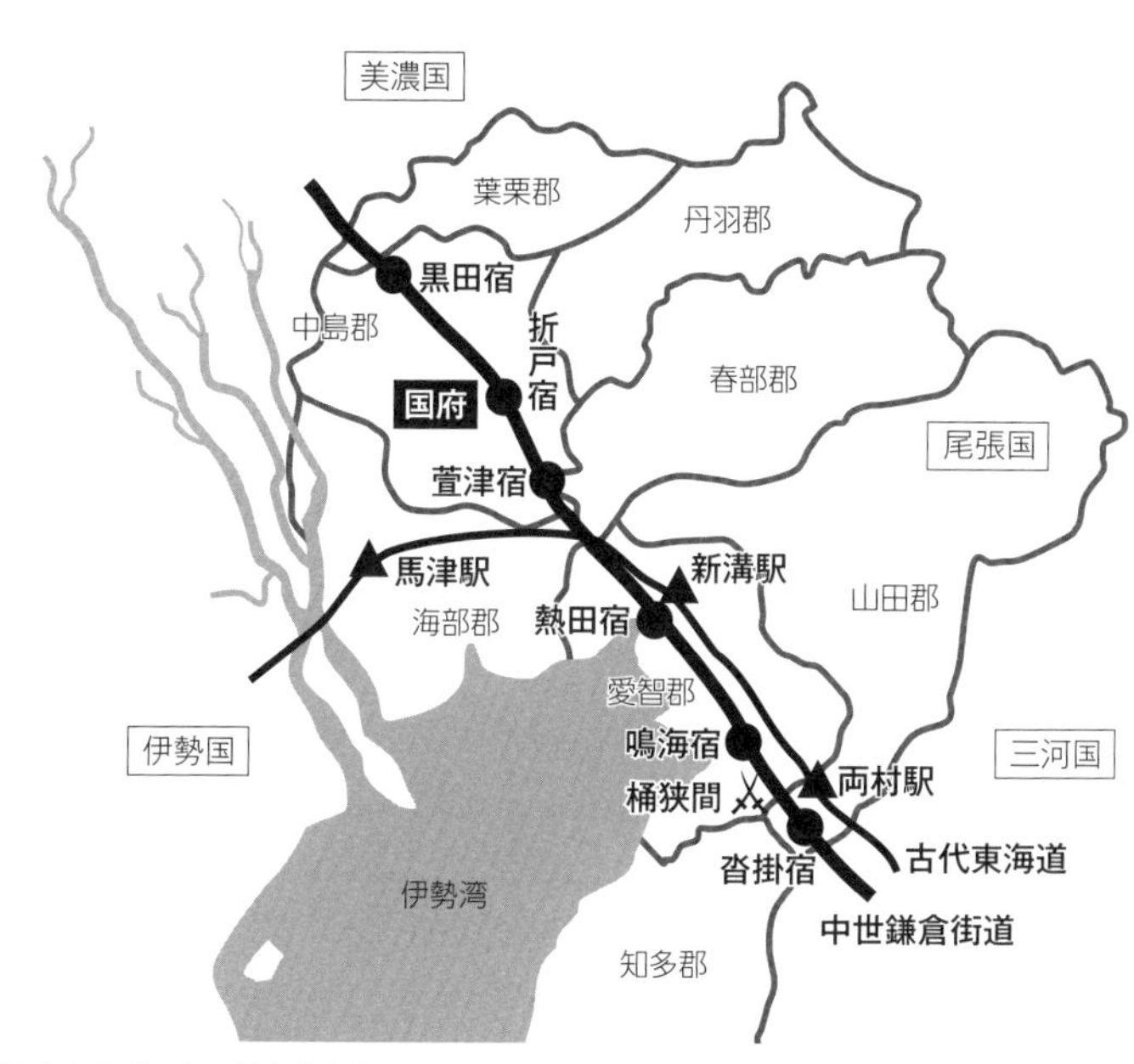

［古代東海道と中世鎌倉街道］

鎌倉街道よりも南に位置しています。陸路中山道に向かう美濃街道も鎌倉街道と一部は共有しますが、同じではありません。

境川を渡って尾張国へ入ると、沓掛城、大高城、鳴海城、丹下砦、善照寺砦、中島砦、丸根砦、鷲津砦の三城五砦が林立する桶狭間の戦いの舞台です。

桶狭間の戦いの前日、今川義元は鎌倉街道を西進してきました。義元配下であった松平元康(徳川家康)が先鋒を務めたことから、元康の領地である三河は難なく軍を進め、沓掛城に宿泊しました。その夜の未明、元康は大高城に兵糧入れを行い、翌日の昼に義元は織田信長に討たれました。

沓掛宿は、旅人が駅舎の軒下に藁沓をかけていた様子をみた歌聖在原業平がこの地を沓掛と名づけました。

沓掛を過ぎると高さが約40間(約72メートル)の山が見え、その麓に両村駅がありました。両村は周辺集落の中間地点という意味から自然に生じた地名であり、山の名は両村に準じて二村山となりました。

二村山からは西に濃尾平野、東に岡崎平野が見え、遠くには猿投山、伊吹山、御嶽山が一望できます。古来名勝地、歌枕として知られ、都に向かう源頼朝が立ち寄って詠んだ歌碑もあります。

江戸時代の尾張名所図会には次のように紹介されています。
「絶頂より四望するに、東の方には木曽の御岳、駒ヶ岳、峩々として高く、三河の猿投、村住の双峰黛色深く、苅屋（刈谷）の城、挙母の里までも眼下にさえぎり、北を望めば越しの白山、立山をはじめ、尾濃の数峰連なりて、あたかも波濤のごとし。しばらく目をとどむれば、金城煙雲の間に彷彿たり。西は蒼海洋々として、布帆の往来、漁人の扁舟（小舟）あざやかに、南は知多の浦山、遠くは伊勢の朝熊岳までもここの詠に入る、実に尾張第一の光景といふべし」

時代を経て、両村駅の西に鳴海宿が置かれました。境川から鳴海宿に至る道筋は、旅人が道中の安全を祈願した青木地蔵、鹿島神社、十王堂、二村山峠地蔵尊などの仏跡が豊富な地域です。古代からある濁池を過ぎると鳴海宿に近づき、蔵王権現、八松八幡社、鴻仏目地蔵尊、諏訪社、浄蓮寺、相原観音堂、古鳴海八幡社、野並八剣社などを経て、徐々に名古屋城下町に近づきます。

途中、新海池の辺りには大塚古墳や赤塚古墳があり、古代尾張氏がこの地域まで進出していたことがわかります。近隣の勅使池、若王子池等の名前からも、古代の歴史を感じます。

江戸時代には鎌倉街道よりも南に近世東海道が置かれ、街道沿いに有松の町ができました。桶狭間村と鳴海村の間に位置するこの一帯は人家のない地域でしたが、尾張藩が東海道沿いに新たな村を開くことを計画しました。１６０８（慶長13）年、知多郡全域に高札を掲げてこの地域への移住を呼びかけて開かれたのが有松村です。

１６４１（寛永18）年、この村の絞り染めを尾張藩２代藩主光友が気に入り、尾張の特産品として保護しました。後に５代将軍徳川綱吉に有松絞りの手綱を献上したところ称賛され、有松絞りの名声は天下に轟きました。

有松は沓掛宿と鳴海宿の間宿（あいのしゅく）として、有松絞りに代表される手工業の町として賑わいます。鳴海宿にも鳴海絞りがありました。

２　年魚市潟の浜道

旅人はさらに東海道を進みます。鳴海宿を過ぎて、鳴海台地の嫁ヶ茶屋、古鳴海へと向かいます。

鳴海台地の西に広がる湿地帯は、河川の河口が集中する鳴海潟、年魚市（あゆち）潟です。古代、中世、近世を通して、この一帯は鎌倉街道、東海道の要所です。河川が運ぶ土砂が堆積し、新田開発も行われ、中世から近世にかけて徐々に陸地化していきます。

江戸時代中期までの年魚市潟の地形は、松巨島（まつこしま）を囲むように、南から、鳴海台地、八事台地、瑞穂台地、熱田台地が取り巻き、その間を、扇川、藤川、天白川、山崎川、精進川が流れ、干潟を形成していました。松巨島は中州の先端部が独立して島になったものであり、笠寺台地とも呼ばれます。

鳴海台地の先端に到達すると、そこから先は干潟です。松巨島を経由して宮宿に行く経路は、上の道、中の道、下の道の三本ありました。おそらく、潮の干満等、水位によって選択する経路が違ったのでしょう。

上の道は野並の辺りから干潟に出て瑞穂台地の井戸田から北上し、熱田台地の古渡に至ります。

中の道は鳴海台地の古鳴海から松巨島に渡り、白毫(びゃくごう)寺を経て熱田台地の夜寒里に行きます。そこから宮宿に向かうか、北上して古渡を目指しました。

下の道は鳴海台地の三王山から干潟に出て、松巨島の狐坂、笠寺に向かい、松巨島の西側、白毫寺辺りから熱田台地の宮宿に至りました。

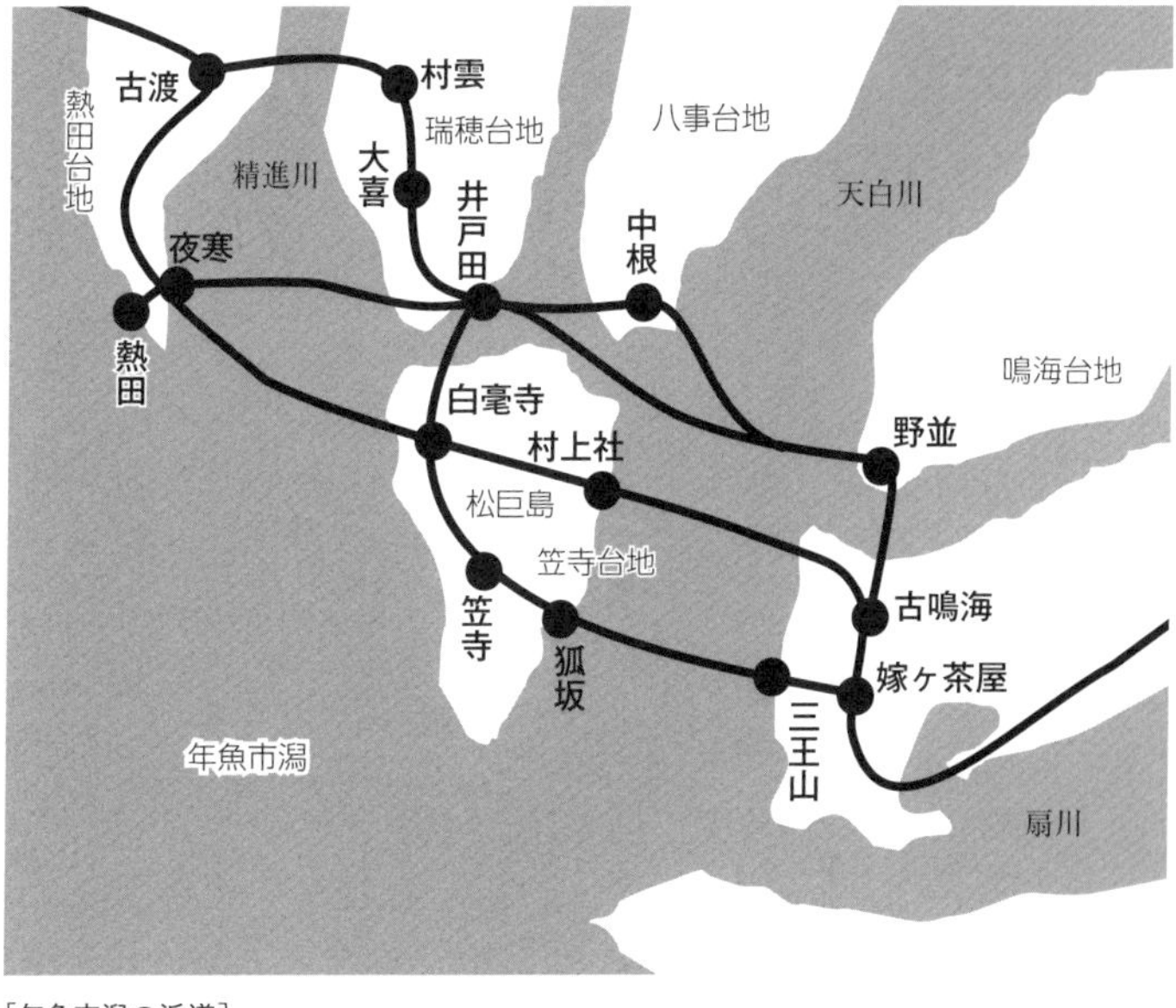

［年魚市潟の浜道］

熱田台地は半島を形成しており、周囲には干潟、河口、湾が入り組んでいました。台地上の熱田神宮近くには尾張最大の前方後円墳、断夫山古墳があります。周囲の古墳群とともに尾張氏の陵墓と考えられます。

前章にも記しましたが、年魚市の音「あゆち」は古代中世の郡名のもととなり、愛知の表記につながっています。

万葉集で高市黒人が詠んだ「桜田へ鶴鳴き渡る年魚市潟潮干にけらし鶴鳴き渡る」の年魚市に由来し、それが律令制下で愛知郡という郡名に採用されたと言われています。歌枕として親しまれました。

古代には、年魚市のほかに、鮎市、愛智、吾湯市とも書かれ、尾張氏の系図の肩書に年魚市評の表記がある人物もいます。７０１（大宝元）年、大宝律令制定以前は評が置かれていたことがわかります。

大宝律令制定を機に、評や県といった行政単位は郡となりました。愛知郡の表記は複数あり、出土木簡には阿由市郡、７１２（和銅５）年の史書には鮎市郡、日本書紀には年魚市郡と表記されています。

７１３（和銅６）年以降、好字二字令により表記が愛智または愛知に改められたと推測され、10世紀以降に編纂された延喜式や和名抄には愛智郡、平城京出土木簡には愛知郡と記載されています。和名抄では愛智を「阿伊知」と読むと記されています。

年魚と書いて「あゆ」と読ませるのは、鮎は誕生してから1年で生涯を終えることから一年魚、略して年魚に転じたからです。また「あゆ」は「物の湧き出す」ことを意味します。かつて年魚市潟に流れ込む川で、鮎が湧いてくるように獲れたと伝わります。つまり、鮎は川の中から湧いてくる魚という意味です。

そして年魚市潟で湧き出したものとは鮎だけでなく水です。多くの河川の水とともに、扇状地の伏流水が湧き出る干潟、それが年魚市潟です。

1601（慶長6）年、東海道に伝馬制が敷かれ、五十三次の宿設置が始まりました。熱田台地の先端に位置する宮宿は、東海道五十三次の41番目の宿です。佐屋街道や中山道に至る美濃街道との分岐点でもありました。一般には宮宿と呼ばれていたようですが、幕府や尾張藩の公文書では熱田宿と書かれています。

宮宿と桑名宿の間は海路「七里の渡し」で結ばれました。「桑名の渡し」「熱田の渡し」「宮の渡し」「間遠の渡し」とも呼ばれます。「七里の渡し」は1616（元和2）年に公認された東海道唯一の海上路であり、満潮時の陸地沿い航路は約7里、干潮時の沖廻り航路が約10里、渡し船の所要時間は2～3刻（とき）（4～6時間）でした。

宮宿は渡船場として賑わい、旅籠屋数で東海道最大規模を誇りました。1843（天保14）年の記録には、本陣2軒、脇本陣1軒、旅籠屋248軒を擁し、戸数2924軒、人口

1万342人と記されています。

「七里の渡し」は海難事故がしばしば発生する東海道の難所であり、海路を避けたい旅人は迂回路である脇往還、佐屋街道に向かいました。佐屋街道とともに、陸路で中山道に向かう美濃街道との分岐点でもあったため、宮宿は東海道随一の賑わいを見せました。

湊町であるとともに、古くから熱田社の門前町であり、名古屋城下町、岐阜の町とともに、尾張藩町奉行の管轄地でした。なお、岐阜城は1601（慶長6）年に廃城となっています。

宮宿近くには熱田社のほか、源頼朝生誕地と伝わる誓願寺、尾張国最大の前方後円墳である断夫山古墳などがあり、旅人が旅情を味わえる好適地でした。

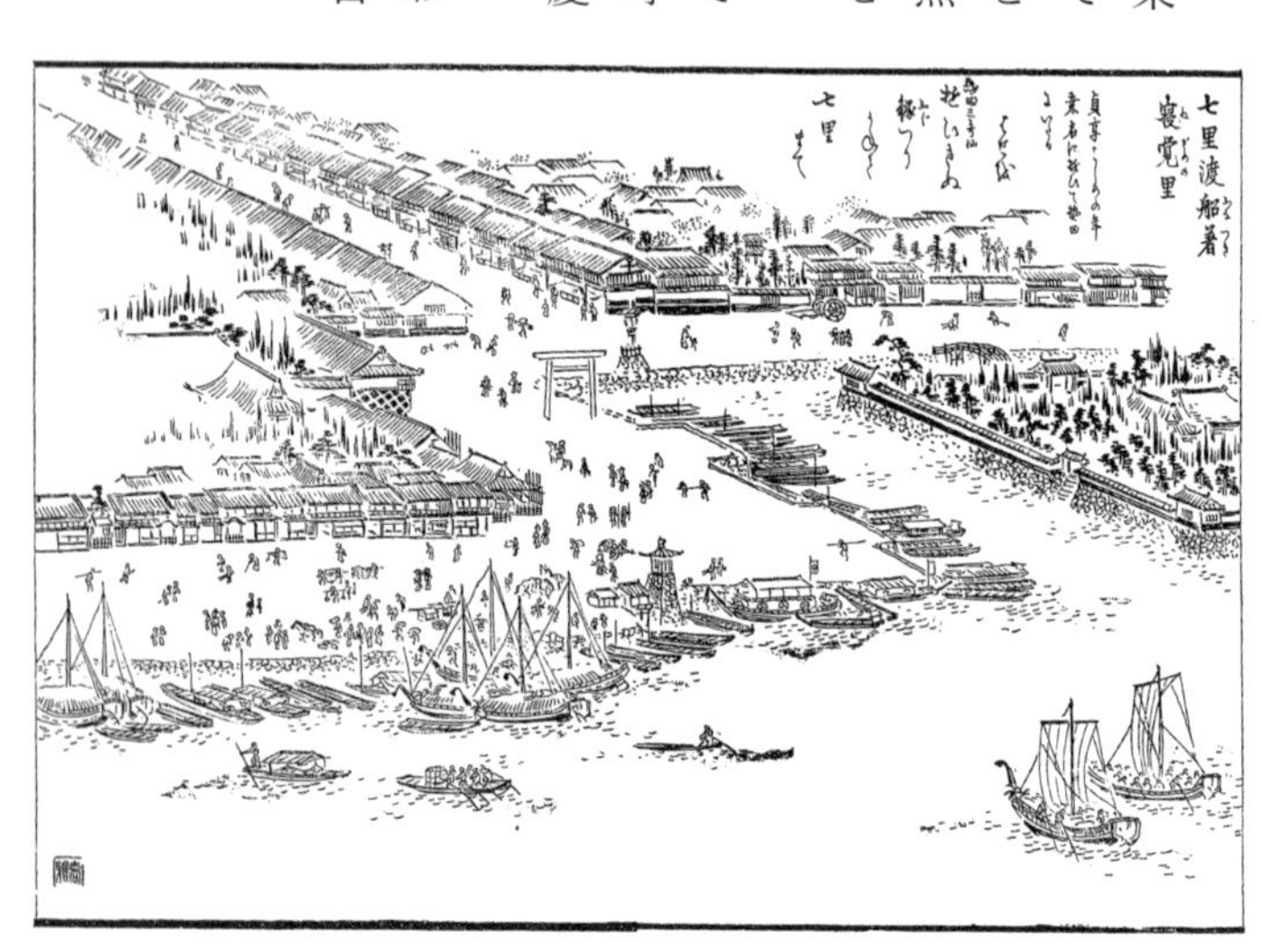

七里渡船着「尾張名所図会」（国立国会図書館デジタルコレクションより）

3　熱田社

宮宿を通る旅人は熱田社を参拝します。三種の神器のひとつである草薙剣（くさなぎのつるぎ）を祀ることで知られる熱田社は尾張国三宮です。草薙剣の創祀は景行天皇43年、熱田社の創建は仲哀天皇元年あるいは６４６（大化2）年と伝わります。明治以降、熱田社は熱田神宮と称されます。

古くから尾張国の南部、宮宿の鎮守大社として知られ、中世以降は日本第三之鎮守として国家的な崇拝を受けるに至ります。第一之鎮守は伊勢神宮、第二は石清水八幡宮と解されます。

主祭神である熱田大神について、熱田神宮は「三種の神器のひとつである草薙神剣を御霊代としてよらせる天照大神」と説明しています。すなわち、草薙剣（天叢雲剣（あめのむらくものつるぎ））の正体（霊代、実体）としての天照大神であり、草薙剣は天照大神、熱田大神と同じであるという捉え方です。

尾張国風土記には、日本武尊（やまとたけるのみこと）が妻である宮簀媛（みやずひめ）に草薙剣を託す際に「自らの形影（みかげ）とするように」と言い残したとあります。

相殿には、草薙剣に縁のある神や尾張国先祖、すなわち天照大神、素戔嗚尊（すさのおのみこと）、日本武尊、宮簀媛命、建稲種命（たけいなだねのみこと）が祀られています。

素戔嗚尊は八岐大蛇（やまたのおろち）を退治した際に尾の中から草薙剣を見つけ、天照大神に献上しました。

天照大神が天孫降臨の神勅を下すにあたって草薙剣、すなわち神剣に霊魂を込め、神鏡（八咫鏡）、神璽八尺瓊勾玉とともに邇邇芸命に授けて以来、大王家はこれを宝祚の守護（三種の神器）として宮中に祀りました。

日本武尊は伊勢神宮を参拝した際に邇邇芸命から渡された草薙剣を携えて蝦夷征伐で活躍した後、妻の宮簀媛に草薙剣を託しました。その後、日本武尊は伊吹山に遠征した際に手傷を負って病を患ったものの、病身を押して伊勢に向かいます。鈴鹿山を越えた辺りで危篤となり、鈴鹿川の中瀬で亡くなります。

宮簀媛は老いてから、近臣や身近な人々を集め、草薙剣を鎮守するための社地の選定を諮ります。すると、1本の楓の木が自ら炎を発して燃え続け、水田に倒れてもなお炎が消えなかった地のことを伝え聞き、その地を熱田と号して社地に定めました。熱田社の誕生です。

熱田社大宮司は代々尾張国造の子孫である尾張氏が務めました。

平安時代後期、尾張国目代として赴任していた藤原南家の藤原季兼が大宮司尾張員職の娘を娶り、その間に生まれたのが藤原季範です。季範は員職の外孫として大宮司を継ぎました。以降、子孫の藤原南家藤原氏（千秋家）が大宮司、尾張氏が権宮司を務めます。

季範の娘由良御前は源義朝の正室となり、実家の別邸で頼朝を産みました。また、季範の養女（実孫）は足利義康（足利氏祖）に嫁ぎ、足利氏にもその血脈を伝えました。

熱田神宮近くに誓願寺があります。由良御前が頼朝を生んだ別邸跡です。1529（享禄2）年、尾張国吉野城の吉野右馬允の妻である善光上人（日秀妙光尼）が頼朝生誕地を祀り、織田信秀の援助を受けて創建した寺院です。

尾張名所図会には誓願寺の隣に「きよめ茶屋」が描かれています。熱田社参拝者はここで身を清めた後、参拝に向かいました。「きよめ茶屋」のあった場所には、平清盛に幼い頼朝の助命を嘆願した池禅尼の「池殿屋敷」があったと伝わります。

織田信長は桶狭間の戦いの前に熱田社に戦勝祈願し、無事に勝利した後に塀を寄進しました。土と石灰を油で練り固めて瓦を厚く積み重ねた信長塀は現存し、三十三間堂の太閤塀、西宮神社の大練塀と並ぶ日本三大塀と言われています。

1590(天正18)年、豊臣秀吉の母である大政所が参詣したと伝わります。1600(慶長5)年、火災に遭った際には豊臣秀頼の命で再建されました。

江戸時代になると尾張藩も誓願寺を庇護しました。本堂と山門に葵の御紋があるのは、誓願寺を創建した善光上人が人質時代の竹千代（徳川家康）の教育係だったことに由来します。尾張藩にとっても神君家康公にまつわる古刹だったのです。

さて、宮宿から北上しましょう。

街道を進むと夜寒(よさむ)の里があります。熱田社の北にあたり、年魚市潟を見渡せる高台で、武家の別荘地でもありました。

さらに北に進むと古渡に至ります。古渡は古代東海道の駅、新溝と比定されます。この経路には当地と源氏のつながりを示す闇(くらがり)之森八幡社があります。江戸時代の尾張志によれば、八幡社の創建は源為朝です。本殿西に為朝愛用の武具を埋めた鎧塚が残っています。

古渡から西に折れると鎌倉街道、東海道の脇海道である佐屋街道に向かいますが、途中庄内川に沿って北上すると、名古屋城下町と尾張北部を結ぶ稲生街道に至ります。

稲生街道は庄内川河岸の稲生を通る道であり、稲生は織田信長、信行兄弟が戦った稲生の戦いの合戦地です。

4　稲生の戦いと「万場の渡し」

清洲城の東、那古野城北の庄内川左岸が舞台となったのが稲生の戦いです。1556(弘治2)年、織田信長と弟信行との家督争いを巡る争いです。稲生合戦、稲生原合戦とも呼ばれます。

1552(天文21)年、織田信秀が亡くなると家督は那古野城の嫡男信長が継いだものの、家中には信秀晩年の居城である末森城を継いだ次男信行を推す声もありました。信長は平素から素行が悪く、1553(天文22)年には傅役(もりやく)平手政秀が諫死する事件も起き、信長は当主に相応しくないと思う家臣もいました。

信長は、1555(弘治元)年、主家である清洲織田氏(大和守家)の織田信友を滅ぼして清洲城を奪い、那古野城は家臣の林秀貞が留守居役になります。

この頃、三河国との国境に配した鳴海城の山口教継が離反し、今川氏に寝返りました。1556（弘治2）年、美濃では政変が起き、信長の舅であり後ろ盾であった美濃国主斎藤道三が嫡男義龍との戦いで敗死。さらに尾張上四郡を支配する岩倉織田氏（伊勢守家）が義龍と手を結んで信長に敵対。織田弾正忠家を取り巻く情勢は厳しさを増していました。

信長では家中をまとめられず、難局を乗り切れないと考えた林秀貞と信行家臣の柴田勝家等が結託し、信長を排して信行に家督を継がせようと画策。信行自身も正嫡を自称し、信長領を奪って砦を構えるなど、対決姿勢を鮮明にしました。

こうした動きに対し、信長は佐久間盛重に命じて名塚に砦を築かせ、遂に信長と信行は稲生原での合戦に至ります。

信長勢は清洲南東の於多井川（庄内川）に進軍。東から来た柴田勢、南から来た林勢と戦いが始まりました。信長公記によれば、信長勢700人に対し、信行勢は1700人を擁していました。戦力差に加え、戦上手の柴田勝家に押され、信長勢は苦戦。柴田勢が信長本陣に迫った際には、信長の周りには織田信房、森可成らの重臣数人と中間（下級侍）ら約40人だけという危機に陥りました。

しかし、信房、可成両名が奮闘。柴田勢の兵は、本来の当主である信長から怒声を浴びせられると怯み、退散したと伝わります。ルイス・フロイスの日本史には、信長は尋常でない大声の持ち主だったと記録されています。

勢いを取り戻した信長は、自ら信行方重臣を槍で突き伏せ、信長勢は信行勢４５０人余を討ち取りました。信行勢は敗走し、末森城と那古野城に篭城。信長は両城の城下を焼き払います。末森城にいた母土田御前の取りなしで信行は助命され、清洲城で信長と対面して許されました。信行についた林秀貞と柴田勝家等も信長に謝罪し、忠誠を誓います。

その後信行は再度謀反を企てますが、信行を見限った柴田勝家が信長に内通。１５５７（弘治3）年、信長が病に臥しているとして、見舞いのために呼び出された信行は清洲城北櫓の天主次の間で謀殺されました。

なお、林秀貞は20年以上後の１５８０（天正８）年、信長によって追放されますが、その際に信長は稲生の戦いでの離反を追放理由のひとつに挙げました。

さて、稲生から南下して鎌倉街道に戻りましょう。

宮宿から北上し、古渡で西に方向を変えます。露橋から北西に進んで小栗橋を越え、豊臣秀吉生誕地を横目に歩くと、まもなく庄内川に至ります。

小栗橋の名称は歌舞伎や狂言で知られる小栗判官に由来します。小栗判官は常陸国小栗城主の生涯が題材になっていると伝わりますが、小栗判官と妻照手姫との様々な伝承が東海道、鎌倉街道沿いに数多く残ります。

江戸時代の旅人は豊国神社を知りません。豊国神社は1885（明治18）年創建だからです。江戸時代に豊臣秀吉について語られることはありませんでした。本殿東側に秀吉生誕地の石碑がありますが、出生地については、下中八幡宮、常泉寺辺りなど、諸説あります。隣接する妙行寺（みょうぎょうじ）は加藤清正生誕地です。生誕地は隣近所の秀吉と清正ですが、年齢は25歳違いです。

　庄内川を渡ると萱津宿に向かいます。

　近世東海道を旅する場合、「七里の渡し」の海路を避けたい旅人は、佐屋宿から川を下るか、萱津宿から陸路、鎌倉街道や美濃街道を進んで木曽川を目指しました。

　佐屋宿に向かうために庄内川を渡る場所が「万場の渡し」です。

　「万場の渡し」は船頭を務める6軒が渡河を担いました。尾張名所図会の絵には馬2頭、人9人、駕籠1つ、船頭2人が描かれています。海路の「七里の渡し」は馬が乗れませんでしたが、「万場の渡し」は乗れたようです。

「万場の渡し」を挟んで万場宿と向き合っていたのが岩

万場川舩渡「尾張名所図会」（国立国会図書館デジタルコレクションより）

塚宿です。両宿は1634（寛永11）年に置かれ、2宿で1宿分の機能を果たす特異な宿駅でした。月前半は万場宿、後半は岩塚宿が人馬継立役を務めました。

1651（慶安4）年の史料には、万場、岩塚は馬80疋、寄馬103疋、人足の定めなしと記されています。馬の継立拠点としては大きかったようです。1843（天保14）年の佐屋路宿村大概帳によれば、万場宿の人口は672人、本陣1軒、旅籠屋10軒です。

「万場の渡し」の庄内川は渇水期には歩いて渡ることも可能でしたが、徒歩での渡河は禁止されていました。架橋しないのは敵を渡河させないためとも伝わりますが、上流の枇杷島には橋が架かっていました。万場では渡し舟を必ず使わせるように役人と宿場の間で何か取極めがあったとも言われています。

佐屋街道、「万場の渡し」については第4章で再述します。

5　萱津宿

鎌倉街道に戻り、庄内川を渡って萱津宿に向かいましょう。

尾張国の三大渡しは、木曽川、矢作川、庄内川です。岩塚宿から「万場の渡し」を渡り、江戸時代に開削された新川、そして五条川を越えてしばらく行くと萱津宿です。五条川の法界門橋辺りで交差する道は津島街道です。

尾張名所図会には五条川と新川が合流する図があり、五条川の上流に萱津神社の鳥居が描かれています。萱津宿の東には東宿がありました。

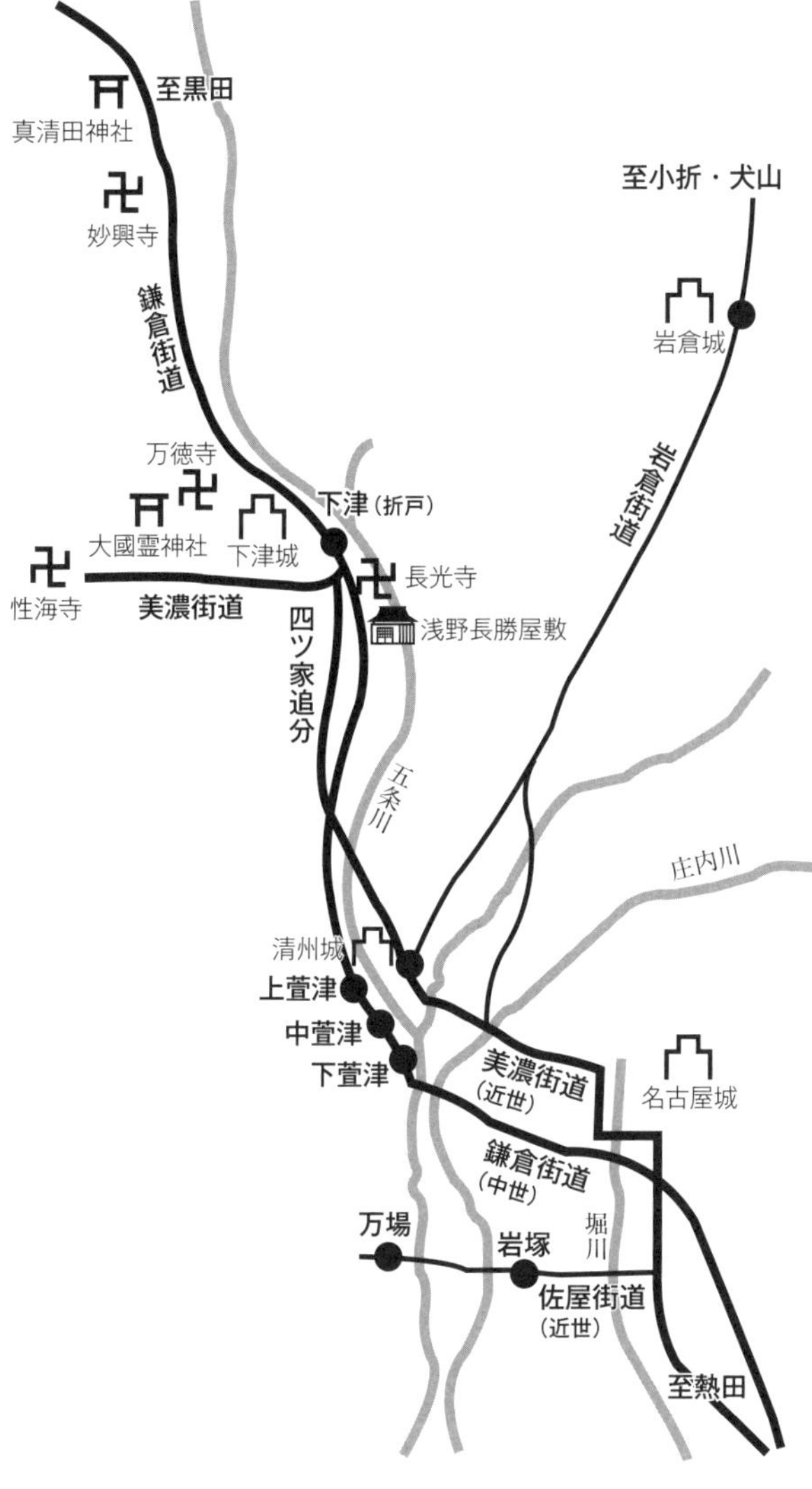

［萱津宿～折戸（下津）宿］

五条川西岸に沿って南から下萱津、中萱津、上萱津と連なり、清洲の西今宿を通り、折戸（下津）に至ります。萱津は古くは海津（かいづ）といい、また草津とも書いて「かやづ」と呼ばれました。

古代の旅において、国が設けた駅に宿泊できるのは公人だけであり、庶民は野宿です。中世になると、宿のできる前段階として富や身分のある旅人は地元の長者屋敷に泊まるようになります。萱津にも、下萱津の真那長者、中萱津の鴻之巣長者、上萱津の高見長者や上野長者の屋敷がありました。

萱津が古くから街道の拠点となった理由は二つ考えられます。

ひとつは伊勢街道と美濃街道の分岐点だったことです。平安京になって都が北に動き、次第に東山道を使う経路が普及しました。そのため萱津は、尾張から美濃に入り、不破の関を通って都に向かう美濃街道と、宮宿から津島、桑名、伊勢、鈴鹿の関を進む伊勢街道の分岐点になったのです。

もうひとつは、川の渡し近くに立地したことです。他の街道でも、川の渡しや峠の前後に重要な宿場が発展しました。

伊勢湾の海岸線は徐々に南下していました。平安時代には中萱津付近であったため、萱津神社の漬物神事にちなむ塩や、伊勢の漁師豪族である甚目龍麻呂（はだめたつまろ）の網にかかった甚目寺観音の本尊など、海にまつわる事物や伝承が残ります。鎌倉時代、室町時代になると、海岸線はさらに南下して下萱津付近に至ります。

萱津宿を抜けて金山神社と宝満寺のある辺りは西今宿。室町後期には萱津の新宿となり、近くに清洲城が造られました。

日本武尊が伊吹山に遠征した際に深手を負って病に倒れ、帰路に草津（萱津）の木の下で休息し、妻の宮簀媛を待ちました。しかし、宮簀媛が駆けつけた時には、日本武尊は既に伊勢に向かって出発した後でした。二人が逢うことは叶わず、その地は「阿波手の杜」と呼ばれるようになります。「不遇（あわで）の森」「あわでの森」「あわでの浦」とも言い、この逸話は歌人や旅人の心を打ち、「阿波手の杜」は有名な歌枕になりました。

第1章でも触れましたが、萱津神社は全国で唯一漬物の神様を祀っています。御祭神は鹿屋野比売（かやぬひめ）で、漬物発祥の地、漬物祖神、良縁の神として親しまれています。

濃尾平野では木曽川の氾濫で運ばれる土砂が肥沃な土地を形成しました。萱津周辺も尾張大根の産地として知られ、瓜、蕪（かぶ）、葱（ねぎ）、茄子（なす）などさまざまな野菜が生産され、それらは萱津神社に奉納されました。海岸線が近く、塩にも恵まれていたことから、奉納された多くの野菜を捨てるのはもったいないと考え、保存のために野菜と塩を一緒に壺の中に入れておいたところ、自然発酵して美味しい漬物になったそうです。

日本武尊が東征の帰りに萱津に立ち寄り、里人が献上した塩で漬けた野菜を食べて喜び、「藪二神物（やぶにこうのもの）」と称えたことから、それが漬物を表す「香の物」に転じました。

熱田神宮の元旦祭と新嘗祭などで香の物を奉納する儀式は、室町時代以前から続いていると伝わります。

萱津宿は歴史が古く、界隈には古刹、古社がたくさんあります。

下萱津の三社宮神社は、熱田社、津島社、真清田社を合祀したもので、昔の草津川（庄内川）の堤防上に１６８６（貞享３）年に創建されました。

宝泉寺は弘仁年間（８１０〜８２３年）創建とされ、別名「貘（ばく）の寺」です。正月に寺が振舞う宝船を、正月２日に枕の下に敷いて寝ると良い夢を見ることができ、悪い夢は貘が食べてくれるとして、信仰を集めています。

実成寺は１３１９（元応元）年創建です。本堂は織田敏定（信長曽祖父）が改修し、山門は福島正則寄進と伝わります。本堂西に中世の宿でもあった真那長者屋敷がありました。

光明寺は１２８２（弘安５）年に創建され、往時は72の僧寮が立ち並ぶ萱津道場として栄えました。豊臣秀吉幼少時代の藤吉郎が８歳から10歳まで預けられたと伝わります。

上萱津の妙勝寺は１２６２（弘法２）年、日蓮の弟子日妙が創建し、かつては末寺30余坊を有していたそうです。

金山神社は約６００年前、斯波氏が清洲に城を築いた頃、武器を作る鍛冶師らを住まわせた際に神社を勧請したそうです。社名は鍛冶に由来しています。

下萱津、中萱津、上萱津を貫く鎌倉街道を北上すると、清洲を通り、折戸（下津）、黒田を経て、木曽川を渡って美濃、近江に至ります。

6　清洲から折戸宿

萱津宿から折戸宿に向けて出発しましょう。

街道を北上すると、ほどなく清洲の町に入ります。清洲城が築城されて以来、戦国時代は尾張国の中心でした。多くの先人が清洲に足跡を残しています。

清洲の中心部土田（どた）には、多くの社寺があります。大吉寺と東勝寺はともに１１５５（久寿２）年に創建され、１４３９（永亨11）年、室町幕府６代将軍足利義教が富士山巡行の途中、両寺を詣でました。将軍の富士山巡行は、幕府と対立する動きを見せていた鎌倉公方への牽制と言われていますので、両寺の寺号には深い意味がありそうです。

岩清水八幡宮は１１９０（建久元）年創建。源頼朝が眼病を患った際に当地の医者の治療で完治したことから、山城国の石清水八幡社を勧請して造営されました。戦国末期には清洲城主松平忠吉に庇護され、社領が与えられました。

さらに北上すると、折戸宿との境辺りに長光寺があります。尾張六地蔵のひとつで、六角堂とも呼ばれます。

平頼盛が1161（応保元）年に創建しました。頼盛の母は源頼朝を救った池禅尼です。1338（延元3）年に足利尊氏が復興し、1601（慶長6）年には松平忠吉から寺領を与えられるなど、古刹の歴史を感じます。1235（文暦2）年造立と伝わる六角地蔵堂の本尊鉄造地蔵菩薩立像は、表面に結露することがあり、変事を予言する汗かき地蔵の異名があります。

長光寺の山門は美濃路に面しており、六角堂の左（西）を鎌倉街道、右（東）を美濃街道、岐阜街道が通ります。境内には寺の北西に立っていた四ツ家追分道標が移設されています。四ツ家追分は美濃街道と岐阜街道の分岐点でした。

岐阜街道は将軍に献上する鮎鮨を運んだ道であることから、鮎鮨街道、御鮨街道とも呼ばれていました。

本堂南奥にある臥松水（がしょうすい）は、織田信長お気に入りの井戸であったと伝わります。また、長光寺の南には豊臣秀吉の正室おね（ねね）の父である浅野長勝の屋敷がありました。

長光寺の南域には亀翁寺、常楽寺、無量光院、安楽寺、青宮寺など、古刹が林立しています。無量光院は10世紀に平将門に呼応した一党に焼き討ちされましたが、13世紀に再興され、往時は12坊を擁したそうです。青宮寺の木造聖徳太子立像は父用明天皇の病気平癒を祈る太子16歳の珍しい孝養像です。室町時代初期の作品です。

清洲から五条川を右手に北上すると、大江川を渡る前に折戸（下津）に至ります。

折戸は鎌倉街道の宿として、紀行文などにも紹介されています。15世紀には守護所が置かれた尾張の中心地であり、織田家が最初に居城を構えたのも折戸です。町の中央を鎌倉街道が南北に貫き、大寺院がいくつも甍を並べました。

鎌倉街道は五条川に合流する青木川に沿って北上します。折戸の集落には岐阜街道も通っていました。

しばし、折戸の歴史に思いをはせましょう。

織田氏は１３９８（応永５）年、尾張守護斯波義郷の時代に、越前国織田庄の織田常松が守護代として弟常竹とともに入国したのが始まりです。１４００（応永７）年に下津城に入ったとの記録があります。この頃には、折戸は既に下津と呼ばれていたようです。

町に残る碑文には、下津城が尾張守護代織田敏広の居城であったこと、１４３２（永亨４）年に足利義教が宿泊したことが記されています。前述の富士山巡行は１４３９（永亨11）年です。将軍が鎌倉街道を何度も往来したことがうかがえます。

１４５１（宝徳３）年、織田敏広が父常松に代わって下津城主となります。

１４６７（応仁元）年、応仁の乱が勃発し、主家である斯波氏は義敏、義廉の家督争いになりました。１４７５（文明７）年、義廉が折戸に来たことが契機となり、織田敏広と分家の敏定の家督争いに発展します。翌１４７６（文明８）年、敏広が敏定に敗れた際に折戸の町は焼き討ちに遭い、下津城は焼失しました。

１４７７（文明11）年、敏広は尾張北部を領して岩倉城に、敏定は南部を領して清洲城に居城しました。

下津にも多くの名刹があります。

阿弥陀寺は１２３９（延応元）年創建です。16世紀には一向宗の大寺院であったことから、１５６２（永禄５）年に織田信長から裁訴状を受け、１５７０（元亀元）年、長島一向一揆の際に焼き打ちされました。

円光寺は７２３（養老７）年創建の古刹です。聖徳太子作の聖観音像を奉じ、12世紀には山田郡23村を寺領とするほどの繁栄ぶりでしたが、１４７１（文明３）年、斯波義廉と織田敏定の争いの際に堂宇を焼かれました。１２６２（弘長２）年創建の仁王門は罹災を免れて現存しています。

１３４７（貞和３）年創建の頓乗寺には、清洲の諸寺と同様に、１３８３（弘和２）年に室町幕府三代将軍足利義満が関東管領の状況を探るための東国巡行の際に宿泊しています。

鎌倉街道は下津城址付近から東南に進み、下津二本杉の住吉神社に至ります。神社西には鎌倉街道の石碑が立ち、この辺りは折戸宿の中心として栄えました。

7 性海寺と尾張大國霊神社

鎌倉街道を折戸（下津）宿から青木川に沿って北上すると、万徳寺に至ります。

万徳寺は真言宗の大寺院です。創建は8世紀と古く、亀山天皇の勅願寺です。江戸時代には尾張国真言宗の大本山として53末寺を擁しました。

万徳寺の南西約1里にもうひとつの真言宗の名刹、性海寺があります。万徳寺と性海寺は、後述する尾張大國霊神社（国府宮神社）を挟んで東西にそびえる名刹です。

性海寺は弘仁年間（８１０〜８２４年）に空海が熱田社を参詣する途上に創建を勧進し、当地の豪族長谷部氏が平安時代に建てたと伝わります。建長年間（１２４９〜56年）に熱田社大宮司の子息良敏が再興し、北条時頼、足利尊氏、浅野長政、徳川義直らの庇護を受けました。

当地の地名は大塚です。境内には地名の由来となった6世紀頃の円墳と思われる大きな塚があり、大王家と関係のある古代尾張氏の一族が居住していた証です。

尾張大國霊神社は国府宮神社（こうのみやじんじゃ）、または国府宮（こうのみや）とも呼ばれます。尾張国の国府があった地であることに由来します。

神社は尾張国府の創始とともに創建され、尾張国総社として信仰されてきました。境内別宮の大御霊神社、宗形神社とともに、国府宮三社と呼ばれます。

祭神の尾張大國霊神は、尾張氏が当地を拓く中で、土地の霊力を神と崇めたものとされます。言わば開拓神ですが、大国主命とする説もあります。

本殿、渡殿、祭文殿、廻廊、拝殿、楼門が並んで建てられており、尾張式または尾張造と称される建築様式です。

毎年旧暦1月13日の儺追神事、通称「国府宮はだか祭」は有名です。籤によって選ばれた神男と呼ばれる儺負人に触れると災厄や穢れが落ちるという言い伝えから、裸の氏子達が神男に群がります。災厄や穢れは土餅と呼ばれる餅に移して土に埋めて厄落としをします。

選ばれた儺負人は儺追神事の3日前から儺追殿に籠って精進潔斎に務めます。儺追布が結び付けられた儺追笹を国府宮拝殿に担ぎ込んで続々と奉納し、やがて境内は儺負人の登場を待つ裸男たちで埋め尽くされます。儺追神事の祭典が終わった夕刻、裸の儺負人が大挙した裸男の群の中に飛び込むと、儺負人に触れることで厄除けしようとする裸男たちの押し合い、揉み合いが繰り広げられ、一切の厄難を一身に受けて揉みくちゃにされた儺負人が儺追殿へ引きずり込まれます。

翌朝丑刻八ツ半（午前3時）、神職によってあらゆる罪穢を封じ込められた土餅を背負わされ、桃と柳の小枝で作った礫を投げつけられて境内から追放された儺負人は、暗がりに土餅を捨ててそのまま後ろを振り返らずに帰宅、神職は捨てられた土餅を土に埋めることで厄払いを終えます。夜儺追神事と呼ばれる最も重要な神事です。

国府宮神社からさらに西に進むと、国分寺、国分尼寺の辺り、矢合です。周辺には古刹が集まります。

16世紀に創建された禅源寺には、1634（寛永11）年、3代将軍徳川家光が上洛時に宿泊しました。

禅源寺の南には美濃街道の稲葉宿がありました。清洲城主織田信雄が小牧長久手の戦いの前に造らせたのが美濃街道の起源とされ、稲葉宿は美濃街道4番目の宿場です。途中で津島街道と交差しており、その辺りは札ノ辻と呼ばれていました。

1843（天保14）年の美濃路宿村大概帳によれば、稲葉宿は宿高約1100石、戸数336戸、人口1572人、本陣、脇本陣、旅籠、問屋場を備えており、近郷の中心として繁栄していました。

国分尼寺（法華寺）の東には三宅川に面して安楽寺があります。創建当初は観音寺と称し、国分寺の塔頭寺院であったようですが、室町時代に一宮の妙興寺の末寺になりました。

国分尼寺の西には善応寺があります。建仁年間（1201～04年）に創建され、織田信長の鉄砲隊長であった道求（橋本）一巴が再興しました。

善応寺の南東方向には長暦寺があります。かつては長楽寺と称し、国分寺の四方に配置された四楽寺（正楽寺、平楽寺、長楽寺、安楽寺）のひとつです。

鎌倉街道が通る赤池辺りにも社寺が多数建立されました。赤池という地名は、古来から泥田で蓮が自生していた土地に多い地名です。

この辺りの道筋は狭く、曲がりくねっており、金龍寺、等樹寺、白山神社、八剣神社等の間を縫うように進みます。

街道は大江川沿いに進み、三本池（三本木池）の横を通って子生和橋に至ります。

赤池周辺は、青木川、大江川等の木曽川の中小支流が乱流し、湿地帯が多く、旅人は歩くのがたいへんでした。赤池や三本池の池端は旅人の休憩場所にもなっていたと伝わります。池の脇に3本の大木があったので三本池です。

三十八所社の南に位置する子生和橋の碑文には、源行家が下津宿に陣を敷いてこの場所で戦ったこと、尾張藩祖義直がこの橋を架けたことなどが刻まれています。

地名と橋名の由来は、照手姫がこの地で安産したという伝承にちなみます。

8　日光川と勝幡城

国府宮から北上すると妙興報恩禅寺（妙興寺）に至ります。

創建開山は滅宗宗興です。大照禅師とも称します。宗興は鎌倉時代末期、尾張国中島郡の在郷官吏中島氏の子として生まれ、中島郡矢合村の円興寺（現国分寺）で剃髪し、鎌倉建長寺の

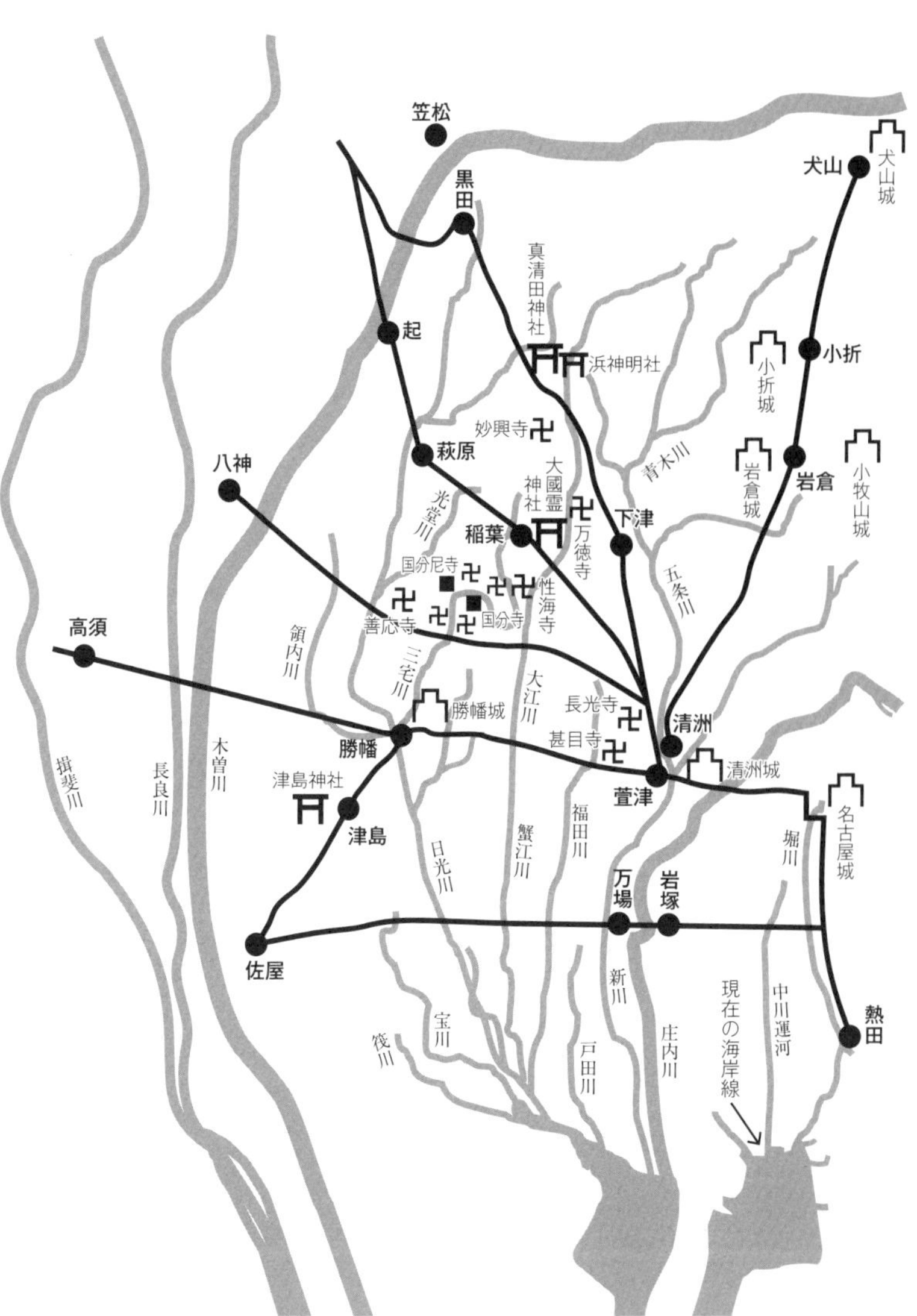

［日光川と勝幡城、真清田神社］

13世大応国師の弟子となりました。

南北朝時代、この地方は真清田神社や曼陀羅寺を拠点とした南朝勢力が優勢であったため、北朝側の室町幕府は創建まもない妙興寺を庇護することで対抗しようとしました。

妙興寺は室町幕府2代将軍義詮（よしあきら）から五山と同格に列せられて尾張国随一の巨刹となり、以来、3代将軍義満から10代将軍義稙（よしたね）まで一貫して厚遇され、全盛期には七つの塔頭寺院がありました。１４３２（永享4）年、6代将軍義教が尾張国や東国の動静を視察するための富士山巡行の途中、妙興寺に立ち寄っています。

妙興寺の北東には真清田神社があります。鎌倉街道は神社を迂回し、大江川に沿ってさらに北上して日光川を渡ります。川を越えて北に進むと伊富利部神社に至ります。

日光川は江南北部に源を発し、古くは萩原川（はぎわらがわ）と呼ばれ、木曽八流のひとつでした。一宮で野府川、稲沢で光堂川を集め、さらに古代の海東郡と中島郡に跨る地域で東西両側から領内川と三宅川が合流し、徐々に水量を増します。合流部分の三角州地帯は勝幡（しょばた）と呼ばれ、津島街道が通る交通の要衝であり、織田氏の居城勝幡城が築かれました。

清洲織田氏の三奉行家のひとつ、織田弾正忠家は良信、信定、信秀、信長と続きます。勝幡城は永正年間（１５０４～21年）頃、良信または信定が海西郡を手中に治めた際に築城しました。二重堀に囲まれた館城であり、三宅川が外堀の役目を果たします。この地はもと塩畑（しおばた）と呼ばれていましたが、信秀が縁起を担いで「勝ち旗」の意で音をかぶらせて「勝幡」と改名しました。

公卿の山科言継（ときつぐ）が著した言継卿記（ときつぐきょうき）には、信秀から勝幡城に招かれ、城の規模と出来栄えに驚いたと記されています。津島湊を支配下に置いて経済力を蓄えていた織田弾正忠家の当時の勢いがうかがえます。１５３２（天文元）年、信秀は今川氏豊から奪った那古野城に移ります。信秀の嫡男信長は勝幡城で生まれたと伝わりますが、那古野城説、古渡城説もあります。

１５５５（弘治元）年、信秀を継いだ信長が主家の大和守家を滅ぼして清洲城を奪取すると、拠点を那古野城から清洲城へ移し、勝幡城代は野府城（のぶじょう）に移され、勝幡城はやがて廃城になります。野府城は野武城とも書き、中島郡野府村にありました。築城時期は不明ですが、明応年間（１４９２～１５００年）には既に存在し、二重堀で囲まれた大規模な城でした。

日光川は、隣接する佐屋川や大膳川が蛇行するのに対し、直線的な流路で南下します。下流部ではさらに多数の河川を集め、飛島から伊勢湾へ注ぎます。河口付近は江戸時代の干拓地です。

日光川は全流域が木曽川の氾濫原であり、集落は自然堤防上に築かれ、民家には水屋と呼ばれる避難用の建物が築かれました。源流から河口までの高低差がわずかなことから、平均勾配が極めて緩い河川であり、肥沃な農業地帯を形成した一方で、流域は繰り返し洪水に遭いました。そのため、尾張藩は１６６６（寛文６）年から下流の開削工事を行い、１６６７（寛文７）年には蟹江新田を経て伊勢湾に注ぐ流路が完成しました。

１７８５（天明５）年から日光川、領内川、三宅川の合流点から下流の拡幅普請を行い、

1812（文化9）年に完成すると舟運が盛んとなり、年貢米の輸送に用いられました。江戸時代後期には下流部での新田開発が盛んになり、1801（享和元）年に飛島新田、1822（文政5）年に藤高前新田が完成します。

鎌倉街道に戻りましょう。真清田神社と大江川に挟まれた大江界隈にも古刹、古社が多数あります。

即得(徳)寺は14世紀末の創建です。源義経に従って出羽国羽黒に落ちた鈴木三郎繁家の妻が、夫の行先の地名を誤解して尾張国葉栗郡（丹羽郡）にやって来たものの、そこで繁家討死の報を聞いて嘆きつつ、この地に永住しました。その末裔が即得寺を創建しました。

常念寺は1390（元中7）年に召運上人が開山しました。召運上人は足利尊氏の甥と伝わります。天正年間（1573〜93年）に兵火で焼失しましたが、一宮城主関長重が城の鬼門除けとして常念寺を現在地に移し、菩提寺としました。

一宮城は真清田神社南に神主の関成重が神領を守るために弘治年間（1555〜58年）に築城しました。子の関成攻（共成）は織田信長、豊臣秀吉に仕えましたが、小牧長久手の戦いで討死し、一宮城は廃城となります。

福寿院は神亀年間（724〜729年）に行基が開創したと伝わり、弘仁年間（810〜824年）には弘法大師が真清田神社に参籠した折に塔堂を建立しました。

鎌倉街道が日光川を渡ると小栗という地名が出てきます。神明社境内の袖掛け松碑には、照手姫が小栗判官助重と都に向かう道中、当地で小袖を掛けて休息したと記されています。

9　真清田神社

勝幡城に寄り道をしましたが、北上して妙興寺に戻り、鎌倉街道を進みます。妙興寺から一里ほど北にあるのが真清田神社です。

社伝では、祭神の天火明命（あめのほあかりのみこと）が大和国葛城地方の高尾張邑を出て、神武天皇33年3月3日に当地で鎮祭されたのが始まりとしています。つまり、都からやって来た尾張氏の祖先が祭神ということです。

先代旧事本紀や天孫本紀に登場する尾張氏一族の倭得玉彦命（やまとのえたまひこのみこと）が尾張を支配していた時期に神社が創祀されたと伝わります。尾張国創世期に誕生した神社であり、平安時代の延喜式に記載されている古社です。

平安時代より国司赴任の際に最初に参詣する神社が一宮と呼ばれましたが、真清田神社は尾張国一宮です。この地域の一宮の地名は真清田神社の社格に由来します。一宮に次ぐ尾張国二宮は大縣神社、三宮は熱田社とされます。祭神の神階の序列とは異なります。

祭神を天火明命とする説は江戸時代に唱えられたものです。それ以前には、国常立尊（くにのとこたちのみこと）や大己貴命（おおあなむちのみこと）など、別の神を祭神とする複数の説が存在しました。

国常立尊祭神説は、室町時代末期頃の真清田神社縁起（古縁起）に記されている説で、最も古い時代に遡ります。国常立尊は、神話では天地開闢（かいびゃく）の時に最初に現れた神とされ、古縁起では崇神天皇の時に国常立尊を勧請して祀ったとされています。

しかし近年では、古縁起が真清田神社を日本一宮と記していることから、伊勢神宮と比肩するために、天火明命より古い国常立尊が持ちだされたとの見方もあります。

一方、大己貴命祭神説は大日本国一宮記に記された説で、室町時代末期から江戸時代初期頃に遡ります。

歴史的には、中世末期から江戸時代までは国常立尊祭神説が主流でしたが、明治になると祭神は国常立尊のほか、天照大神、月夜見神（つくよみのみこと）、大己貴神、大竜王神の5柱とされました。しかし特選神名牒において、天照大神が天火明命の誤記と見なされ、かつ他の4柱が省略されて天火明命1柱とされ、以後は現在まで天火明命1柱説が採用されています。

なお、真清田神社史は国常立尊祭神説を否定しつつ、天火明命と大己貴命については、それぞれ尾張氏の祖先神と奉斎神（土地神）であった可能性を指摘しています。

祭神を巡る変遷と背景はともかくとして、とにかく由緒が古いのが真清田神社です。尾張国が誕生した頃から続く尾張国一宮です。

現在の説に従えば、祭神は天火明命です。そして、日本書紀や古事記では天火明命は天照大神の孫神（天忍穂耳命（あめのおしほみみのみこと）の子神）とされ、先代旧事本紀では饒速日命（にぎはやひのみこと）と同一視されています。

社名の「ますみ」を真清鏡（ますみのかがみ）、つまり鏡に由来するものとして、尾張氏を鏡作部（かがみつくりべ）とする説もあります。鏡作部は、古代において鏡の製作に従事した工人集団のことを指します。しかし、尾張氏が鏡作部であったことや、尾張氏と真清田神社の関係を示す史料は定かではありません。

文献における漢字表記は「真清田」「真墨田」の2種類が存在します。延喜式は「墨」を用いていますが、その後は「清」の表記が定着しました。

延喜式には美濃国各務郡に真墨田神社の記述があります。古代以前の伊勢湾海岸線は尾張北部まで入り込んでいたため、尾張氏は美濃にも居住していました。尾張国真清田神社は美濃国真墨田神社と何か関係があるのかもしれません。

創建日とされる4月3日に行われる例祭は桃花祭（とうかさい）として知られています。その昔は神社周辺に桃の木がたくさんあり、人々は桃の木の枝で身を清め、枝を木曽川に流して五穀豊穣を祈るようになったそうです。

真清田神社は古来多くの社領を有し、それらは真清田荘として荘園化しました。１２３５（嘉禎元）年の文献によると、社領は中島郡のほか葉栗郡、愛智郡、海東郡、海西郡一帯に広がっていました。真清田荘は院政期の八条院領五荘のひとつであり、江戸時代の尾張名所図会にも詳しく紹介されています。

天文年間（1532〜55年）からは佐分氏が神職を務めるようになり、幕末まで世襲しました。

1584（天正12）年の大地震で社殿が崩壊し、豊臣秀吉に社領も没収されて社勢は衰えましたが、江戸時代に入ると徳川氏から庇護を受けて復興。清洲藩主松平忠吉、尾張藩主徳川義直から寺領の寄進を受け、4代将軍徳川家綱からは朱印状が下されています。

真清田神社の東には、倭姫命（やまとひめのみこと）ゆかりの浜神明社があります。倭姫命は11代垂仁天皇の第四皇女で、大和朝廷の祖神天照大神のご神体を奉じ尾張国中島宮に逗留し、天照大神を伊勢の地に祀りました。つまり、斎宮の伝説上の起源とされる人物です。

浜神明社は伊勢神宮逢拝所であったことから、鎌倉街道も神社前を迂回したと言われています。

10　黒田宿と黒田城

小栗町を越え、北上すると伊冨利部神社に至ります。そこから西に進むと黒田宿です。

黒田宿周辺は西に木曽川本流が流れ、木曽八流と呼ばれる中小河川が乱流していた地域です。自然堤防州が広がり、その上を街道や脇道が通っていたものと思われます。湿地帯の中に村があり、稲田と自然堤防を利用した桑畑が広がっていました。桑畑での養蚕、絹糸作りが江戸時代の織物産地としての発展につながります。

黒田宿は、中世には美濃の墨俣宿と尾張の萱津宿の中継地として栄えました。北宿と南宿があり、この地域随一の市も立っていました。

黒田宿は東山道につながる交通の要衝であったうえ、尾張国と美濃国を隔てる木曽川のすぐ近くにあり、戦略上非常に重要な場所であったため、南北朝時代以降しばしば合戦場となっています。

戦国時代に黒田城が築かれました。山内一豊が生まれた城と伝わりますが、一豊生誕地には岩倉城説もあります。

明応年間（１４９２〜１５００年）に相模国から尾張国に来た五藤源太左衛門光正が館を築いたのが最初と言われています。五藤家は後に山内家に仕え、江戸時代には土佐藩の重臣となっています。

１５３２（天文元）年、岩倉城を本拠とした織田伊勢守家の家老であった山内盛豊が城代として入り、１５４５（天文14）年、この城で盛豊三男として誕生したのが山内一豊です。

この頃、織田伊勢守家と、織田大和守家の三奉行家のひとつとして勢力を伸長させた弾正忠家が対立。家老である山内家も巻き込まれ、１５５７（弘治３）年、信長の手勢が黒田城を襲撃して一豊の兄十郎は討死。生き残った山内一族は主家の岩倉城に逃れたものの、翌々年には岩倉城も信長勢の攻撃で落城し、山内家は一豊が豊臣秀吉の下で立身するまで離散することとなりました。

その後は犬山城主織田信清の弟広良が城主となりますが、1562（永禄5）年、広良が美濃斎藤氏との軽海の戦いで討死。以後、信清家臣の和田新助、その弟定教が城主を務め、その間に信長に臣従します。

本能寺の変の後、1582（天正10）年に織田信雄の家老沢井雄重が入城。沢井は1584（天正12）年の小牧長久手の戦いの際に豊臣秀吉の調略に応じず、黒田城を死守。戦後に徳川家康から感状と太刀が送られています。

しかし、1590（天正18）年、織田信雄が転封を拒否して豊臣秀吉に改易されたために沢井も城を追われ、黒田城には一柳直盛が入りました。

1600（慶長5）年、一柳直盛は伊勢国に転封され、黒田城は清州城主松平忠吉の支城となり、家臣の富田忠繁が入城。江戸時代に入り、尾張藩が立藩すると、黒田城は廃城となりました。


黒田宿の鎌倉街道沿いにも多くの古社、古刹があります。

伊冨利部神社の創建は延暦年間（782～806年）です。鎌倉街道は神社の裏を通っていました。鎌倉時代、頼朝は一国三所の御札所を定めますが、尾張国においては、真清田神社と国分寺と伊冨利部神社でした。

伊冨利部神社の北には白山神社があります。1302(乾元)年勧請の古社です。1560(永禄3)年、織田信長と岩倉織田氏が戦った浮野の戦いにより焼失し、その後、豊臣秀吉、徳川家康に仕えた一柳直盛が黒田城主になって再建しました。

さらに街道を進むと1492(明応元)年創建の法蓮寺に至ります。山門右側に通称黒田妙見と言われる妙見堂が建っており、大阪の能勢(のせ)妙見、愛知の内津(うつつ)妙見と合わせて日本三大妙見と称されました。

本堂裏の墓地には、山内一豊の父盛豊、兄十郎の墓があります。

さらに進むと野府川に着きます。川に架かる頼朝橋近くにあるのが剣光寺です。吾妻鏡には、1190(建久元)年に源頼朝が当地に宿泊したと記されています。寺伝によれば、寺の前で頼朝が乗っていた馬が動かなくなりました。頼朝が馬を降りて境内に入ると、かつて願かけした地蔵菩薩があることを知って感涙。頼朝は宝剣を奉納しました。1199(正治元)年、頼朝が亡くなった夜に宝剣が霊光を放ち、天を衝いて輝きました。以来、村人たちは寺を剣光寺と呼ぶようになったそうです。寺に伝わる地蔵菩薩は黒田地蔵と呼ばれ、尾張六地蔵の一番地蔵として道中安全を願う旅人の信仰を集めました。

木曽川に近づくと、賀茂神社があります。欽明天皇時代の540年創建の古社であり、古代よりこの地が都と関係があったことの証です。

賀茂神社には玉ノ井霊泉があります。霊泉玉井由緒記、神社紀要によると、731(天平3)

年、聖武天皇が光明皇后の眼病治療のために行基に平癒祈願を命じました。行基は祈祷の結果、尾張国に名泉ありとのお告げを受け、この地に来て清水を汲んで都に持ち帰りました。皇后の眼病は平癒し、以来清水は玉ノ井と呼ばれるようになりました。

尾張国鎌倉街道の道中もいよいよ終点です。

玉ノ井は尾張国の鎌倉街道最西端であり、木曽川の向こうは美濃国です。

古来木曽川は土砂を多く流し、扇状地と沖積低地が広がる濃尾平野を形成してきました。1586（天正14）年、未曽有の大洪水によって木曽八流のひとつであった黒田川（及川）が本流と言われた境川と合流し、現在の木曽川の規模になったと伝わります。

11　輪之内の城郭

玉ノ井から木曽川を渡り、美濃国に少し足を踏み入れてみましょう。

この辺りは扇状地であり、川の流路や街道の経路が洪水によって変わる鎌倉街道の難所でした。

木曽川を渡ってさらに西に1里強進むと長良川に至ります。川の西側にあるのが墨俣宿です。さらに西進して揖斐川を渡ると、大垣に入り、鎌倉街道の笠縫宿、東山道の青墓宿があり、中山道を東に行くと赤坂宿です。

つまりこの一帯は、東山道、鎌倉街道、中山道、近世東海道が交錯する全国規模の交通の要衝です。一帯の西側は関ヶ原です。

鎌倉街道の垂井宿には中世美濃国の国府、国分寺、国分尼寺がありました。畿内と東国との結節点です。

尾張の街道の旅はこの辺りが境界でしょう。

既に記しましたが、かつての伊勢湾の海岸線は相当北に深く入り込んでおり、東山道や鎌倉

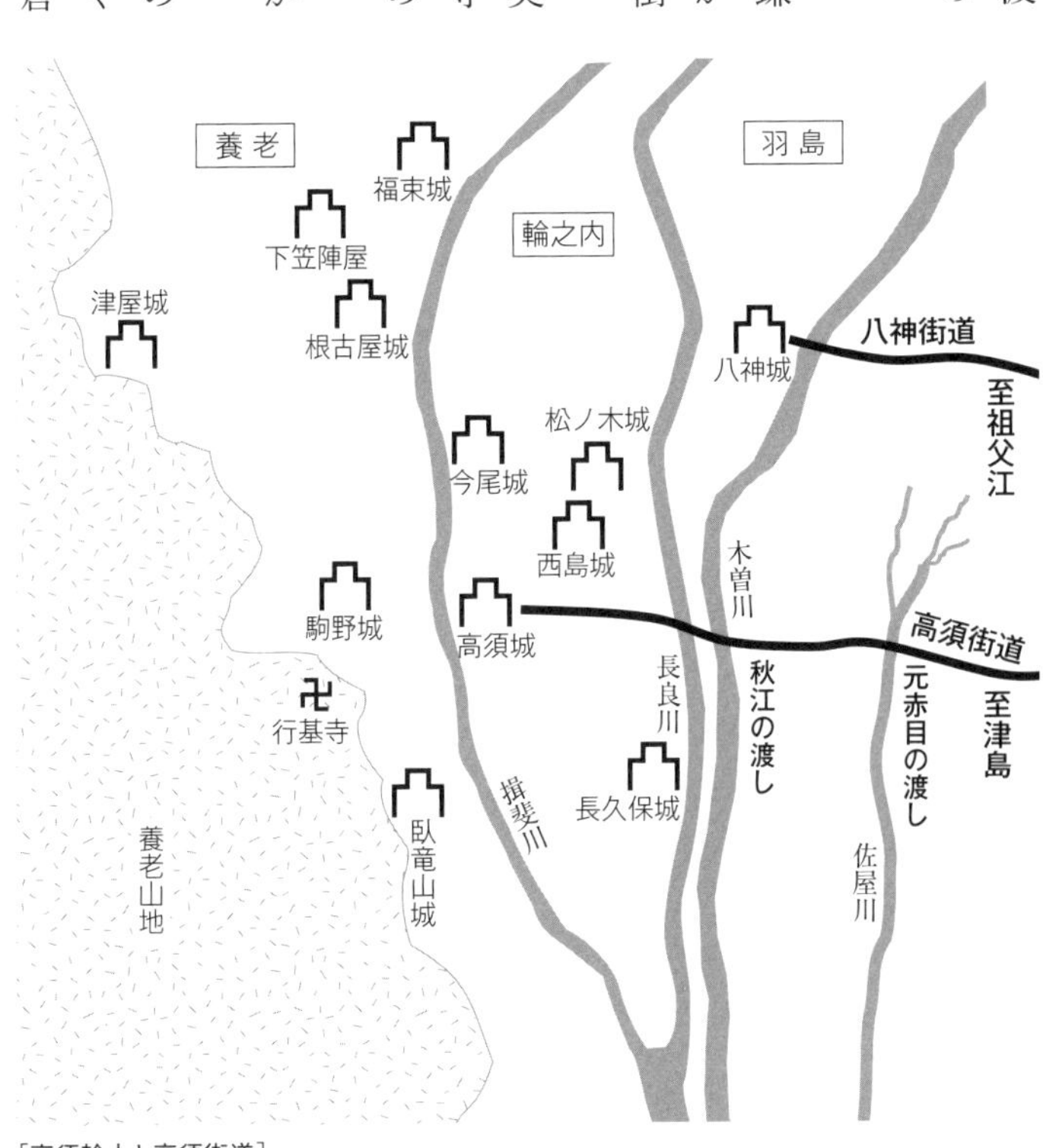

［高須輪中と高須街道］

街道は水害を避けた経路が選択されました。つまり、北寄り、山寄りの地域に道ができました。

墨俣宿まで戻ります。墨俣は近世宿場町として栄える前から、揖斐川と長良川に挟まれた長良川西岸に位置する交通の要衝です。「墨俣の渡し」があり、宿場近くに羽柴秀吉が墨俣城（墨俣一夜城）を築きました。

長良川と揖斐川に挟まれた中州地帯を輪之内と呼びます。墨俣宿から東の尾張国に戻らずに、輪之内を南下して海津に向かいます。

海津は幕末史において重要な役割を担った高須四兄弟を輩出した高須藩の領地です。西に養老山地と揖斐川を擁し、東の長良川、木曽川を渡ると津島街道につながる地域です。

海津の西側、養老山地沿いの一帯は縄文時代後半（約２５００年前）には人々が定住していた古くから豊かな地域です。

鎌倉時代末期の１３１９（元応元）年、洪水や高潮などの水害に苦しんだ農民たちが、下流側に堤防がなかった「尻無堤」の下流に堤防を築き、集落全体を囲った最初の輪中、高須輪中を完成させました。

その後周辺の集落もこれに習い、この地域には数十の輪中ができ、輪之内が形成されます。養老山地の麓や揖斐川と長良川に挟まれた輪之内には多数の城や砦が築かれ、この地域を制することが軍事上大きな意味を有したことがうかがえます。そのため、輪之内の城や砦は戦国史に翻弄されます。

今尾城は、文明年間（１４６９～87年）に中島重長が築いたと伝わります。重長は美濃国守護代斎藤利国の家臣でしたが、子孫は１５６２（永禄５）年の織田信長による西美濃攻略によって滅亡しました。

その後、駒野城主高木貞久が今尾城へ移りました。貞久は１５８４（天正12）年の小牧長久手の戦いでは織田信雄に従ったため、秀吉軍に攻められ、戦後に秀吉の家臣吉村氏吉が入城しました。

１５８７（天正15）年、青柳城の市橋長勝が今尾城主になりましたが、関ヶ原の戦いで東軍に属して戦功をあげて転封。市橋氏の後は天領となりましたが、１６１９（元和５）年、尾張藩御付家老竹腰正信が今尾城に入り、以後、幕末まで竹腰氏の居城となりました。

駒野城は、正暦年間（９９０～９９５年）に瀬戸道明寺が小高い船岡山に城を築いたのが始まりと言われます。永正年間（１５０４～21年）、美濃国守護土岐氏に従う高木貞成が攻めて城を奪います。その後高木氏は斎藤道三に臣従しましたが、高木貞久の時に織田信長の西美濃攻略によって織田氏に服属しました。

高木氏は信長に従って各地を転戦し、信長が没すると織田信雄に従います。１５８４（天正12）年の小牧長久手の戦いでは徳川家康・織田信雄軍として参戦。１６００（慶長５）年の関ヶ原の戦いでは西軍に加わりましたが、一族の高木貞利、貞友が東軍に属していたために無血開城し、戦後は多羅へ転封されました。

この地域には他にも多くの城や砦が築かれましたが、創建時の史実は明らかではありません。

松ノ木城は天正年間（1573〜92年）には吉村信実、安実が居城し、織田信長、信孝、信雄に従いました。関ヶ原の戦いの頃に居城していた徳永寿昌は、戦後高須城に移ります。

長久保城は誓賢寺、根古地城は天照寺の場所に築かれたと考えられます。寺域が周囲よりやや高いことや、周りに堀状の窪地が水田として広がっていることなどから、城址であったと推定されます。

津屋城は本慶寺辺りに築かれ、高須城高木氏の一族高木正家の居城でした。関ヶ原の戦いでは西軍に与して敗れ、廃城となりました。本慶寺は関ヶ原の戦い後に松ノ木城主徳永寿昌が創建した寺で、山門の長屋門は津屋城の城門を移築したものです。

八神城は永禄年間（1558〜70年）に石田城主毛利広盛が築城。広益は織田信長に仕えました。江戸時代になると、広益は尾張徳川家に仕え、3千石を領しました。八神城は清洲につながる八神街道の起点となります。

下笠陣屋は1615（元和元）年に幕府によって築かれました。幕府直轄領を治める代官陣屋であり、石原氏が配されました。1699（元禄12）年、下笠陣屋は四日市陣屋に移ります。

福満寺の北側に築かれた福束城は、関ヶ原の戦いの頃は丸毛兼利の居城でした。兼利は西軍に与したため、東軍に属した松ノ木城主徳永寿昌や今尾城主市橋長勝らに攻められて落城。兼利は大垣城へ逃れ、戦後は前田利常に仕えました。

12　高須藩と高須街道

輪之内の中心は高須でした。

1600（慶長5）年、関ヶ原の戦いで高須城主高木盛兼は西軍に与したため、戦後に改易されます。東軍についた松ノ木城主徳永寿昌が代わって入城し、高須藩を立藩しました。しかし、寿昌は大坂城石垣普請助役に任ぜられた際の任務遅滞を理由に改易されます。高須藩は笠松代官領を経て、1640（寛永17）年に小笠原貞信が新たな藩主として高須城に入りました。

度重なる水害等への対応から藩財政は悪化し、藩政は安定せず、1691（元禄4）年に貞信は越前勝山藩に転封されます。以後、高須藩は幕府領を経て、再び笠松代官領となります。

1700（元禄13）年、信濃伊那郡、高井郡、水内郡内に3万石の所領を得て高井藩を立藩していた松平義行が高須藩主に任じられます。義行は尾張藩2代藩主徳川光友の二男です。

所領の半分に当たる高井郡、水内郡の1万5千石の領地が、美濃国石津郡、海西郡内の領地と交換され、伊那に飛領地を有する高須藩が成立しました。義行は高須に居城することになります。

この時期、幕藩体制が確立し、御三家筆頭の尾張徳川家にも、血統維持のために将軍家御三卿のような分家を設けることが検討されました。

第1章に記しましたが、尾張藩3代藩主綱誠（つなのぶ）の異母兄松平義昌は陸奥梁川藩の大久保松平家、同母弟松平義行は美濃高須藩の四谷松平家としてそれぞれ独立し、異母弟松平友著は尾張藩内で家禄を得て川田久保松平家となり、この3家が分家御連枝となりました。分家御連枝は尾張徳川家に後継ぎがない場合に相続人を出す立場です。

高須藩主の松平家は、江戸屋敷が四谷にあったことから四谷松平家と呼ばれ、江戸城中では徳川一門として大広間組に属しました。その結果、高須藩3代藩主義淳は尾張藩8代藩主宗勝となり、5代義柄は9代宗睦（むねちか）の養嗣（相続前に早逝）、10代義建の二男義恕は14代慶勝、五男の11代義比は15代茂徳となった後、御三卿一橋家当主の茂栄となりました。

また、義建の六男銈之允は会津藩主松平容保、八男範次郎は桑名藩主松平定敬となり、義恕、義比、銈之允、範次郎の高須四兄弟は幕末史で重要な役割を果たすことになります。子沢山の義建の子は、ほかにも三男が石見国浜田藩主、十男が高須藩13代藩主になりました。

高須藩の領地のある美濃国石津郡、海西郡は、木曽川、長良川、揖斐川の木曽三川に囲まれた輪中地帯であり、度々水害に遭いました。藩財政は厳しく、御連枝の家格を維持するために尾張藩の援助を受け続け、毎年合力米などを供与されていました。重職である家老のみならず、郡代、用人なども尾張藩から高須藩に派遣されていました。

尾張藩領を水害から守るために、川堤は尾張藩の御囲堤（おかこいづつみ）より3尺低くなければならないという幕府の命令もあり、このことも水害の原因になっていました。

この状況を改善するために行われたのが1754（宝暦4）年から翌年にかけての宝暦治水です。幕府の命で薩摩藩士が動員され、薩摩藩は過酷な工事と財政負担に苛まれました。藩士33名が病死したほか、難工事を押しつける幕府と尾張藩に抗議し、平田靱負（ゆきえ）をはじめとする51名が自害しました。

宝暦治水は効果を挙げるように思われたものの、完成した堤によって川底への土砂の堆積が増え、輪中地帯の洪水回数はむしろ増加したと言われています。

いずれにしても、薩摩藩に対する幕府及び尾張藩による宝暦治水の押しつけは、幕末史の深層に影響しているかもしれません。詳しくは第5章に記します。

宝暦治水に対する人々の感謝の念は継承されており、昭和になって平田靱負を祭神とする治水神社が創建されました。

高須藩主は参勤交代の折に尾張藩主を表敬するのが通例となり、名古屋城下に向かう道のうち、高須から町方新田（佐織）までは高須街道と呼ばれるようになります。「秋江の渡し」で木曽川を渡り、「元赤目の渡し」で佐屋川を渡り、町方新田で津島街道に合流し、勝幡村、甚目寺村、萱津村、枇杷島村を通って名古屋城下に向かいます。

高須街道は尾張藩士の著した文献に記されています。樋口好古が記した尾張徇行記の勝幡村の項に初めて登場し、その後、朝日文左衛門重章の鸚鵡籠中記には松平義行の道中録、奥村得義の松濤棹筆七には松平義建の道中録が記されています。

高須から名古屋までは1日の行程であり、名古屋城下町では尾張徳川家の菩提寺建中寺や熱田社を参拝し、藩祖義直の源敬公廟が造営された定光寺まで足を伸ばした記録が残っています。源敬は藩祖義直の諡号です。

松平義行が高須藩主となった後の1705（宝永2）年、行基ゆかりの寺院跡に高須松平家の菩提寺として行基寺が創建されました。高須産の河戸石を用いた城郭造りで、濃尾平野を一望できる山腹にあります。

第3章

名古屋城下町を訪ねる

名古屋城の築城と同時に、宮宿（熱田宿）との間に城下町が形成されました。「尾張名古屋は城でもつ」と伊勢音頭で詠われた名古屋城下町は清洲越しから始まります。

南北を貫く通と東西を走る筋で区切られた碁盤割の町であり、要所に大木戸が設けられ、名古屋五口で脇街道とつながりました。第3章では、名古屋城下町を訪ねます。

1　沖積低地と洪積台地

境川を渡って尾張国に入り、東海道を西に進むと宮宿に至ります。宮宿から「七里の渡し」には乗らず、佐屋街道にも進まず、古渡から北上すると名古屋城下町に入ります。

1610（慶長15）年、徳川家康が名古屋を開府します。宮宿近くの熱田社と名古屋城に南北を挟まれた地域に碁盤割の城下町が造られます。

名古屋城下町の地域は、西に庄内川の沖積低地が広がり、南東部に洪積台地、東部から北東部にかけては丘陵地が続く東高西低の地形です。名古屋城と城下町は、熱田社とともに、地盤の良い洪積台地の上に乗っています。

尾張国の地域には約3万年前の旧石器時代から人々が住み始めました。約1万2千年前以降の縄文時代には多くの集落が誕生します。

その当時の海岸線は現在よりも相当北にあったため、洪積台地や丘陵の奥部まで海が浸入していました。その痕跡として名古屋の各地で貝の化石や貝塚が発掘されます。

後に名古屋城下町となる地域も海岸に面しており、その最南端部が宮宿であり、松巨島（まつこしま）です。

縄文時代から弥生時代に変わる約3千年前の頃、名古屋の北西、北東、東、南東域に集落が広がっていきます。やがて弥生人の集落は洪積台

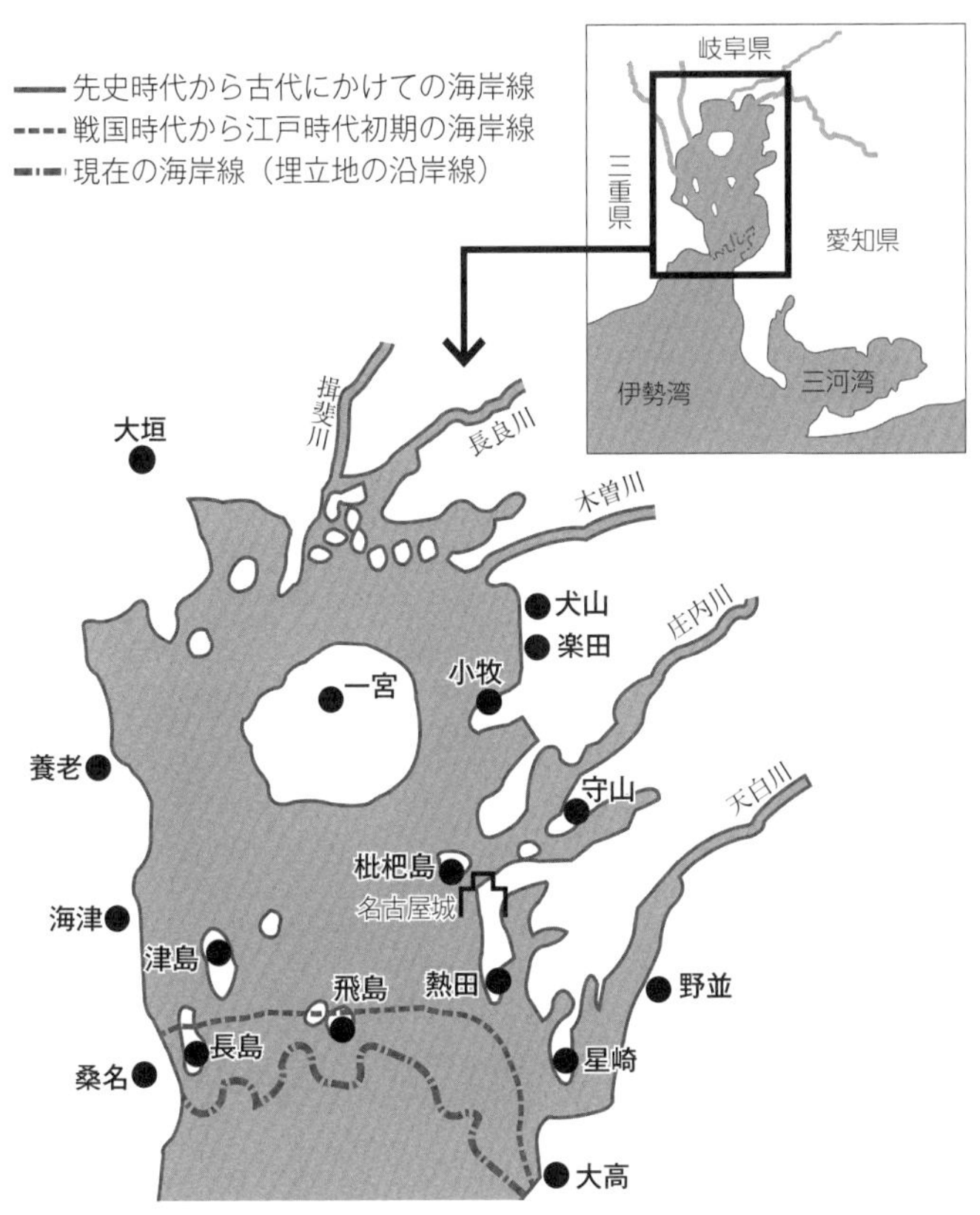

［尾張の海岸線遷移］

地の中に広がり、後の尾張国の基盤が形成されていきます。そして、畿内から来て住み着いた勢力の中に尾張氏の先祖が含まれていました。

洪積台地は名古屋台地、熱田台地、瑞穂台地、八事台地、鳴海台地に分かれていましたが、その後背地である東部丘陵地は尾張丘陵とも呼ばれ、地域ごとに龍泉寺丘陵、東山丘陵、鳴子丘陵、有松丘陵等の呼称があります。

先史時代の地形はその後の尾張国の歴史と密接に関係しますが、詳しくは地質学、地理学の専門家に委ねます。いずれにしても、木曽三川と日光川、庄内川の南東部の洪積台地と東部丘陵地に、尾張国の基盤となる人々の集落が形成されていきました。

河川の下流域には沖積低地が徐々に広がっていきます。庄内川、矢田川の上流は土砂や粘土の多い地域であり、それらが下流に堆積し、干潟や中州や自然堤防を生み出しました。ちなみに土砂や粘土の多い上流域は瀬戸や美濃であり、後に窯業が盛んになる地域です。

庄内川や矢田川の西を流れる木曽三川の中下流域にはさらに大規模な沖積低地が形成され、その上に古代東海道、中世鎌倉街道、美濃街道、佐屋街道、津島街道等が誕生します。

第1章で記したとおり、神話時代から古代初期にかけて大和王権と関係の深い尾張氏がこの地域を支配していきます。

古代も5世紀から7世紀に入ると、尾張氏は畿内周辺地域における有数の豪族として台頭し、尾張氏の墳墓とされる断夫（だんぷ）山古墳や氏神を祀った熱田社が造営されました。第2章で詳述したとおり、熱田社には三種の神器のひとつである草薙剣（くさなぎのつるぎ）が祀られ、熱田神宮に発展していきます。

志段味や大高に残る古墳や古社の存在から、こうした地域にも尾張氏が定住していたことが推察できます。

この頃には、東部丘陵域で須恵器（陶器の原型）が作られ始め、陶器生産の中心地となります。美濃焼等の中世陶器は尾張の須恵器から発祥します。

645（大化元）年、倭国は大化の改新によって隋・唐の律令制に倣った中央集権的な律令国家に移行します。地方も支配体制が整備され、尾張国は中島、海部、葉栗、丹羽、春部、山田、愛智、智多の8郡から形成されました。この地方の政治の中枢である国衙（こくが）は中島郡の稲沢に設置されます。

927（延長5）年に全国の神社一覧である「延喜式神名帳」が編纂されました。尾張国では熱田社を始め、宮簀媛命（みやずひめのみこと）を祀る氷上姉子（ひかみあねご）神社、尾張氏の祖神を祀る尾張戸（おわりべ）神社など20社以上が載っており、尾張氏と結びついた神社が尾張国各地に広がっていたことがわかります。

古代国の国衙と大和王権の都との間には道が整備され、駅伝制が敷かれました。7世紀後半から8世紀にかけての前期駅路は、幅員4丈（約12メートル）程度の直線的な規格であり、地形に応じて切盛土を施し、堅固な路面が造られました。

約4里（約16キロメートル）ごとに駅が設置され、用務を帯びた官吏等が駅鈴の交付を受け、駅馬を乗り継いで駅路を往来しました。

五畿七道は大和王権が定めた律令制下の地方行政区画です。中国で用いられていた行政区分「道」に倣ったものであり、五畿は大和、山城、摂津、河内、和泉の5国、七道は東海道、東山道、北陸道、山陽道、山陰道、南海道、西海道を指します。五畿の中心である都と七道の間に敷かれたのが駅路です。

ちなみに江戸時代の五街道は、江戸を起点とした東海道、中山道、甲州街道、日光街道、奥州街道を言います。

尾張国は古代東海道に属しており、駅路は道としての古代東海道になりました。尾張国内には両村(ふたむら)、新溝(にいみぞ)、馬津(まつ)の3駅が設けられ、後の中世鎌倉街道、近世東海道の原形が誕生します。新溝駅は、古渡、露橋、庄内川河岸、岩倉辺りであったと言われていますが、古渡説が有力です。

2　中世那古野荘

古代律令制の成立とともに駅伝制が導入され、東海道、山陽道などの官道が整備され、駅家が各地に設けられました。駅家は「えきか」「うまや」と読みます。約4里ごとに設けられました。平安時代の法令集である延喜式には402の駅家が設置されていたことや、駅家の細かい規則が記されています。

駅家には、馬や馬具、食料などが備えられ、駅子が常駐。馬は大路の駅には20疋、中路の駅には10疋、小路の駅には5疋配置されるのが原則であり、川沿いの駅（水駅）には駅船が配置されました。原則として駅使とその従者のみが駅家の利用を許されました。公私の目的を問わず、位階や勲位を持つ者は例外的に駅家に宿泊することができます。

古代の駅は兵部省の管轄下にあり、現地の国司が監督しました。

駅家の運営は駅戸と呼ばれる駅周辺の農家が担い、そのうち富裕で経験豊富な1名が駅長に任ぜられます。駅長は終身制です。亡くなったり、高齢、病気を理由に駅長を交替する時は、馬などの駅家の備品を完全に引き継ぐことが義務付けられ、欠損している場合は前任の駅長あるいはその家族が弁償しなければなりません。延喜式には、天災などの不可抗力によるものは除くなど、細かい規則が定められています。駅長の負担は重いですが、その代わりに在任中の課役（庸、調、雑徭）は免除されます。

余談ですが、襷（たすき）を引き継ぐ形式の長距離走を「駅伝」と呼ぶのは、駅（中継所）から駅までをつなぐ古代駅伝制に由来します。

古代駅路では都と太宰府を結ぶ山陽道が一等大路でしたが、中世には鎌倉街道が最重要路となりました。尾張国では鎌倉街道が南東から北西方向に斜めに貫きます。

時代とともに駅伝制は変容し、駅に代わって宿が登場します。宿場とは街道において駅逓事務を取り扱うため設けられた集落のことです。宿駅とも言います。また、旅籠の集合体である宿場を中心に形成された町を宿場町と呼びます。

古代東海道も中世鎌倉街道も、鳴海から熱田に行く経路は難所であり、景勝地でもありました。年魚市潟を渡る経路は三つありました。干潟の北を野並、中根、井戸田と進む上の道、古鳴海から白毫寺に向かう中の道、嫁ヶ茶屋から三王山、笠寺、白豪寺に至る下の道です。

中世には各地に荘（集落）が形成され、一部は荘園になりました。都と荘園を結ぶ道も生まれます。尾張国の庄内川の東部にも那古野荘、山田荘、富田荘などが誕生しました。

中世尾張国の鎌倉街道の宿は、沓掛、鳴海、熱田、萱津、折戸、黒田とつながります。鎌倉街道の経路は、境川を渡って尾張国に入ると、沓掛を通って鳴海に至り、宮宿から北上して古渡、そこから西進して露橋、さらに中村を通って庄内川を渡り、萱津、折戸、黒田と北西方向に進みます。

中世尾張国においては、鎌倉街道と那古野荘をつなぐ道、那古野荘と周辺集落をつなぐ道も形成されていきます。つまり、中世那古野の町のもとになる集落や道があったことも、この場所に那古野城が築城された背景です。城ができ、那古野の町には市も立つようになります。

第1章に記したとおり、那古野城は戦国時代に今川氏親が築城した柳ノ丸が原形です。その後、今川氏庶流の那古野氏が城を治めますが、織田信秀に奪われます。城を継承した信長が清洲城に移り、やがて廃城となりました。しかしそれから数十年後、旧城地に徳川家康によって名古屋城が築城されます。

　那古野城址そのものは荒野になっていましたが、那古野荘の集落は徐々に大きくなり、南部に発展した熱田湊や鳥居前町ともつながっていました。

　中世尾張国の中心であった清洲とも道が通じています。金鱗九十九之塵（こんりんつくものちり）に掲載されている那古野郭内古図には清洲街道という記述も見られ、稲生、熱田へつながる道も描かれています。つまり、那古野荘に端を発する那古野城下町は、中世において既に清洲、稲生、熱田などとつながる道路網を有していました。

　金城温古録（きんじょうおんころく）に載っている御城取大体図では、名古屋城築城以前の那古野城下町の道路網を見ることができます。東西に直線道路が貫いており、西端には「枇杷島に至る」と記されており、周辺部への道路網を築造していたことがうかがえます。東部で直線道路と交差して、そこから北西へ延びる道の北端には「小田井河原に出る」、交差点から南下した端には「七本松（千代田）」と記されており、城下町の外縁部に向かう道路網が計画的に形成されていたようにも見えます。

　つまり、近世名古屋城下町の道路網の骨格が、中世那古野城下町時代に造られていたと言っていいでしょう。

　清洲街道の先にある清洲の町は戦国時代に近世城郭が構築されていました。五条川を利用した内堀、外堀があり、堀の周囲に土居（土塁）も築かれています。城を中心とした武家屋敷とともに、鍛冶屋町や材木町、鍋屋町などの町人町が整然と立ち並び、寺町的な地域もありました。
中世那古野城が放棄されて約半世紀後、その清洲の町がそのまま那古野の町に移され、近世名古屋城下町が誕生します。

3 名古屋開府

1600（慶長5）年、関ヶ原の戦いによって家康が天下をほぼ掌中に収めると、那古野改め名古屋の新たな歴史が始まります。

家康は天下を掌握したものの、依然として大坂に豊臣秀頼、西日本を中心に豊臣恩顧の大名、武将が布陣する中、豊臣方との最後の戦いに備えます。

家康は東海道、中山道を重要街道と定め、東西の要路を固めます。東海道には1601（慶長6）年に五十三次設置を決め、順次宿場を整備していきます。宿場には人馬を常備し、徳川家や幕府の役人のための本陣、脇本陣を置き、高札場を設けました。宿場に置かれた飛脚や早馬を使い、伝令や情報を速やかに伝達する体制を作ります。

続いて家康は、豊臣方の侵攻への備えとして、木曽三川が流れ、交通の要衝である尾張に防衛拠点を築くことを考えます。当時の尾張の拠点は清洲城でしたが、いくつかの問題がありました。沖積低地の清洲では五条川がしばしば氾濫を起こし水害が多いこと、水攻めされれば兵站補給に窮すること、城郭が狭いため多くの兵の駐屯が難しいことなどです。さらに、1586（天正13）年の天正地震で液状化が起き、復旧がうまく進んでいませんでした。

家康は清洲城を拠点化することを断念し、新しい城の建設候補地として、那古野、古渡、小牧山などを検討しました。そして、那古野を選択します。

1555（弘治元）年に織田信長が那古野城から清洲城に移った後、那古野城には信長の叔父信光、重臣林秀貞らが入城したものの、やがて廃城。城下の集落であった那古野村はありましたが、城址周辺は鷹狩に使われるような荒野になっていました。

家康がその那古野を選択した理由はいくつかあります。

第1に、洪積台地の西北端上に位置し、水害の心配がなかったことです。

第2に、台地は標高5丈（約15メートル）ほどあり、台地外縁の西面と北面は切り立った崖です。崖下は低湿地であり、防御に適し、攻められにくい地形でした。台地上から西北方向の平野部を一望でき、西からの敵勢の進軍を監視するのに適していました。

第3に、台地西北部を取り囲むように半円形に流れる庄内川と木曽川の流路は、天然の外堀と言えました。

第4に、後背地となる那古野村の町屋は東南方向の台地上にあるため、この村を城下町とすれば、合戦時に焼き討ちされることを防ぐのに好適地でした。

第５に、その那古野村と周辺の町との間には道路網が形成されていました。

第６に、南に伊勢湾に面した宮宿があり、台地の西端に沿って堀を開削すれば、築城物資の輸送水路や合戦時の海への後退路、脱出路を確保することも容易でした。

家康に那古野を進言したのは山下氏勝です。１６０７（慶長12）年のことと伝わります。氏勝は１５６８（永禄11）年に飛騨国白川郷の萩町城に生まれ、豊臣秀吉に仕えました。秀吉没後は家康に仕え、氏勝の妻が九男義直の生母の妹であることから、１６０２（慶長7）年、義直の傅役（もりやく）に任じられました。

家康は１６０９（慶長14）年に名古屋城築城を決め、翌１６１０（慶長15）年、西国諸大名の助役による天下普請を命じました。西国大名に財政負担を課し、忠誠を試すとともに、城の壮大さを豊臣方に知らしめる目的があったと思われます。

豊臣方と戦（いくさ）になる場合、木曽川が防衛線となるよう、木曽川左岸に御囲い堤を造り、右岸より高くします。敵の進軍時に右岸の堤を切って防戦するためです。

１６０８（慶長13）年、家康は伊奈忠次に命じて御囲い堤建設に着手。2年間で完成しました。つまり、那古野城築城開始前に完成していました。御囲い堤は犬山から弥富まで延び、尾張地域を囲み込む防塁の機能を果たします。

幕府から美濃側の右岸堤防は「三尺低かるべし」との御触れが出て、御囲い堤によって美濃側は洪水が多く、１７４３（宝暦元）年の宝暦治水までの約１５０年間に１００回以上発生しました。その影響もあって、木曽川右岸（美濃側）には輪中が多く発達しました。最初の輪中は高須藩の中心地であった高須輪中です。

伊奈忠次は三河国幡豆の小島城主伊奈忠家の嫡男として生まれました。１５６３（永禄６）年に忠家が三河一向一揆に加わったために家康の下を出奔。１５７５（天正３）年、長篠の戦いに従軍して功を立て、帰参が許されました。伊奈親子は家康の嫡男信康に付けられたものの、信康が武田氏と内通して自刃させられると再び出奔。和泉国堺で暮らしていました。

１５８２（天正10）年、本能寺の変が勃発し、家康が堺から三河に逃げる伊賀越えの際に助力し、この功により再び帰参が許され、以後、家康に仕え、１６１０（慶長15）年、御囲い堤の完成を見届けて亡くなりました。

木曽川の東を流れる庄内川も名古屋城側を守るために左岸と右岸の堤防の高さに差が設けられました。それにまつわる小田井人足の話が伝わります。

尾張藩は大雨の際に、庄内川左岸を守るために、小田井の住人に右岸の堤防を切るように命じました。しかし、自分たちの田畑や住居が洪水被害に遭うことを避けるため、のらりくらり時間をかけて堤防を切る作業をするふりをしながら、自然に水が引くのを待ったと言います。このことに端を発し、名古屋では仕事をさぼる人、怠け者を小田井人足と言うようになります。

4　名古屋城築城と天下普請

さて、いよいよ名古屋城築城です。

名古屋城は名城（めいじょう）、金城（きんじょう）、金鯱城（きんこじょう）の異名を持ちます。金鯱城は「きんしゃちじょう」とも言います。大坂城、熊本城とともに日本三名城に数えられ、伊勢音頭は「伊勢は津でもつ、津は伊勢でもつ、尾張名古屋は城でもつ」と詠（うた）っています。

１６１０年（慶長15）年、家康は名古屋台地（熱田台地北部）の北端に築城を開始し、尾張の中心であった清洲城下町を名古屋に移します。名古屋開府と清洲越しです。築城及び清洲越しの完了には約7年を要しました。

築城は、普請（土木工事）と作事（建築工事）に分かれます。尾張と地縁の深い加藤清正を責任者とし、福島正則ほか5名が奉行に任命され、西国大名20家の助役による天下普請が始まりました。

築城の最大の難題は石材の調達です。名古屋周辺は良材が乏しく、諸大名は美濃や三河、遠くは讃岐の小豆島から石材を運びました。貢献の証を家康に示すためか、集めた石材には何藩が集めたかがわかる刻印が刻まれています。最も高度な技術を要した天守台石垣は加藤清正が築き、延べ５５８万人の工事役夫が４ヶ月余で完成しました。

作事は幕府直轄工事として行われ、作事奉行に大久保長安、小堀政一ら9名が当たり、大工頭には中井正清が任じられました。当時の正清は内裏や方広寺大仏殿の築造も担っていたため、正清の手代衆が現場を監督しました。

1612（慶長17）年夏から天守の作事が本格的に始まりました。家康から天守は御殿より先に完成することを命じられたため、作事は冬までに終わらせる必要がありました。冬になれば、壁塗りの乾燥に支障が生じるためです。しかし、材木調達が遅れたために作業は捗らず、冬までの完成が危ぶまれました。

正清は内裏や大仏殿の大工を一時的に呼び寄せ、自身も名古屋に出向いて突貫工事を行った結果、秋には懸案の壁塗りが完了。昼夜兼行の大工事によって年内に天守は完成しました。

縄張は普請奉行の1人である牧長勝が命じられました。名古屋城は、それぞれの郭が長方形、直線の城壁、直角の角という単純な縄張りです。典型的な梯郭式（ていかくしき）平城で、本丸を中心として南東を二之丸、南西を西之丸、北西を御深井丸（おふけまる）、南から東にかけて三之丸が取り囲みます。

豊臣方の侵攻を予想した西と北は水堀と低湿地によって防御されています。南と東は広大な三之丸が二之丸と西之丸を取り巻き、幅広い空堀や水堀に守られた外郭を擁する構造です。総構え（そうがまえ）、総曲輪（そうぐるわ）と呼ばれる城と城下町を囲い込むさらなる外郭も計画されましたが、大坂夏の陣が終わると外郭普請は中止されました。

本丸はほぼ正方形で、北西角に天守、他の三つの角に隅櫓が設けられ、多聞櫓が本丸の外周を取り囲んでいました。門は南に南御門（表門）、東に東御門（搦手門）、北に不明御門（あかず）の三つ。ほとんどの櫓や塀は白漆喰を塗籠めた壁面でしたが、本丸の北面のみ下見板が貼られていました。

本丸の三つの虎口（こぐち）のうち、南（西之丸側）大手口と東（二之丸側）搦手口の2ヶ所には、内側に高麗門と櫓門の二つの城門で構成される枡形門、外側に大手馬出と搦手馬出の大きな馬出を構え、入口を2重に固めていました。

外から馬出に入る通路は障害となる小石垣があり、本丸に背を向けないと通れません。馬出の配置も巧みで、一部の郭を占領されても本丸への進入を拒む構造で、虎口を攻めると別の虎口から出撃して撃退が可能です。馬出と桝形虎

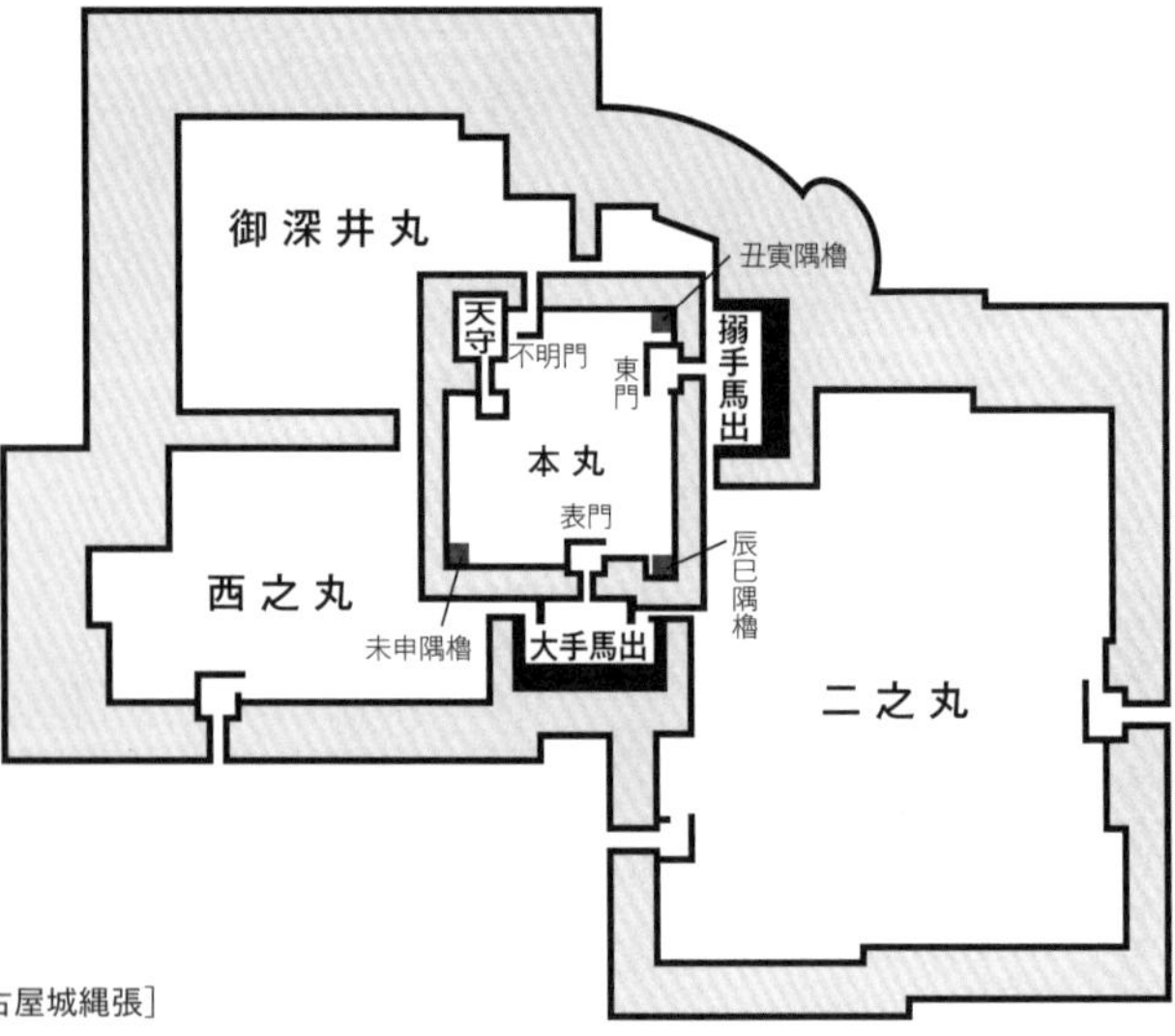

［名古屋城縄張］

口の周囲は多聞櫓で囲まれており、侵入者は全方向から攻撃を受ける構造でした。隅櫓は2層3階建てで、他城の天守に匹敵する規模です。南東は辰巳隅櫓、南西は未申隅櫓、北東は丑寅隅櫓です。

本丸には5層の大天守と2層の小天守が建てられ、大天守と小天守が橋台という通路で接続された連結式天守です。橋台上には軒先に槍の穂先を並べた形の剣塀が築かれました。

大天守の大棟には金鯱1対が飾られ、使用された金の量は慶長大判1940枚分と伝わります。金の鯱鉾は尾張藩士や城下の人々の自慢となりました。

その南東側には、京都の二条城二之丸御殿とともに武家風書院造の双璧と言われた本丸御殿が立ち並びます。

天守の高さは江戸城や大坂城には及びませんが、江戸城、大阪城とも天守は江戸時代初期に焼失しており、江戸時代を通して現存した天守では名古屋城が最高峰でした。

延べ床面積は最大で、体積は姫路城天守の約2・5倍、柱数、窓数、破風数等、多くの点で日本一を誇る名城でした。

大天守の最上階は窓が4面に広く取られ、砲弾戦に備えていました。壁面は大砲による攻撃を考慮して、樫の厚板を鎧状に組んでいました。

小天守は大天守の関門の役割を果たし、規模は他城の3層級天守を上回ります。

清洲からの移住は、名古屋城下の地割、町割を実施した1612（慶長17）年から藩祖義直が名古屋城に移った1616（元和2）年の間に行われました。この移住は清洲越しと称され、家臣、町人はもとより、社寺3社110ヶ寺、清洲城小天守も移す徹底的なものとなります。

5 城下町の形成①（碁盤割）

清洲越しでは、武家屋敷から町屋まで、家財道具も含めて全てが清洲から名古屋に運ばれました。清洲城下町は人口約6万人の尾張国の中心でしたが、清洲越しの後は農村に戻ってしまいました。

名古屋城下町には西の樽屋町、東の赤塚町、南の橘町の3ヶ所に大木戸が設けられ、その内側が御城下とされました。1612（慶長17）年に町割検地が行われ、翌年には武家地と町人地の配置が決まり、整然と区画されます。

まず、地割と町割が行われました。地割は武家地、社寺地、町人地の区画割です。一方、町割は清洲城下から移転してくる各町への碁盤割街区の割当です。

武家地は何ヶ所かの区画に分けられ、城郭を中心に重臣や藩士の屋敷を身分格式によって配置していきます。

城を起点にして、御殿の南側には三之丸とともに、成瀬、竹腰両御付家老や重臣の屋敷が並びます。東側、南東側は御付家老の中屋敷、下屋敷と上中級家臣団が配されました。

重臣武家地と碁盤割の町人地の間、つまり碁盤割の一番北の街区には、評定所や奉行所などの藩政機関が置かれました。

御付家老を含む上中級家臣の区画の南側、碁盤割町人地の東側には、中下級藩士の武家地が南北に広がり、その東側には藩主の御下屋敷が築かれました。

下級藩士の武家地は町人地の南側と、名古屋城外堀の西側、つまり城下町の北西部

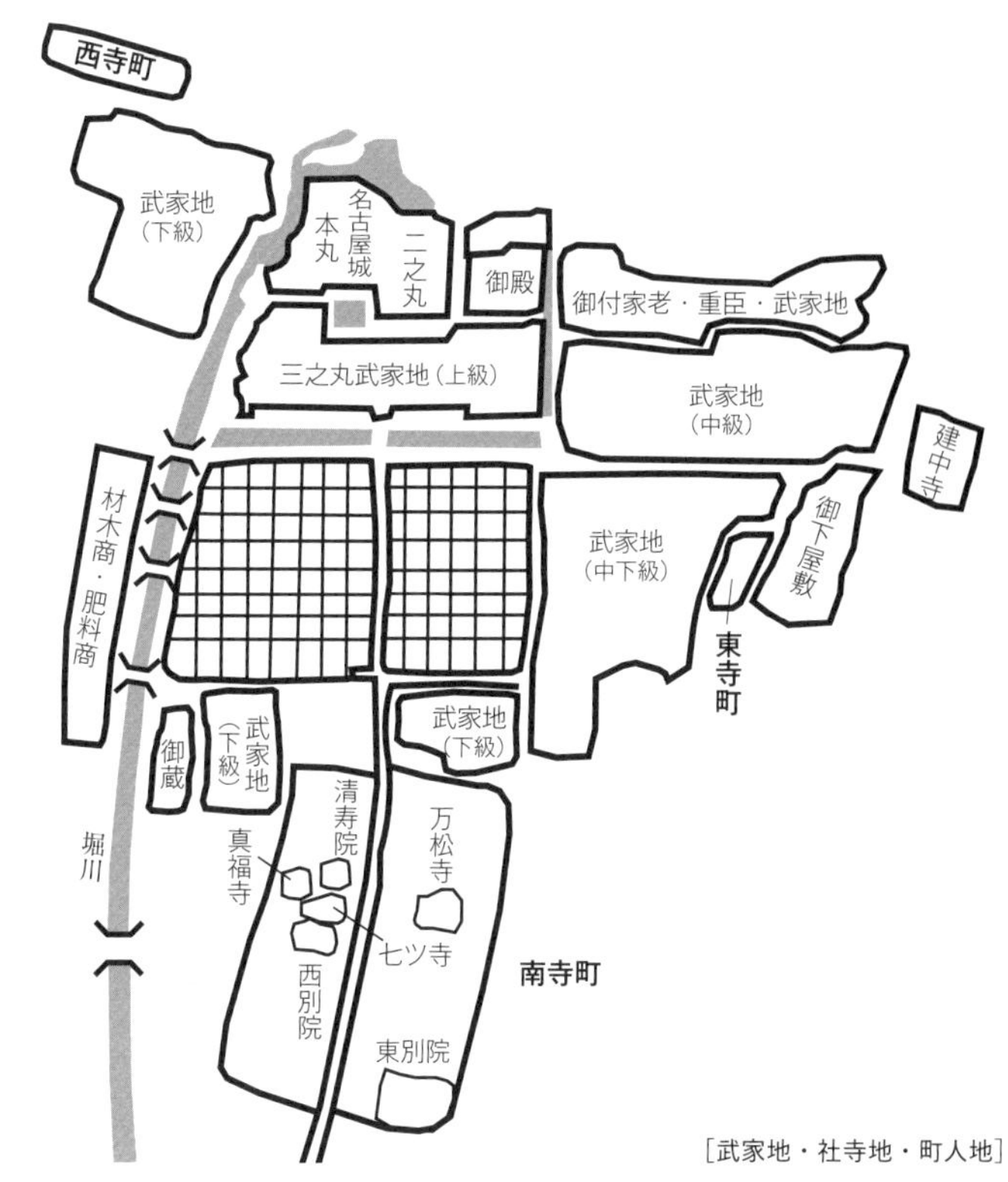

［武家地・社寺地・町人地］

に配置されます。北西部の武家地は、豊臣方と戦になった場合には、城を守る最前線になります。城及び城下東側の武家地のさらに外側には、尾張徳川家の菩提寺である建中寺が建ち、南西に隣接する御下屋敷に沿って東寺町が造られました。

一方、南側の下級藩士の武家地の外側にも大規模な南寺町が造られ、城の北西側には小規模ながら西寺町もありました。

碁盤割の町人地を、北は城と武家地で、東と南は武家地と社寺地で、西は堀川と武家地と社寺地で囲み、碁盤割町人地の四方を守っているような配置です。藩や城下町の経済が町人によって支えられていることを強く意識し、城下町防衛の重要性を踏まえたうえでの配置と考えられます。家康がこの地を築城場所に決めた際、城下を支える集落が洪積台地の上に乗る後背地にあり、西から攻められても城下が焼かれる可能性が低いと考えた発想が活かされていると言えます。

堀川と武家地に囲まれた城の南側が碁盤割町人地です。町人の職業などを示す清洲城下の町名をほとんど引き継ぎ、町が丸ごと移転しました。

碁盤割は東西が御園町通から久屋町通までの12通11丁、南北が京町筋から大江町筋までの10筋9丁で合計99街区となりました。

東南角4街区には東西の道がなく、2丁分で1丁の長方形の町割りとなったため、正確には

97街区です。距離は、東西52町（約5キロメートル）、南北55町のほぼ正方形の城下町です。碁盤割の道幅については、2間、3間、4間と諸説あります。1間は畳1畳の縦の長さ（2メートル弱）です。

碁盤割の1街区は50間（約100メートル）四方です。街区内は敷地割をされ、道に接して町屋が並びました。街区の中央には会所と呼ばれる場所があります。会所は名古屋城下町特有の構造であり、そこには社寺や火の見櫓が設けられました。言わば、街区の共有地です。

町人地の「町」は単に地名を表すものではなく、その街区の行政組織、自治組織を意味します。町の自治は、両側の町屋による「向う三軒両隣」を最小単位とし、街区によって連帯責任を負うこともありました。

ちなみに、武家地には「町」はありません。後述しますが、武家地の町名は通称として定着します。

1660（万治3）年の大火後に延焼対策として堀切筋が拡幅され、火除地として広小路が整備されました。広小路は幅員13間であり、他の筋と比べると格段に広く、城下町の盛り場として発展していきます。

名古屋城築城と同時に城郭の西から熱田湊まで、福島正則を総奉行として堀川が開削されました。堀川は城下町への生活物資の運搬水路として重要な役割を担いました。

西端の御園町通と堀川に挟まれた街区は不整形な三角地帯となりました。これは堀川が真南向きではなく、少し西に傾いて開削された結果です。

城下町の外側には、南は古渡、北東は矢田川、西は枇杷島を通る外曲輪の普請が計画されましたが、大坂夏の陣によって豊臣氏が滅びたために取り止めになりました。

城下町は歴代藩主によって徐々に整備されていきましたが、18世紀中頃の名護屋図にほぼ完成形の名古屋城下町が描かれています。

元禄年間（1688〜1704年）の頃、名古屋城下の人口は約10万人に達していました。藩士は約7千人であり、その家族も含む武家が約4万人、町人が約6万人です。以後、江戸時代を通して城下町の人口にはあまり変化がなかったようです。

一方、城下の南、宮宿の元禄年間の頃の人口は約7千人でしたが、幕末には倍増していました。

6　城下町の形成②（軍事拠点）

名古屋城と武家地、社寺地、町人地から形成された城下町を鉤形に北と西を囲むように庄内川が流れます。仮に西国大名を中心とする豊臣方が東進してきた場合、名古屋城は重要な軍事拠点になります。庄内川を渡河点、名古屋城の北西側を防衛線として意識し、縄張り、築城、城下町形成が行われました。

城下町西を南下する庄内川の東、つまり城下町の西には堀川が開削されました。堀川は名古屋城と海を結ぶ水運路であるとともに、城下町防衛のための堀でもあります。さらに、庄内川と堀川の間には、西から荒子川、笈瀬川、江川の3河川があり、これも防衛線に寄与します。庄内川から3河川を経て堀川に至るこの地域は広大な田園地帯であり、村が散在していました。名古屋城及び城下の大寺院の屋根から見晴らしがきき、敵勢の進軍の様子が一望に見えます。村々は堀川に至る過程で戦いの拠点にもなり、よく考えられた配置です。

庄内川を渡河する場合、橋が架かっているのは美濃街道だけです。つまり、庄内川に架かる美濃街道の枇杷島橋を崩落させれば、西から来る敵勢を足止めすることができます。

庄内川、3河川、堀川を越えて北西方面から城下町に侵入された場合、城とともに、東寺町、南寺町が次の防衛拠点になります。

東寺町と隣接する御下屋敷も東の防衛拠点です。名護屋図を見ると、東寺町のさらに東側には幾重もの山が描かれています。現在の覚王山、東山、八事山、及び以東の丘陵地です。

東寺町も突破されれば、丘陵地帯を東に向かう岡崎街道、駿河街道を通って後退することを企図していました。時間を稼ぐために、この地域で、言わば殿（しんがり）的防衛拠点になるのが八事興正寺です。名古屋城下から延びる飯田街道の最初の峠である八事一帯に布陣し、その際に興正寺は本陣となります。隼人池など周囲に造られた溜池を決壊させると、峠の道も通れなくなります。

南下する敵勢は南寺町が迎え撃ちます。南寺町も陥落した場合は、宮宿まで撤退し、海路退ります。

却が可能です。熱田の町には東浜御殿、西浜御殿があります。平時は迎賓館として使われていましたが、戦時になれば熱田社をはじめとする周辺社寺とともに、南側の最後の防衛拠点とな

以上のようによく考えて構築された名古屋城の城下町ですが、その骨格を形成したのは城下の道、及び周縁部とつながる街道です。

東西に12通、南北に10筋の道が碁盤割を形成していましたが、このうち南北は本町通、東西は城郭のすぐ南を通る京町筋と碁盤割の中央を横切る伝馬町筋が中心です。本町通と伝馬町筋の交差点は札の辻です。

京町筋の西端から枇杷島に向かって庄内川を渡河するのが美濃街道です。清洲越しの際もこの経路で荷物が運ばれました。前述のとおり、いざという時は庄内川にかかる枇杷島橋を崩落させ、美濃街道を封鎖して敵勢の進路を阻みます。

京町筋を建中寺の角から北に向かうのが下街道（善光寺街道）です。戦時には大曽根を経由して犬山、美濃方面に向かう北の撤退路です。

札の辻から南東方向へ向かう飯田街道もありました。飯田街道の本線は飯田に向かいますが、途中で分岐して岡崎に向かう駿河街道、岡崎街道は撤退路です。東海道経由よりも直線的かつ短時間で岡崎に至ります。

名古屋城と宮宿をつなぐ南北の幹線道は本町通です。本町通を南下して途中から西に向かう

のが佐屋街道、熱田からさらに南下して東に向かうのは東海道です。佐屋街道は美濃街道と同じく、攻め上られた時には封鎖の対象です。東に向かう東海道も戦時には撤退路です。

このように、碁盤割の東南北は主要街道とつながり、豊臣方との戦（いくさ）を考慮して城下町が形成されました。

城下町西の最後の防衛線である堀川の開削は築城作事に間に合わず、木曽の桧等の用材、資材の多くは熱田から陸路で運ばれました。

堀川の水は庄内川から取水し、黒川を経て流れ込みます。やがて堀川の両岸には食品問屋や材木商が軒を連ねます。堀切筋の納屋橋の南には、清洲から移設された三蔵を中心に年貢米を納める藩官倉や商人の倉庫が立ち並びました。その南には、水軍の指揮者邸、御船方屋敷、御水主屋敷が置かれ、熱田には藩の貯木場もありました。

名古屋城と堀川及び本町通の水陸で結ばれた宮宿は、江戸時代を通して尾張藩の玄関口となります。尾張藩領の木曽の木材は堀川河口部の白鳥貯木場に集められました。木曽川沿いの穀倉地帯である海東郡、海西郡からの年貢米や、知多半島の魚介類も熱田に集荷され、城下に送られました。

前述の八事の備えに関しては異説もあります。

八事一帯の山々は御付家老ほか重臣たちの「控え山」として配されました。「控え山」は薪炭確保のために使われる山ですが、戦時には各家臣が山々に籠ることを想定していたと考えられます。

しかし、興正寺が創建されたのは１６８８（貞享５）年です。既に豊臣が滅んで半世紀以上経ち、幕藩体制が確立した頃です。時代的に整合がつきません。

実は、尾張藩祖義直（在位１６０７〜50年）、２代藩主光友（１６５０〜93年）と、３代将軍家光(同１６２３〜51年)、４代将軍家綱(同１６５１〜80年)は緊張関係にあったと言われます。

義直、光友は神君家康公の子、孫である一方、家光、家綱は孫と曽孫です。義直には、将軍よりも神君の血統が濃いことに加え、大坂の陣にも参戦した最後の戦国武将であること、幕府成立に貢献したことに対する自負があったと想像できます。

１６３５（寛永12）年、家光が参勤交代を制度化した折、義直はなかなか江戸に赴きませんでした。ようやく登城した際、家光が義直に対して「鳴海表まで迎えに参ろうかと思い候」と言ったと伝わります。将軍が鳴海表まで迎えに行くというのは、軍勢を引き連れていくことを意味します。義直は家光の叔父に当たりますが、歳は３歳違いです。徳川家の主導権を巡って、微妙な緊張関係にあったことがうかがえる逸話です。

したがって、八事興正寺の創建、八事「控え山」への家臣の配置等々は、実は幕府軍の西進に対する備えであったとの見方があります。

藩祖義直が徳川御三家筆頭であるにもかかわらず「王命に依って催さるる事」を遺訓とした

ことの背景がうかがえるとともに、それが幕末史にも影響を与えます。

7　武家地と建中寺

那古野と記した地名は、清洲越しとともに名古屋と書かれるようになります。古くは名護屋、浪越、名越とも記し、名古屋城築城が決まった頃から名古屋と名護屋が併用され、次第に前者に定まっていきました。

名古屋には蓬左（ほうさ）の別名もあります。蓬莱は中国の伝説で東の海にある不老不死の島のことを意味し、古来、熱田も蓬莱に準えられました。その蓬莱の地の左に開けた町として蓬左と呼ばれるようになります。

名古屋の漢字の由来と語源には諸説あります。「なご」の語源は、気候や風土が和やかな地、霧（古語で「なご」）の多い地、山や丘陵の麓の集落、城砦をめぐる兵舎、波が高い海岸、等々様々な意味があり、漢字と語源に関する定説はありません。

藩の重臣たちの広大な屋敷は、城の南側を護るように三之丸に配置されました。成瀬、竹腰の両御付家老の屋敷の南に、山澄将監、渡辺半蔵などの上級家臣の屋敷が本町通沿いに続きます。この辺りは大名小路と呼ばれました。

城の東側はやはり両御付家老の中屋敷、下屋敷とともに、上級家臣の屋敷が立ち並びます。その南側には中級家臣の屋敷が集められました。

武家地の街区に、長塀町、白壁町、主税町、橦木町、武平町等が誕生しましたが、武家地には本来町人地のような「町」名はありません。「町」の特徴などから自然発生的に呼ばれるようになったり、後世に使われるようになったものです。

江戸時代の名古屋城下図には、城の東側の外堀に面して御付家老の中屋敷がある長塀町が描かれ、その東に白壁町、主税町、橦木町が順序良く並んでいます。藩士は家格によって石高が異なり、家格の高い者は城に近い場所に屋敷を構えました。

城の東大手門の東は長塀町です。御付家老竹腰家の屋敷塀が非常に長かったことから、そう呼ばれるようになりました。

白壁町は、御目付豊田太郎右衛門が屋敷に白壁の高塀囲いを造り、周辺の屋敷も白壁が多かったことから白壁町と呼ばれるようになります。

主税町は勘定奉行野呂瀬主税が住んだことに由来します。野呂瀬氏はかつて武田信玄の家臣でしたが、時代を経て徳川義直の下で成瀬氏に属し、勘定奉行を務めました。

主税町には、元禄年間（１６８８～１７０４年）頃の藩士の日常生活や風俗を記した鸚鵡籠中記（おうむろうちゅうき）を著した御畳奉行朝日文左衛門重章の屋敷がありました。文左衛門は１００石取りの中級武士ですが、名古屋城下図を見ると文左衛門の屋敷は約５００坪あります。御畳奉行になる前は建中寺の東隣にある百人町に住み、そこから主税町に引っ越したようです。百人町は足軽組頭であった渡辺半蔵家が代々住んでいたことに由来します。

橦木町の名は、東西に通る道路の西端が行き止まりで「丁」字路になっていたことに由来します。つまり撞木の形です。撞木とは鉦を打つ道具で、柄の先端が「丁」の字になった棒のことです。本来は手偏の「撞」が正しい字でしたが、後世になって役人が転記の際に誤記し、以来木偏の「橦」になったと伝わります。

上中級藩士の武家地の外側や城の南側には中下級武士の屋敷があり、碁盤割の東側には同心や足軽が住みました。中級武士の家は屋敷と言える構えでしたが、下級武士の家は長屋づくりです。

主税町と百人町の間に創建されたのが建中寺です。1651（慶安4）年、2代藩主光友が父義直の菩提を弔うために、成誉廓呑（じょうよかくどん）上人を開山として建立しました。翌1652（慶安5）年、総門、三門、塔頭などが完成します。

寺域は約5万坪に及び、創建当時は周囲に石垣と堀をめぐらした城のような構えでした。本堂をはじめ多くの堂宇が立ち並ぶ大寺院で、歴代藩主の霊廟が造営され、徳川家の菩提寺として尾張藩士の心の拠り所となります。

江戸時代を通して特定の宗派に属さない別格本山（無本寺）であり、御付家老の成瀬家が創建した宗心院、重臣渡辺家が創建した誓安院のほか、甲龍院、全順院、正信院、光寿院、養寿院の7つの塔頭寺院と多くの末寺を擁しました。

1785（天明5）年、大曽根で大火が発生した際、燃える布団が舞ってきて本堂の屋根に落ちて延焼。総門と三門などの一部を残して大部分が焼失しましたが、2年後に再建されました。

境内南端に薬医門形式の総門、その北には三間一戸の二重門である三門が立ち、門をくぐると正面に、桁行9間（20メートル弱）、梁間9間に及ぶ本堂があります。本堂は入母屋造、本瓦葺きで、正面には軒唐破風のつく3間の向拝が設けられています。

本堂の後ろには徳川家霊廟があります。火事の翌1786（天明6）年上棟の棟札のある霊廟は、拝殿と本殿が連結された権現造であり、極彩色が施された華麗な社殿です。境内にはこのほか、四脚門形式の御成門、鐘楼、開山堂、不動堂、経蔵などがあります。

江戸時代の尾張名所図会には、再建後の建中寺の鳥観図が描かれています。右端には火災を免れた総門があり、北の三門と本堂に向かって一直線に配置されています。総門と三門の間の参道両側には、家臣の塔頭寺院が並んでいます。

建中寺の南西に角を接する藩主の御下屋敷は、1679（延宝7）年に2代藩主光友が築きました。6万4千坪の広大な敷地です。

7代藩主宗春は屋敷内に薬草を栽培する「御薬園」を設けました。8代将軍吉宗の享保の改革に反する藩政を行ったことで蟄居を命じられた宗春は、晩年を御下屋敷で過ごしました。

8　碁盤割の町人地

名古屋城の南に、東西12通、南北10筋で区切られた99街区の碁盤割の町が整備されました。前述のとおり、南東角は2街区で1街区としたことから、正確には97街区です。

那古野城の時代から城の南には集落が形成されていました。那古野城址に名古屋城を築城することになり、城址南側の今市場、中市場、下市場を包含する形で碁盤割の城下町が整備されます。

1612（慶長17）年、家康が町割の進み具合を検分した際、三之丸の堀と町人地の間が広すぎると注文をつけました。城下繁栄の帰趨は町人が集まるかどうかにかかっていることを認識していた家康は、城を隔離することなく、城と町人地を一体化させることが念頭にあったようです。その結果、碁盤割町人地の最北部の街区は南北の長さが20間（約35メートル）ほど広がり、城との距離が近くなりました。

碁盤割を形成する東西南北の道は、南北に走る道は通、東西を貫く道は筋と呼ばれていましたが、全部を筋で呼ぶこともあります。

南北の通は西端が御園町通、東端が久屋町通、東西の筋は北端が京町筋、南端が大江町筋です。京町筋の北側に片端筋もありましたが、京町筋と片端筋の間は武家地であり、藩政機関や上級

藩士の屋敷がありました。京町筋から南が町人地です。

各区画の中央には会所と呼ばれる場所があり、寄合所や社寺が建てられました。道に面しては商家が店を並べました。狭い間口ですが奥行きは長く、坪の内と呼ばれる庭もありました。京都の町屋と似ています。

家と家の間にあって「閑所」と呼ばれる袋小路の小道もありました。「会所」が訛って「閑所」になったとか、家と家との間を通るために「間所」が「閑所」に変化したとか、諸説あります。狭い「閑

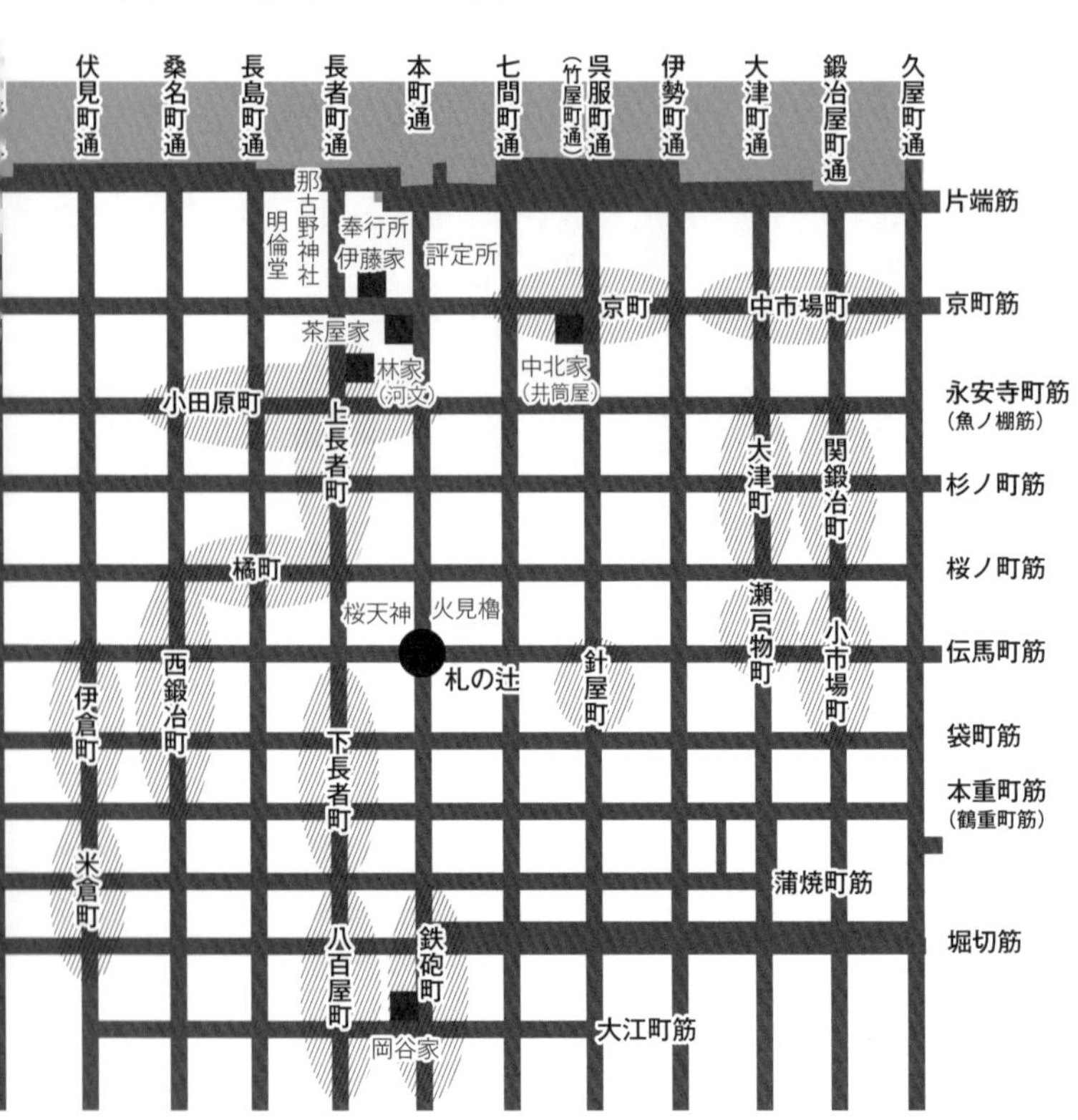

［名古屋城下町・碁盤割］

所」の両側には長屋が立ち並び、多くの町人が住みました。

清洲から町ごと、商家ごと、人ごと引っ越してきましたので、同じ職業、同じ商売の店が軒を並べました。清州越し、駿府越し（後述）以外の人々も移り住みました。

碁盤割の中心は城の真南を南北に貫く本町通です。北端には町奉行所と評定所があり、そこから南が町人地です。

藩主が参勤交代等で往来する場合は本町通を使います。沿道は見送り、出迎えの藩士、見物の町人で溢れます。朝鮮通信使や琉球使節の一行も本町通を通って名古屋城を表敬しました。

本町通の北端は本町です。１６１１（慶長16）年、本町通と京町筋の北西角で織田信長の家臣だった伊藤源左衛門祐道が呉服小間物商を始めます。１６５９（万治２）年、祐道の子祐基の「現金売り正札付き掛け値なし」の商法が大当たりし、後の伊藤呉服店に発展します。

伊藤呉服店と京町筋を隔てた向かい側は、藩主召服を調進する尾張家呉服所茶屋長意の屋敷です。茶屋家は、武士であり商人でもあるという両属的性格を持つ特別な存在でした。

名古屋城下に進出する商人の目標は本町通に店を構えることです。１６３４（寛永11）年、

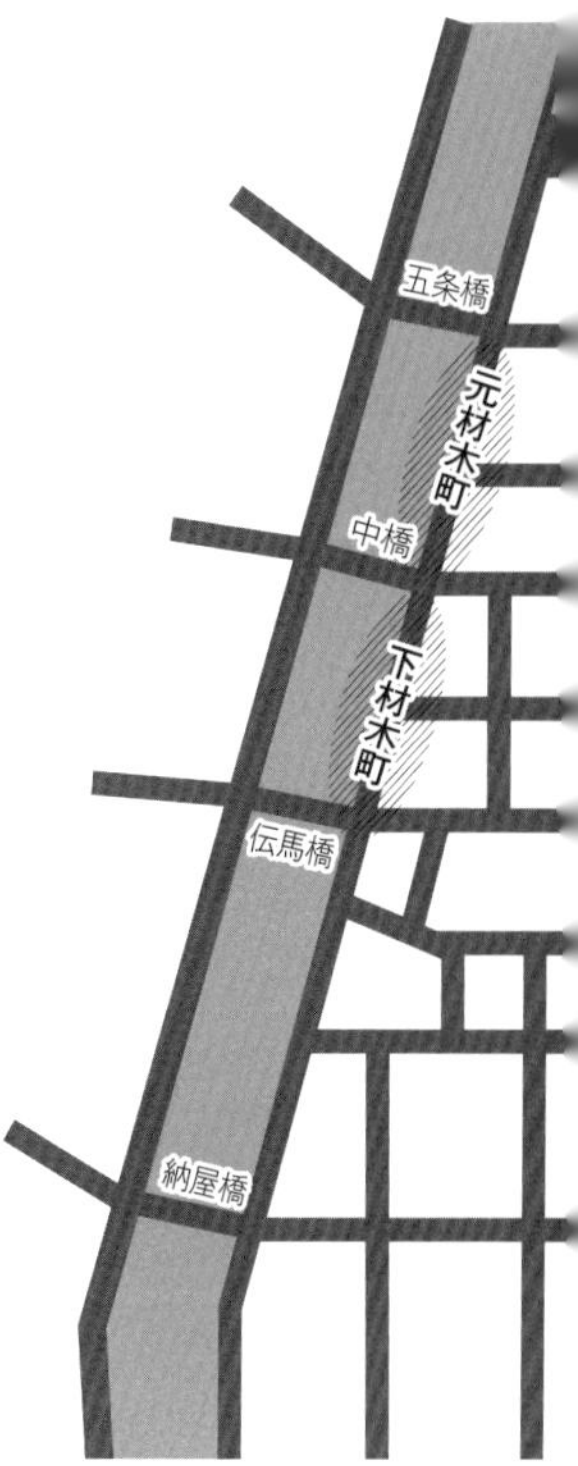

五条橋
元材木町
中橋
下材木町
伝馬橋
納屋橋

猿屋三郎右衛門が本町に饅頭屋を開業し、1686（貞享3）年には2代藩主光友から「御菓子所両口屋是清」の看板を拝受しました。

本町を南に進むと小田原町です。魚の棚筋（永安寺町筋）の桑名町通から本町通までの地域が小田原町です。河内屋林文左衛門が料亭河文を開業すると、御納屋、近直、大又等の同業者が次々と店を開き、魚の棚四軒と呼ばれました。

さらに碁盤割を3街区南下すると、東西の道の中心である伝馬町筋と交差します。本町通と伝馬町筋の交差点は札の辻であり、高札場や飛脚問屋もある城下町の中心部です。札の辻の北西角の街区には桜天満宮（桜天神）がありました。

さらに南下すると、繊維問屋の集まる下長者町、鉄砲や金具職人の鉄砲町、そして八百屋町を過ぎると南寺町に向かいます。

本町通北端の東側、両替町の東は京町です。呉服、細物、太物類の商人が集まったので京町と呼ばれました。薬問屋の井筒屋中北伊助が京町に店を構えたのは寛政年間（1789～1801年）です。

京町のさらに東には、那古野城時代の旧城下町の名残を伝える中市場町、その南は関鍛冶町です。

鍛冶屋町の西は大津町です。織田家の繁栄ぶりを聞いて清洲にやってきた山城国の大津四郎左衛門が住んでいた町が、清洲越しでこの地に移転して大津町となりました。

京町筋の伏見町通から桑名町通までの和泉町には、尾張藩御用達を務めた桔梗屋が店を構えました。桔梗屋は藩祖義直が入城する際、駿府から同行して名古屋入り（駿府越し）した商人です。

甲府藩主義直は甲府にお国入りすることなく、家康や生母お亀の方とともに駿府城に在城していました。1607（慶長12）年に清洲藩主（尾張藩主）に転封された後も駿府城に留まっていましたが、家康没後の1616（元和2）年に名古屋入りします。

その際、駿府在住の家臣や社寺、商家の一部が、義直に従って名古屋に移ります。清洲越しに準えて駿府越しと言います。

京町筋の西端は堀川であり、五条橋から堀川の東岸を南に下ると元材木町、下材木町です。豪商として名をはせた材木屋鈴木惣兵衛が店を構えました。

9　東照宮・那古野神社・若宮八幡宮

大坂夏の陣で豊臣氏の滅亡を見届けた徳川家康は、1616（元和2）年、駿府城で亡くなりました。家康の遺言に従って、幕府は久能山に東照宮を創建しました。朝廷は神社としての東照宮に「東照大権現」の神号を宣下し、家康は神格化されました。

翌１６１７（元和３）年、幕府は日光に東照宮を創建しました。

その後、各地の徳川・松平一門が東照宮を創建します。３代将軍家光が諸大名に造営を勧奨したことから、譜代大名や徳川家と縁戚関係のある外様大名も競って東照宮を造営します。その結果、全国の東照宮は大小合わせて約７００社に及びました。

尾張藩の藩祖義直は、父家康の三回忌である１６１８（元和４）年に大祭を行いました。そして、翌１６１９（元和５）年、御付家老成瀬正成、竹腰正信を勧進奉行、南天坊天海を導師として、名古屋城三之丸の亀尾天王社（那古野神社）の西隣に家康の神像を祀る東照宮を造営しました。三之丸東照宮とも呼ばれます。

本殿は権現造で楼門、唐門、渡殿、祭文殿等があり、社殿は極彩色で飾られ、全国の東照宮の中で最も華麗であったと言われます。社領の広さは３６００坪に及びました。

毎年４月の祭礼には近隣の町から山車が出るようになりました。山車にはそれぞれ名前がつき、本町の猩々（しょうじょう）車、宮町の唐子車、上長者町の二福神車、桑名町の湯取車（ゆとりぐるま）、伝馬町の林和靖車（りんなせいしゃ）、中市場町の石橋車、和泉町の雷電車、七間町の橋弁慶（はしべんけい）車、京町の小鍛冶車です。

現在の社殿は義直夫人の高原院（春姫）の霊廟として１６５１（慶安４）年に万松寺内に建てられたものが、建中寺に移築された後、さらに東照宮に移されました。神宮寺である尊寿院（権現坊）も隣接して建てられました。

東照宮の東隣の亀尾天王社は那古野神社と呼ばれるようになりますが、創始は９１１（延喜

11）年と古く、祭神は素戔嗚尊（すさのおのみこと）です。醍醐天皇の勅命で八王子社や若宮八幡社の隣に建立されました。津島牛頭天王社（津島神社）を総本社とする天王社のひとつであり、創始当時の祭神は牛頭天王でした。また、この地がその時代から神社が建立されるような場所であったことを意味します。

1532（天文元）年、織田信秀が今川氏豊から那古野城を奪う際の合戦で社殿を焼失しましたが、1540（天文8）年、信秀が再建しました。1595（文禄4）年には、豊臣秀吉が社領を寄進しています。

1610（慶長15）年、徳川家康が那古野城址に名古屋城築城を命じます。縄張りの結果、八王子社、若宮八幡社とともに、那古野神社も城内に入ってしまうこととなり、家康はその扱いについて御神籤で神意を拝伺します。すると那古野神社は遷座不可との神意が示されたため、移転せずに止め置かれることになりました。

結果として、那古野神社は二之丸大手門の正面、三之丸の地に鎮座することとなり、名古屋城と城下町の総鎮守として信仰されます。後に境内に別当寺である亀尾山安養寺（天王坊）も建立されました。

那古野神社の祭りは、京都八坂神社祇園祭、津島神社天王祭と同様に、疫病と厄難除けの天王信仰の祭りであり、江戸時代後期の最盛期には2台の車楽（だんじり）と16台の見舞車、合計18台の山車が曳きだされる名古屋城下町自慢の祭礼として親しまれました。

一方、大須の北側に移転した若宮八幡宮の創始は、8世紀初めの文武天皇の時代に遡ります。那古野神社と同様に1532（天文元）年、織田信秀の那古野城攻めの際に社殿を焼失し、1539（天文8）年に信秀が再建しました。後にやはり豊臣秀吉も社領を寄進し、1610（慶長15）年、名古屋城築城の際に移転しました。江戸時代には、境内に常設の芝居小屋が架けられるようになり、芸処名古屋の中心地となります。

若宮八幡宮の若宮祭りは、東照宮祭り、天王祭り（那古野祭り）とともに名古屋三大祭りと呼ばれ、若宮八幡宮から那古野神社への神輿神幸は7台の山車が行進する壮麗なものです。

若宮八幡宮の若宮祭りと那古野神社の天王祭は同じ日であったことから、両社の祭りは祇園祭と総称されました。

若宮八幡宮を西に進み、堀川近くまで行くと洲崎神社があります。古代、この地に海岸線と入江があったことから洲崎という地名が生まれ、地神（石神）が祀られていました。貞観年間（859～877年）に出雲から素戔嗚尊が奉斎されます。

広大な社地を誇っていましたが、名古屋城築城に伴って社地内に武家屋敷が建てられ、境内も堀川開削にかかるなど、その姿は大きく変わりました。広井天王、牛頭天王とも呼ばれ、江戸時代の洲崎の天王祭は東照宮の時代祭と並ぶ二大祭りと言われました。

洲崎神社では5色の鈴がつくられています。藩祖義直が城下の疫病退散を祈願して5つの鈴を奉納したことに由来するそうです。

洲崎神社近くの堀川沿いには、尾張藩の船奉行を務めた千賀氏の屋敷があり、その周辺は水夫たちの家が集まっていたことから水主(かこ)町と呼ばれるようになります。

10　大須観音・万松寺・東西別院

碁盤割町人地の中にも社寺が多数造営されました。若宮八幡宮の東側にある政秀寺は、織田信長の素行を諫めるために諫死した傅役平手政秀を弔います。

1553（天文22）年、信長が政秀を弔うために小牧山の南に創建しましたが、1584（天正12）年、小牧長久手の戦いの際に清洲に移転。1612（慶長15）年、清洲越しとともに名古屋城下に移りました。

碁盤割を南に下った辺りに規模の大きな寺院が建立されました。

大須観音の名で親しまれるのは真福寺です。発祥は建久年間（1190〜99年）に創建された尾張国中島郡長庄大須郷の中島観音に遡ります。1324（元亨4）年、後醍醐天皇が大須郷に北野社を興し、1333（元弘3）年、同社別当寺として創建されました。戦国時代には織田信長も寺領を寄進します。

中島郡は洪水の難が絶えなかったため、1612（慶長17）年、徳川家康の命で犬山城主成瀬正成が真福寺を大須郷から名古屋城下に移転しました。

大須観音には尾張藩も保護した真福寺文庫（大須文庫）があり、古事記の最古写本をはじめ、扶桑略記、将門記、尾張国解文など、貴重な文献が多数所蔵されています。

隣接して７３５（天平７）年行基開創と伝わる古刹、七寺（ななつでら）があります。七寺は大須観音以上に大いに栄え、境内で芝居や見世物小屋が興行されていました。

万松寺は１５４０（天文９）年、織田信秀が織田氏菩提寺として那古野城の南側に建立しました。竹千代（徳川家康）は６歳の時に人質として今川義元から信秀に引き渡され、この寺で９歳まで過ごします。

信秀の葬儀は万松寺で行われ、嫡男信長が傾（かぶ）いた格好で臨んで仏前に抹香を投げつけて顰蹙（ひんしゅく）をかった話は有名です。

信長は１５７０（元亀元）年、越前朝倉攻めで浅井長政の離反にあって逃げ帰る途中に狙撃されましたが、鉄砲の玉は懐に入れていた固い干し餅に当たり、運よく軽傷で済みました。餅は万松寺和尚から貰ったものであったため、信長は万松寺不動明王の加護のおかげと深謝します。この話を聞いた加藤清正が万松寺の不動明王を「身代わり不動」と命名しました。

１６１０（慶長15）年、万松寺は名古屋城築城時に大須に移されます。江戸時代には尾張藩に庇護され、七堂伽藍の大寺院でした。

東本願寺16代法主一如を開基とする真宗大谷派名古屋別院は、１６９０（元禄３）年、２代藩主光友より碁盤割南縁部の古渡城址地約1万坪の寄進を受け、１７０２（元禄15）年に創建されました。通称東別院、あるいは東御坊、名古屋東別院、東本願寺名古屋別院とも呼ばれます。

１８０５（文化２）年の本堂再建に当たり、豪商5代目鈴木惣兵衛は真宗に改宗したうえで東本願寺に多額の寄進をし、使用する材木一切の調達を一手に請負いました。

東別院は東海道方面からの敵勢進軍に対する城下町防衛の砦としての役割も担っていました。

東別院北西には本願寺名古屋別院があります。東別院に対して、西別院と呼ばれます。

明応年間（１４９２～１５０１年）に本願寺8世蓮如の六男蓮淳が伊勢国長島に創建した願証寺が始まりです。織田信長による伊勢一向宗攻めで廃寺となり、その後、本願寺11世顕如が織田信雄に願い出て清洲の地に願証寺を再興しました。

１６０９（慶長14）年、清洲越しの際に桑名に寺基を、名古屋城下に寺を移転し、名古屋願証寺は桑名願証寺の通寺とされました。１７１５（正徳14）年に桑名願証寺が転派したことに端を発し、１７１７（享保2）年、名古屋願証寺は西本願寺末寺の名古屋御坊となりました。

東別院の北西、西別院の南東に栄国寺があります。江戸時代初期、この辺りは千本松原と呼ばれ、尾張藩の刑場がありました。

尾張国、美濃国では、織田信長や信雄がキリシタンを保護したことから、キリスト教が広がっていました。清洲藩主松平忠吉、尾張藩祖義直、2代藩主光友も、キリシタンには寛容に対応しましたが、徐々に幕府の統制が厳しくなります。

１６３１（寛永８）年から藩内でキリシタン伝道者の処刑が始まり、１６４９（慶安２）年に供養塔を建立したのが当寺の始まりです。

１６６１（寛文元）年以来、尾張藩内でも多くのキリシタンが捕縛されました。尾張藩は伝道者２百余人を１６６５（寛文４）年に処刑し、他のキリシタンの助命を図りました。しかし１６６８（寛文７）年、幕府の命令で２千余人が処刑され、尾張のキリシタンは絶えたと言われます。美濃でも同じ状況であったため、この史実はキリシタンの「濃尾崩れ」と言われます。

１６６２（寛文２）年、２代藩主光友は刑場を土器野（かわらけの）（新川）に移し、千本松原の供養塔の場所に処刑者慰霊のために堂宇を建てて清涼庵と名付け、１６８５（貞享２）年に栄国寺と称されるようになりました。

本尊の阿弥陀如来坐像は丹羽郡にあった比叡山延暦寺別院の薬師寺から、２代藩主光友がキリシタン供養のため大八車で運ばせたと伝わります。

凄惨な史実の背景には、幕府が尾張藩に対する統制を強める目的もあったようです。

11　東寺町と南寺町と西寺町

徳川家康は名古屋城下を守るため、戦に備えて寺町を造りました。駿河町を起点とする飯田街道（駿河街道）と交差する西側の禅寺町通と東側の法華寺町通に沿って寺院を集めた場所が東寺町です。

寺は禅寺町通と法華寺町通に面して山門を開いていましたが、西蓮寺と聖徳寺は飯田街道に向いていました。法華寺町と禅寺町の間を流れる小川は、排水路と同時に寺域を背割りで分ける境界線の役割を果たしていました。

東寺町は飯田街道、駿河街道、岡崎街道の入口に当たり、神君家康公の生誕地岡崎を守るための拠点として整備されました。一方、前述のとおり幕府との対立も懸念され、東寺町は東への備えにも寄与します。

東寺町周辺は上中級藩士の屋敷が立ち並ぶ地域であり、藩主別邸である御下屋敷の南西に位置し、尾張徳川家菩提寺の建中寺にも近い場所です。

東寺町には清洲越しで約40ヶ寺が移転しましたが、その後も寺院は増え、幕末期には70ヶ寺を超えます。

東寺町の特色は宗派を固めて配置したことです。東寺町がほぼ整った頃には法華寺町通に日蓮宗系16ヶ寺が集中したことが最大の特徴です。ちなみに、南寺町には日蓮宗系寺院はありません。

禅寺町通の東側には曹洞宗10ヶ寺、西側には浄土宗4ヶ寺が並び、宗派ごとに整然と配置されていました。

当初はこの地域は町名で呼ばれていましたが、1685（貞享2）年頃より、南寺町の門前町、裏門前町と平仄を合わせ、東門前町と呼ばれるようになります。東寺町はその通称です。

本町通を南下して、宮宿に続く熱田道の両側に設けられたのが南寺町です。前項で記した真福寺（大須観音）は南寺町の中心です。真福寺が大須郷から移転したことから界隈は大須と呼ばれるようになり、南寺町の代名詞となりました。

東別院、西別院も南寺町の域内です。名古屋城下町が造られた当初、浄土真宗の大谷派と本願寺派は城下には入れませんでした。戦国時代に一向一揆が多発し、家康も三河一向一揆（1563～64年）で苦労したことが影響しています。しかし、2代藩主光友の時代になって、ようやく東別院の建立が許されました。

江戸時代初期の記録を見ると、本町通の東側には万松寺を筆頭に曹洞宗15ヶ寺、臨済宗6ヶ寺、浄土宗3ヶ寺、西側には浄土宗6ヶ寺、真言宗2ヶ寺が密集していました。大須観音（真福寺）は真言宗です。

南寺町の賑わいが最盛期を迎えるのは、7代藩主宗春の時代です。幕府では8代将軍吉宗が質素倹約を旨とする享保の改革を行っていましたが、徳川御三家筆頭の尾張藩主宗春は真逆の治世を推し進め、芝居や芸事を奨励し、消費を促す開放政策を行いました。

名古屋城下は大いに賑わい、その中心となったのが南寺町を含む大須界隈です。つまり、大須の基礎を築いたのは宗春と言えます。

万松寺の西隣には、織田信雄が信長の菩提を弔うために建立した總見寺、北側には若宮八幡宮と政秀寺、本町通を挟んだ西側には松平忠吉縁の大光院、大須水天宮と呼ばれた清安寺、御土御門天皇の勅命で創建された富士浅間神社、尾張名古屋の三名水井を擁する清寿院、そして大須観音と七寺、これらが全部隣接し、しかもそれぞれが広い寺領、社領を有したことから、この一帯の壮観さが想像できます。

中でも万松寺の境内の広さは圧巻でした。多くの寺院が千坪から数千坪でしたが、万松寺は約2万3千坪に及び、尾張藩、名古屋城下町における特別な位置づけがうかがえます。


東寺町と南寺町に比べると、その存在が知られていないのが西寺町です。

堀川沿いを北上すると、四間道、景雲橋、幅下橋、円頓寺、明道町辺りを抜けて浅間町の辻に至ります。この界隈は堀川沿いの美濃街道とその周辺の道筋で、名古屋城の西北域になります。

美濃街道は浅間町の辻を西に折れて進みますが、その北側にあった新道筋には海福寺、宝周寺、法蔵寺、西願寺、正覚寺などが並び、西寺町を形成していました。

途中に白山神社や八坂神社があり、名古屋城下町を抜けて美濃街道経由で中山道から都に向かう旅人にとって、この辺りは定番の休息処でした。

その先は庄内川に架かる枇杷島橋です。橋の近くの庄内川東岸には近在の子供たちの遊び場であった枇杷島河原がありました。

名古屋城が築城される約70年前、吉法師時代の信長は枇杷島河原でよく遊んでいたと伝わります。河原には、少し南の中村郷の稚児たちも遊びに来ていたそうです。その中に信長と3歳違いの日吉丸時代の秀吉もいたことでしょう。一緒に遊んでいたかもしれません。そんな地域に造られたのが西寺町です。

城下の寺町ではありませんが、本町通を熱田まで下ると、熱田社の西側、南側にも社寺が密集していました。清洲越しで集まったわけではなく、古代から熱田社、熱田湊、宮宿の発展とともに増えていきました。法持寺、本遠寺、大法寺などの寺院のほか、白鳥御陵や八剣宮もあります。

近くには尾張藩の東浜御殿、西浜御殿も造営され、社寺とともに戦時には軍事拠点となりうる町の構えでした。

12　名古屋五口と名古屋商人

戦国時代の那古野城址と那古野荘の中心であった旧那古野城下の今市場、中市場、下市場を取り込むかたちで名古屋城と新たな城下町が築かれました。

そして、名古屋城と宮宿を結ぶ碁盤割の南北の要路本町通と、東西の要路京町筋と伝馬町筋が、城下から周辺地域に向かう脇街道とつながります。

既に何度か触れてきましたが、改めて整理しておきます。

南北の本町通と東西の伝馬町筋の交差点が札の辻です。尾張国の脇街道はこの札の辻が起点です。

城下町の外縁には、志水口、大曽根口、三河口（岡崎口）、熱田口、枇杷島口の名古屋五口があり、そこから脇街道につながります。

［名古屋五口と三木戸］

札の辻から伝馬町筋を東に進むと東寺町の南側を抜けて三河口に着きます。三河口から駿河街道、飯田街道につながり、挙母街道や岡崎街道に枝分かれしていきます。札の辻から本町通を南に下り、橘町の大木戸を過ぎて金山神社辺りから西に折れると佐屋街道です。本町通をさらに南下すると熱田口から東海道に入ります。

札の辻から本町通を北に上り、外堀の手前で京町筋との辻に出ます。京町筋を西に進み、堀川沿いに少し北上すると城下町の境界である樽屋町の大木戸に着きます。大木戸を抜けてさらに進むと枇杷島口であり、枇杷島橋で庄内川を渡って美濃街道に入ります。

美濃街道は熱田が始点です。東海道を東から進んでくると、熱田の手前で美濃街道との分岐点に遭遇します。そこから北上すると本町通につながりますが、城下のいずれかの筋を西に進み、堀川に突き当たったら川沿いに北上し、樽屋町の大木戸に向かうのが美濃街道です。

京町筋を東に行き、城郭の東端を北に折れると上街道（木曽街道）に入ります。城の東大手門前の清水口を通って志水口に至り、そこから小牧宿に向かいます。

城郭東端で曲がらずにもう少し東進し、建中寺に至る手前の佐野屋辻から北に折れて進むと赤塚町の大木戸です。やはりここも城下の境界であり、門から先は下街道（善光寺街道）となって大曽根口につながります。大曽根口からは水野街道への経路もあり、瀬戸や伊那に向かいます。

東海道は幕府直営の五街道のひとつであり、佐屋街道と美濃街道はその附属街道です。美濃街道は東海道と中山道の接続路です。上街道（木曽街道）や岡崎街道は尾張藩営の街道です。

これらの街道は名古屋城下から周辺地域への接続路であり、城下町中心部から放射状に延びるか、あるいは外縁部から街道が始まるように整備されました。

道路網の整備によって城下町を人々が往来し、名古屋は大いに発展しました。人口が増え、町屋が密集し、大火に見舞われることもありました。

1660（万治3）年の大火は京橋筋の北を通る外堀沿いの片端筋と伏見町通の辻付近から出火し、武家屋敷112軒、町屋2228軒を焼失しました。その頃、城下町は碁盤割の外にも拡大しつつあったことから、以後の火災の延焼を防ぐために、碁盤割南端の堀切筋の長者町通から久屋町通までの道幅がそれまでの3間から13間（約24メートル）に拡幅されました。後にその区間は広小路と呼ばれるようになります。

また、火災直後の寛文年間（1661～73年）に尾張藩の命により火消6組が組織され、17世紀末には8組1450人の規模になっていました。

しかし1700（元禄13）年、再び大火に見舞われ、1640軒余を焼失。火災後に堀川端の裏道が2間から4間に拡張され、四間道と呼ばれるようになります。

度重なる火災にも屈せず、名古屋城下町は発展を続けます。

名古屋城下町に根付いた町人は、大きくは三つに分けられます。ひとつは、清洲越しに伴って名古屋に移って来た町人です。伊藤次郎左衛門などが典型です。

もうひとつは、藩祖義直が駿府から名古屋入りする際に同行した駿府越しの町人です。本町の菓子屋桔梗屋又兵衛、上七間町の紺屋小坂井新左衛門などです。

清洲越し、駿府越しのいずれにも関係ない町人たちが三つめです。寛文年間に美濃から来て金物商として地盤を築いた岡谷家、知多郡内海村出身で享保年間（1716〜36年）に納屋町で米屋を始めて豪商になった内田家、春日井郡小木村から城下に来て質商で成功し、天明年間（1781〜89年）には町奉行から米仲買人支配に任じられた関戸家などです。

尾張藩御用達商人は三家衆の伊藤家、内田家、関戸家を頂点に、除地衆、十人衆と格付されました。豪商、豪農は熱田沖の干潟で新田開発も盛んに行い、財を成しました。新田持豪長者として知られたのが海西郡の神野金之助です。

金之助の長兄友三郎は碁盤割の外縁部、広小路南入江町の小間物商紅葉屋に養子入りし、3代目富田重助を襲名します。商才を発揮して舶来輸入品の洋物屋として成功し過ぎたため、尾張藩幕末史において尊攘派金鉄組藩士による襲撃を受けました。紅葉屋事件です。

幕末には碁盤割域外にも町が大きく発展していた証と言えます。紅葉屋事件については第5章でも触れます。

第４章

脇街道を行く

名古屋城下町は東西南北の脇街道とつながります。西の佐屋街道、津島街道、北の上街道（木曽街道）、下街道（善光寺街道）、東の飯田街道、南の常滑街道などです。

脇街道の道筋は古代から周辺地域を結ぶ要路であり、街道沿いには中世や戦国時代に築かれた社寺や城郭が多数あります。第4章では、脇街道を旅して社寺城郭を訪ねます。

1　佐屋街道（下街道）

川柳に「八剣の宮を渡らず佐屋回り」と詠（うた）われています。八剣宮は熱田社の南にある神社です。つまり、東海道を行く旅人が「七里の渡し」の海路を避けて佐屋街道に向かう光景を川柳にしています。

熱田から北に迂回して佐屋街道に向かいます。現在の熱田より西側に進路を妨げるような山や丘はないので、佐屋街道ができた頃の海岸線がかなり北寄りだったことを示しています。

「七里の渡し」の海路は悪天候で欠航することが多く、船酔いや足止めを嫌う旅人は陸路で佐屋宿に行き、そこから佐屋川を下って桑名を目指します。川下りの航路は揺れが少なく、旅人に人気がありました。

宮宿（熱田宿）から佐屋宿までは陸路6里、佐屋宿から桑名宿までは水路3里の合計9里です。

佐屋宿から、弥富、長島、桑名までの川船の航路は「三里の渡し」と呼ばれました。

全体の距離は「七里の渡し」より2里長いうえ、船を使うのはわずか3里ですが元賃銭(船賃)は「七里の渡し」の倍以上です。それでも佐屋街道を使う旅人が多かったことは、この脇街道の安全さと快適さの証です。

宮宿から辿ってみましょう。

1848（弘化5）年の諸国道中旅鏡の宮宿の項には「この渡は木曽川のはて也。水出れば上りかたく、汐させば心安し。されども雨天西風はげしければ船止る。佐屋え廻りてよし」と記されています。こうした紀行文の記述を参考にした旅人も多かったことでしょう。

熱田から名古屋城下町に向かって熱田道、本町通を北上し、金山神社辺りで西に向かい、庄内川の岩塚宿に向かいます。岩塚宿には日本武尊腰掛

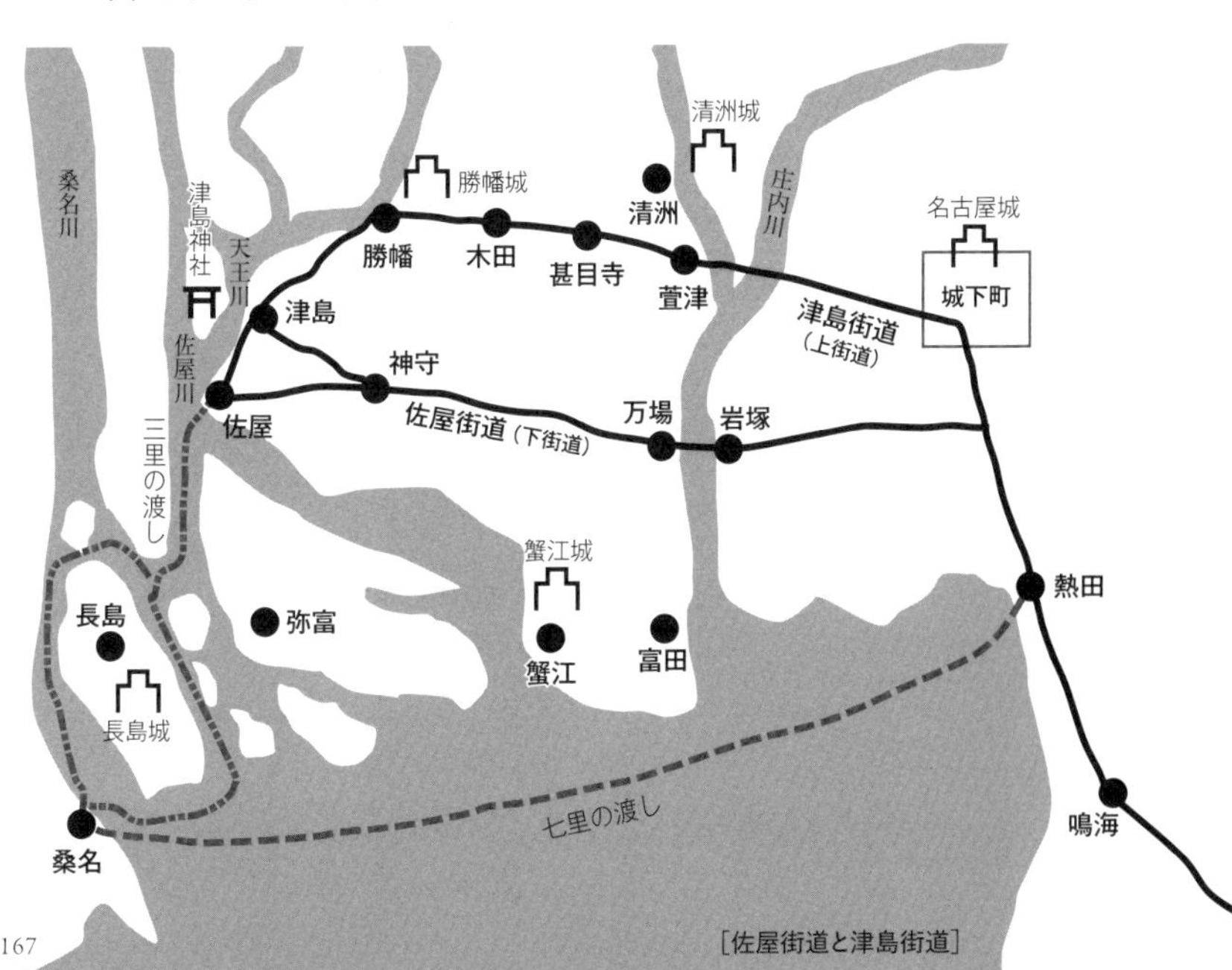

［佐屋街道と津島街道］

岩や尾張三大奇祭きねこさ祭で名高い七所神社等がありました。

岩塚宿から「万場の渡し」で対岸の万場宿に行き、神守宿を経て佐屋宿に至ります。神守宿から分岐して津島神社経由で佐屋宿に入る経路もありました。

各地に上街道、下街道という呼称があります。この地域でも北の津島街道を上街道、南の佐屋街道を下街道と呼びました。佐屋街道は道中の安全さが好まれ、女性が盛んに利用したことから姫街道との別名もあります。

関ヶ原の戦いの翌１６０１（慶長６）年、東海道の整備が始まり、伝馬宿駅制が敷かれて佐屋街道の原形ができました。

宿駅の任務は人馬継立です。宿駅ごとに馬役と歩行役（人足役）の継送りを負担します。１６３８（寛永15）年以降、佐屋宿は１００人１００疋を命じられます。佐屋村だけでは宿駅の負担を負いきれず、近隣の須賀村、依田村が加宿となって佐屋宿を助けました。

宿駅の人馬継立の料金は、無賃銭、御定（公定）賃銭、相対賃銭の３種です。将軍朱印状や幕府証文による通行の場合は無賃銭、公用通行や幕府役人は御定賃銭、一般の旅人は相対賃銭です。参勤交代の大名は石高に応じた御定賃銭とされ、超過分は相対賃銭です。相対賃銭は御定賃銭のおよそ倍でした。

１６１５（慶長20）年、大坂夏の陣で徳川家康が大坂に向かう際も佐屋街道を使いました。

１６１６（元和２）年、尾張藩祖義直の時に御茶屋が置かれ、御茶屋はやがて御殿と呼ばれるようになります。1626（寛永3）年と1634（寛永11）年の3代将軍家光上洛時に、尾張藩は佐屋街道を本格的に整備し始め、1636（寛永13）年に岩塚宿、1647（正保4）年に神守宿を置きました。

江戸時代初期、佐屋街道の管理は尾張藩が担っていました。やがて佐屋街道の利用度と重要度が高まると、寛文年間（1661～73年）に幕府道中奉行が管理する官道に指定されます。

佐屋川の川底上昇に伴い、1772（明和9）年に佐屋船会所は川浚いをしました。しかし効果はあまりなく、やがて佐屋宿は渡船場としては機能しなくなります。1808（文化5）年、下流に仮会所が置かれ、佐屋宿廃止まで使われました。

渡船場は下流に移ったものの、佐屋宿の賑わいは変わらず、1843（天保14）年の佐屋路宿村大概帳によると、本陣2軒、脇本陣2軒と記録されています。通常の宿場はそれぞれ1陣ずつであり、江戸時代後期の佐屋宿の大きさがうかがえます。

佐屋街道の南に蟹江城があります。

蟹江城は永享年間（1429～40年）に北条時任（ときとう）が築いた平城で、戦国時代には本丸、二之丸、三之丸の3郭を擁し、3重の堀で囲まれていました。城の大手門は海に面していたことから、当時の海岸線の位置がわかります。

今川勢がこの地域まで進出し、1555（弘治元）年に攻略されました。桶狭間の戦いで今川義元が討死した後の1567（永禄10）年、織田勢の滝川一益が奪還して再興。織田勢の北伊勢進攻（1568〜70年）、長島一向一揆鎮圧（1570〜74年）時の拠点となりました。

1584（天正12）年の小牧長久手の戦いに際しては、秀吉が長島城の織田信雄と清洲城の徳川家康を分断すべく、一益を調略して両城の中間にある蟹江城を奪取。しかし、家康と信雄の大軍に包囲され、篭城戦の末に落城。翌1585（天正13）年、天正地震により壊滅しました。

江戸時代になると蟹江の町は佐屋代官所の支配下に置かれ、商業や交易の町に変貌していきます。

江戸時代、蟹江よりさらに南では新田開発が盛んに行われました。熱田から新田地帯に向かう百曲街道と呼ばれる道も生まれました。

2 津島街道（上街道）と津島神社

次は佐屋街道の北に並行する津島街道を歩きましょう。

津島街道は名古屋城下と津島の間を東西一直線に結ぶ4里弱の行程です。1626（寛永3）年に東海道の脇往還として開設されました。

もともとは鎌倉街道の萱津宿から津島に行く道として発達し、津島神社や甚目寺観音への参詣道としても賑わいました。佐屋街道が下街道と呼ばれたのに対し、津島街道は上街道と言われました。

美濃街道の新川橋西詰で分岐し、法界門橋、甚目寺、木田、勝幡（しょばた）を経て、津島神社に至ります。津島の終着は神社の東側にある橋詰三叉路（はしづめさんさろ）です。津島神社は天王川と佐屋川に挟まれた中州にあったため、三叉路と津島神社の間の天王川に天王橋が架かっていました。この辺りは扇状地から形成された豊かな田園地帯であり、江戸時代には米の出来具合を検分する幕府の巡見使や商人、農民の往来が絶えませんでした。

また、名古屋城下と尾張藩分家御連枝である高須藩を結ぶ高須街道にもつながります。

津島街道の南には佐屋街道が通っています。佐屋街道の神守宿から津島神社に行く道も津島街道と呼ばれました。

津島神社は鎌倉街道、美濃街道の萱津宿の西3里（約12キロメートル）、佐屋街道の神守宿からは北西1里ほどの位置にあります。

津島から南西へ1里弱のところに佐屋があります。津島は湊としては佐屋より古く、平安末期には天王川と佐屋川を経て桑名に行く船の渡しが営まれていました。しかし、津島湊は佐屋湊に比べて桑名までの距離が1里ほど長かったことに加え、土砂の堆積で川が浅くなり、尾張藩は1666（寛文6）年に津島湊を廃止します。1679（延宝7）年には津島の本陣も閉鎖しました。

津島街道沿いには、尾張四観音のひとつ甚目寺観音をはじめ、織田信長生誕地説のある勝幡城、蜂須賀小六の菩提寺である蓮華寺、加藤清正を祀る清正公社、そして津島神社など、多くの社寺城郭、史跡があります。古くから交通の要路であった証です。

「伊勢参り、津島参らにゃ片参り」と詠(うた)われた津島神社。その津島神社の数多い祭礼の中で最も盛大で有名なのが天王祭です。大阪天神祭、厳島管弦祭とともに日本三大川祭りとも言われ、500年以上の歴史があります。壮大華麗な巻藁(まきわら)船や楽車(だんじり)船を、若き日の織田信長も見物したと伝わります。

津島神社は建速須佐之男命(たけはやすさのおのみこと)を主祭神とし、大国主命(おおくにぬしのみこと)を相殿に祀ります。創建は欽明天皇の頃に遡り、古くは津島牛頭天王社と呼ばれていました。810(弘仁9)年に現在地に遷座し、嵯峨天皇より正一位の神階と日本総社の称号を贈られ、正暦年間(990~994年)には一条天皇より天王社の号を贈られました。

「東の津島、西の八坂(祇園社)」とも称され、京都八坂神社と並ぶ牛頭天王信仰の中心であり、「津島の天王さん」と言われて親しまれました。津島信仰という表現もあります。最盛期には約3千の末社を擁し、全国津々浦々から参詣者が訪れました。

朱塗の鳥居をくぐり、太鼓型の石橋を過ぎると、檜皮葺、入母屋造の大きな楼門(東門)があります。楼門は1591(天正19)年に建立されました。神社の東側を天王川が流れ、この楼門が正門の役割を担い、門前町も東側に広がっていました。楼門の西には、檜皮葺、切妻造の拝殿、その奥には祭文殿と釣殿、さらに本殿があります。檜皮葺、三間社流造の本殿は棟札から１６０５（慶長10）年造営であることがわかります。徳川家康の四男清洲城主松平忠吉の妻が、病弱な夫の健康を祈願して寄進しました。

これらの建物はほぼ左右対象に配置され、回廊で結ばれた尾張造と言われるこの地方独特の伽藍配置形式です。江戸時代の尾張名所図会にも現在とほぼ同じ伽藍が描かれています。

津島の東、日光川と三宅川の合流地点が勝幡であり、両川に挟まれた中州に津島を拠点とした織田弾正忠家が築いた勝幡城がありました。勝幡城については第2章で記しましたが、経済拠点である津島湊を支配した織田氏は、津島神社を崇敬し、社殿の造営などに尽力しました。織田氏の家紋である木瓜紋（もっこうもん）は津島神社の神紋と同じです。

後に豊臣秀吉も社領を寄進し、社殿を修造するなど、津島神社を厚遇しました。江戸時代には尾張藩主が１２９３石の神領を認め、幕府公認の朱印地となりました。

蓮華寺は勝幡城の東1里ほどの場所にあります。弘仁年間（８１０～８２４年）に空海が開山したと伝わる古刹です。

寺の建つ場所は蜂須賀郷であり、蜂須賀小六はこの地の出身です。小六は秀吉に仕えて身を興し、子孫は阿波国徳島藩主となりました。小六の菩提寺であった蓮華寺は蜂須賀家の帰依を受け、尾張徳川家からも寺領を寄進されました。小六、家政親子の位牌が安置され、仁王門は家政の寄進です。寺の南西には、小六の旧宅や蜂須賀城があったと伝わります。

加藤清正を祀る清正公社は、津島神社の東にあります。清正は１５６２（永禄５）年に秀吉の生家近くで生まれました。幼い頃に父が亡くなり、母とともに清正公社の場所にあった叔父の家に身を寄せました。

津島街道の始点近くの中村には秀吉、街道途中の勝幡近くには小六、そして津島には信長がいたことになります。年長の小六は信長の8歳上、秀吉は信長の3歳下であり、津島街道界隈で若き日の戦国武将たちが往来していた姿が思い浮かびます。

3　美濃街道・岐阜街道・岩倉街道

名古屋城の北西から北に向かう道は、西から美濃街道、岐阜街道、岩倉街道の3本です。順番に訪ねてみましょう。

美濃街道は東海道の宮宿と中山道の垂井宿を結ぶ街道です。江戸時代は五街道に準ずる重要な街道として、幕府の道中奉行が管理した付属街道のひとつです。約14里（約56キロメートル）の行程で、宮、清洲、稲葉、萩原、起、墨俣、大垣、垂井の8宿があります。起までが尾張国、墨俣以降は美濃国です。

美濃街道を使えば「七里の渡し」を避けることができ、かつ東海道の鈴鹿峠や中山道の急峻な山道を通らなくてよいことから、将軍上洛や大名の参勤交代、朝鮮通信使や琉球使節、茶壺道中などに利用されました。茶壺道中は、都の宇治茶を徳川将軍家に献上するために茶壺を運ぶ行列のことです。

美濃街道は古代において既に原形が存在しました。萱津から北上し、尾張国の国府稲沢を通

［美濃・岐阜・岩倉街道］

り、東山道の不破の関に出て美濃国の国府不破に至る道が古代美濃路です。古代と近世で少し経路は変わりましたが、古代東海道と東山道、近世東海道と中山道の連絡路が美濃街道として発展しました。中世鎌倉街道の西南側に並行していました。

美濃街道は宮宿から熱田道、本町通を北上し、やがて堀川沿いの道に入り、名古屋城西北の浅間町の辻から西進し、枇杷島橋で庄内川を渡って萱津から清洲に向かいました。清洲越しで町が寂れた清洲でしたが、美濃街道の宿となって活気を取り戻します。

宿に入ると鉤形の曲がり角があり、その辻に清凉寺があります。もとは甚目寺にあった清凉寺は寛永年間（1624〜45年）に清洲に移り、寺の梵鐘は時鐘として親しまれました。

清洲宿の外れには總見院があります。清洲城主時代の織田信雄が父信長の菩提寺として建立したのが始まりですが、清洲越しで大須に移転し、その際、安土摠見寺に倣い總見寺と改めます。1644（寛永21、正保元）年、尾張藩祖義直が大須總見寺とは別に清州の旧寺跡に総見院を創建しました。信長、信雄、義直の位牌が祀られているほか、信雄が本能寺の焼け跡で探し出した信長の焼兜が安置されているそうです。

清洲から北上して五条川を渡ると北西に向きを変え、稲葉宿を目指します。この辺りも社寺城郭の多い地域です。

街道沿いの長光寺は、若き日の信長が境内で遊んでいたと伝わる古刹であり、信長愛飲の臥（が）松水（しょうすい）の井戸があります。門前の四ツ家追分の道標は、美濃街道と岐阜街道の分岐点を示します。

やがて稲葉宿に至ります。稲葉宿は日光川の東に位置しています。初めは稲葉村だけで宿務を担っていましたが、まもなく近隣の小沢村が加宿され、共同で宿駅を運営しました。

１８４３（天保14）年の記録には、宿場町の長さは８町21間（約１キロメートル）、本陣１軒（小沢村）、脇本陣１軒（稲葉村）、問屋場３軒、旅籠屋８軒、戸数３３６軒、人口１５７２人と記されています。

問屋場は「とんやば」「といやば」と読み、人馬継立、助郷賦課などの宿駅業務を担います。駅亭、伝馬所、馬締とも言いました。

問屋場近くにある宝光寺の門前には「右つしま道三里」との道標が立っており、津島に南下する道も通っていました。

稲葉宿からさらに北西に進むと萩原宿です。前述の記録では、萩原宿は本陣１軒、脇本陣１軒、問屋場２軒、旅籠屋17軒、家屋２３６軒、人口１００２人と記されています。

かつて本陣西にあった萩原城は秀吉の姉婿長尾吉房の居城です。吉房は豊臣秀次の父であり、秀次が失脚すると追放され萩原城は廃城となりました。江戸時代に尾張藩祖義直の御茶屋御殿が建てられました。

問屋場跡に、14代将軍家茂が長州征伐で上洛する際、休憩をとったと伝わる憐松軒枝風墳（れんしょうけんしふうのはか）の碑が立っています。

萩原宿から北西に進むと木曽川端の起宿に着きます。尾張国最後の宿場であり、木曽川を渡ると美濃国です。

起は小さな村でした。近隣の富田、東五城、西五城、小信中島の村々を加宿として、この起5ヶ村で伝馬役、人足役の宿役を負担しました。起宿の1841（天保12）年の戸数は230軒、人口1033人、本陣・脇本陣各1軒、問屋場2軒、旅籠屋22軒です。起宿本陣は隣接する萩原宿や墨俣宿に比べて大規模であったため、紀州徳川家をはじめ、石高の大きい大名が宿泊しました。

起宿には、上（定渡船場）、中（宮河戸）、下（船橋河戸）の3ヶ所の渡し場がありました。将軍上洛や朝鮮通信使の大行列が渡る際には、船橋河戸に船270艘以上を用いて船橋が架けられたそうです。江戸時代に18回架橋されました。

関ヶ原の戦いに際して、東軍先鋒である福島正則が起宿から美濃路に入って進軍したほか、戦勝後の徳川家康が凱旋した道であることから、この辺りでは美濃街道を吉例街道とも呼びました。

美濃街道は稲葉宿で岐阜に至る岐阜街道と分岐していました。岐阜街道は美濃街道四ツ家追分から中山道加納宿までの連絡路です。

尾張藩は毎年長良川で獲れた鮎の御鮨を江戸幕府に献上していました。その際、岐阜街道を使って名古屋城下まで御鮨を運んだことから、岐阜街道は御鮨街道と呼ばれるようになりました。

清洲宿で美濃街道と分岐したのは八神街道です。矢合、祖父江を経て、木曽川を渡って美濃国八神に至ります。八神には、関ヶ原の戦い後に尾張藩に仕えた毛利家の八神城がありました。

岐阜街道の東には岩倉街道もありました。名古屋城下の枇杷島橋西詰が始点であり、清洲の四ツ家追分から美濃街道と分かれ、小田井、九之坪、石仏、小折を経由して、江南、扶桑、犬山に至ります。柳街道の別名もありました。

尾張徇行記（じゅんこうき）には岩倉街道は１６６７（寛文７）年にできたと記されていますが、それ以前から原形が存在していました。

清洲越しの後、庄内川右岸の下小田井に設けられた青物市場に野菜を運ぶ輸送路として活用されました。庄内川に唯一架橋されていた枇杷島橋に近く、城下町の大量需要に応じるために尾張北部から野菜が運ばれたのです。

4　岩倉城と生駒屋敷

美濃街道、岐阜街道、岩倉街道を斜めに横切るような経路の巡見街道と呼ばれる道もありました。幕府の巡見使が往来した道です。巡見使は武士、農民、町人の暮らしぶりや藩内情勢、

さらには藩主、領主の人柄まで見聞しました。

尾張は米も野菜も採れ、海川の魚にも恵まれた豊穣な地域です。幕府も尾張の情勢には関心が高かったことでしょう。

尾張北部から庄内川沿いの小田井市場に名古屋城下町に供給する農作物を運び込む道が岩倉街道です。その途中、五条川西岸には岩倉城がそびえます。

岩倉城は文明年間（１４６９～87年）に岩倉織田氏（伊勢守家）の織田敏広が築城しました。岩倉城を拠点として伊勢守家は尾張上四郡（葉栗、丹羽、中島、春日井）を支配していました。二重堀で囲まれた大規模な平城で、古文書には二重望楼を擁する大屋根は３里先から見えたと記されています。

一方、対立する清洲織田氏（大和守家）は南西方向にある清洲城を拠点に尾張下四郡（海東、海西、愛知、知多）を支配し、岩倉街道の南端には清洲系織田藤左衛門家の居城、小田井城がありました。

第1章、第2章で記したように、信長は１５５６（弘治２）年の稲生の戦いで織田弾正忠家の家督争いを制しました。その際、争った弟の末森城主信行を岩倉城主織田信安が支援しました。そのため信長は、１５５８（永禄元）年、岩倉城北西の浮野で信安の跡を継いだ嫡男信賢（のぶかた）と戦います。

清洲城から岩倉城へは30町（３キロメートル強）ほどの距離です。信長は北上して岩倉城の背後の浮野に布陣し、犬山城の織田信清の加勢を得ました。浮野に布陣したのは北方から来る信清勢と合流するためだったとか、清洲城と岩倉城の間にある五条川を回避するためだったと伝わります。

浮野の戦いで敗れた信賢は岩倉城に籠城。翌1559（永禄2）年、信長は岩倉城を落城させました。

信長は、尾張国守護斯波氏と対立した守護代織田大和守家（清洲織田氏）を1554（天文23）年の安食（春日井郡）の戦いで下して尾張下四郡を制し、1556（弘治2）年の稲生の戦いで織田弾正忠家の家督争いを決着させ、1558（永禄元）年の浮野の戦いで織田伊勢守家（岩倉織田氏）に勝ち、1560（永禄3）年の桶狭間の戦いで今川義元を破ります。岩倉城は戦国史の真っ只中にあった城郭と言えます。

一説に、浮野の戦いは1557（弘治3）年、岩倉城落城は1558（永禄元）年との説もあります。これは、信長が1559（永禄2）年に上洛していることから、岩倉城包囲中に上洛することは困難ではないか、との推察に基づきます。

信長は将軍足利義輝から尾張支配のお墨付きを得るために上洛したと考えられますが、思惑通りには運びませんでした。尾張統一を完全に果たすのは、浮野の戦いで支援を受けた犬山城主信清を1565（永禄8）年に下してからです。

山内一豊の父盛豊は岩倉城家老であったため、岩倉城には一豊生誕地説があります。近隣の神明生田神社の境内に山内一豊誕生地碑が建てられていますが、第2章で記したとおり、一豊生誕地については黒田城説もあります。

江戸時代になると、兵火によって衰退していた岩倉は復興し、岩倉街道沿いに町並みが形成されていきます。

1610（慶長15）年に名古屋城築城、1612（慶長17）年に清洲越しが始まると、城下町への食料などの物資供給が課題になりました。家康に公認された小田井市場には各地から野菜などが運ばれるようになり、大いに賑わいました。尾張北部から小田井市場への輸送路として重要な役割を果たしたのが岩倉街道です。

枇杷島橋を起点とし、終点は江南の小折（こおり）、あるいは稲置（犬山）辺りです。岩倉から先の犬山までの道は犬山街道、柳街道とも呼ばれました。信長が道の両脇に柳を植えたことに由来します。

岩倉の町は1671（寛文11）年の記録では戸数369、人口2085人、1835（天保6）年の上市場永代帳によれば、上市場・中市場・下市場があり、米屋9軒、質屋7軒、饅頭屋6軒、桶屋5軒、ほかに材木屋・酒屋・宿屋・蝋燭屋など178の商工業者が記されており、村人の半数近くが商工業に従事する町に発展していました。

岩倉街道の北には生駒氏の館がありました。後の小折城（こおりじょう）です。

生駒氏は大和国の武士でしたが、文明年間（1469～87年）に生駒家広が応仁の乱の戦禍を逃れ、尾張国小折に移住しました。

後に岩倉街道が小折を通るようになり、生駒氏は馬借として財を成し、代々織田氏と関って家勢を拡大させます。最盛期には飛騨から東三河まで商圏を拡大していました。やがて、生駒家宗の娘吉乃が織田信長の側室となり、長男信忠、次男信雄を産み、この頃に小折城が築かれました。

若き日の信長が岩倉街道を北上して生駒屋敷に通った姿が思い浮かびます。

1584（天正12）年の小牧長久手の戦いでは最前線となり、城は大幅に改修されました。織田信雄が追放された後、家宗の子利豊が豊臣秀吉に仕え、関ヶ原の戦い後は徳川家康に請われ、清洲藩主松平忠吉に仕えるために尾張に残りました。

その後、生駒利勝は尾張藩祖義直に仕え、子綱誠（つなのぶ）の傅役（もりやく）となります。子孫は尾張藩家老として4千石を領しました。

一国一城令によって表向きは廃城となりましたが、生駒家は在所持ちを許され、小折城は生駒氏下屋敷として残りました。

5　小牧山城と織豊系城郭

枇杷島橋から岩倉街道を北上すると、やがて東の方向に小牧山が見えてきます。濃尾平野にそびえる孤高の独立峰であり、桜の名所としても知られています。小牧山の頂上から四方が見渡せることから、戦国時代に重要な拠点となった理由がよくわかります。

古代には小牧山の麓に尾張氏が拓いた尾張村があり、社寺が建立されました。そのひとつ、もともと小牧山にあった間々観音も織田信長の命で村に移設されたと伝わります。間々観音の山号寺号は飛車山龍音寺ですが、小牧山の古称は飛車山(ひくま)でした。

１５６０（永禄３）年の桶狭間の戦いに勝利した織田信長は、１５６２（永禄５）年に松平元康（徳川家康）と清洲城において清洲同盟を結びます。

東側の松平方との緊張が緩和されたことから信長は美濃攻めの準備に入り、尾張北部の小牧山に拠点を前進させることを計画します。丹羽長秀を奉行として山頂に城が築かれ、１５６３（永禄６）年に兵力を清洲から移動。定光寺年代記によれば、城は信長により火車輪城(ひくるまわじょう)と命名されました。火車輪城は「かしゃりんじょう」とも読むそうです。

信長が拠点を清洲から小牧に移す際の興味深い逸話が伝わります。長い間慣れ親しんだ清洲から拠点を移すことに家臣が反対しました。信長は一計を案じ、小牧山よりさらに北の二ノ宮山（犬山本宮山）への移転を布告します。家中が騒然とするのを見計らい、信長は「家中の意見を吟味して二ノ宮山を断念し、清洲城に近い小牧山に変更する」と告げると、反対意見はほとんど出なかったそうです。信長の人心掌握術の一端がうかがえます。

小牧山の南側から西側の麓に清洲から移転させた城下町が形成されました。信長は小牧山城から美濃への侵攻と調略を繰り返し、１５６７（永禄10）年、美濃斎藤氏の稲葉山城を陥落させます。信長は小牧山城から稲葉山城（後の岐阜城）に拠点を移し、城下町も移転しました。小牧山城はわずか4年で廃城となり、城下町も衰退しました。

しかし、それから17年後、小牧山城は再び歴史の表舞台に登場します。小牧長久手の戦いです。１５８４（天正12）年、羽柴秀吉と徳川家康が争った小牧長久手の戦いでは、家康がいち早く小牧山に目を付けて本陣を置き、遅れてきた秀吉を悔しがらせました。

家康は信長の築いた城郭に大規模な改修を施し、山全体を土塁と堀で囲み、要所に防衛用の虎口（こぐち）を設けました。小牧山には徳川家康・織田信雄連合軍の本陣が置かれ、犬山城の豊臣秀吉と対峙しました。

秀吉軍は容易に手が出せず、池田恒興や森長可が三河に進軍して家康軍を誘き出す作戦を敢行しましたが、逆に長久手で敗れました。堅牢な小牧山城は徳川方勝利の遠因です。頼山陽が著した日本外史には「家康公の天下を取るは大坂にあらずして関ヶ原にあり、関ヶ原にあらずして小牧にあり」と記されています。

江戸幕府は小牧山を「御勝利御開運の御陣跡」として入山を禁止。麓に館を設け、小牧御殿と名づけました。小牧山と御殿は江戸時代を通じて尾張徳川家に庇護されました。

1623（元和9）年、藩祖義直が名古屋と中山道を結ぶ上街道（木曽街道）を小牧山の東に整備し、町も小牧山麓から東へ移転させて街道沿いの宿場町とし、小牧代官所を置きました。小牧宿は中山道、木曽路に向かう宿場として賑わいます。

長い間、小牧山城は美濃攻略のための急造砦と思われてきましたが、実は主郭の四方を3重の石垣で囲んだ本格的な城でした。山麓東側には堀や帯曲輪（家臣の屋敷群）が造られ、清洲城に代わる本格拠点として築かれた城郭です。

山麓南側から頂上本丸に向かう大手道中腹にも防衛のための屈折道が造られ、両側は削平して数多くの曲輪を構築しました。後の安土城の縄張りと似ています。

清洲城は水堀で囲まれた平城でしたが、小牧山城は山頂に天守を築き、中腹と麓に曲輪や堀を設ける平山城でした。小牧山城から始まった城郭構造は、岐阜城、安土城と進化し、安土城で近世城郭の完成を見ました。城の中心部には石垣上に天守を擁する本丸を築き、城内には城主の居館である御殿を設けました。

本能寺の変で織田信長が亡くなると、その後は豊臣秀吉が大坂城や朝鮮出兵のための名護屋城（福岡）などを天下普請によって築きます。家康築城の名古屋城も天下普請です。小牧山城も多くの家臣を動員して築城させており、秀吉、家康の天下普請も信長を真似たのかもしれません。

諸大名を動員する天下普請は、近世城郭構造や築城技術の普及に影響を及ぼしました。諸大名は天下普請によって城郭構造や築城技術を習得していきます。

近世城郭は織田信長が完成し、豊臣秀吉が全国に普及させたと言われ、織豊系城郭と呼ばれます。その原点は安土城ではなく、小牧山城です。

信長は兵農分離も進めました。農兵ではなく、職業武士や軍団を作り、常備軍を収容する館のために平地や曲輪が必要となりました。麓の館群は城下町に発展していきます。

そして、小牧山城及び小牧山の城下町は、全国の城郭と城下町の嚆矢と言われます。嚆矢とは「ものごとの始まり」「最初」という意味です。

6　上街道（木曽街道）と下街道（善光寺街道）

さて、次は名古屋城下町から北東方向に進んで中山道を目指しましょう。

名古屋城下町と中山道を結んだのは尾張北西部においては美濃街道ですが、尾張北東部では上街道、下街道です。いずれも矢田川や庄内川では渡し船を使い、城下町の志水口、大曽根口から進みます。

上街道は小牧山の東を抜けて、犬山城下を通って中山道に至ります。中山道が木曽に通じることから、木曽街道とも呼ばれました。このほかにも、上街道には様々な異名があります。小牧宿を通るからことから小牧街道、小牧宿に造営された小牧御殿に藩主が往来したことから御殿様街道、名古屋城下とつながることから名古屋往還、名古屋城下と犬山城下を結ぶことから犬山街道とも呼ばれました。

上街道は前述のとおり、１６２３（元和23）年から尾張藩が整備した街道です。木曽に尾張藩領の飛地があったためです。名古屋城の東大手門が始点であり、東片端を北に曲がり、志水口、安井、味鋺を通り、小牧宿を抜けて犬山の楽田追分に至り、さらに善師野宿、土田宿を経て、終点の「太田の渡し」で中山道に合流し、伏見宿を目指します。距離は約11里（約44キロメートル）で三つの宿場を擁しました。楽田追分で稲置街道と分岐します。

尾張藩にとって重要な街道であったため、五街道並みに整備・管理され、宿場や一里塚も設けられました。五街道とは、幕府所管の東海道、中山道、日光街道、奥州街道、甲州街道です。軍事的な理由から大河には橋を架けず、升形が多く、２間幅であるなど、五街道に準じた道の造りになっています。

上街道と並置された稲置街道もありました。稲置街道は楽田追分までは上街道と道を共有し、そこから分岐して五郎丸を通って犬山城下に至ります。当時犬山近くは稲置村と言いましたので稲置街道と呼ばれました。稲置は尾張大隅の子である尾張稲置に由来する地名かもしれません。

犬山城下を過ぎると木曽川を渡って中山道の鵜沼宿まで至ります。犬山城から楽田追分まで道を開いて上街道に接続させたことがこの街道の始まりであるため、楽田追分から鵜沼宿までを稲置街道と呼んでいたとの説もあります。

上街道沿いにも多くの社寺や城郭がありました。矢田川の手前にあったのは秀吉の妻おねの養父浅野長勝が築いた安井城です。

矢田川沿いには天平年間（729〜749年）に行基が創建したと伝わる古刹、成願寺や護国院があります。街道途中の味鋺神社は延喜式に載る古社です。

小牧山の西側、青木川近くに正眼寺（しょうげんじ）があります。1394（応永元）年に創建され、全盛期には約3千人の雲水がいたそうです。足利氏、斯波氏、織田氏、豊臣氏、徳川氏等、多くの武将に信仰され、尾張藩祖義直が時々訪れ、参禅しました。

下街道も名古屋城下町と中山道を結ぶ往還道です。物資輸送にとって重要な経路であり、中世には原形がありました。近世になり、尾張藩が上街道と並行して下街道を開きます。

名古屋城下の札ノ辻が始点であり、大曽根口を出て、味鋺の湿地帯を避けて勝川に向かい、坂下、内津、土岐、釜戸を通って恵那の槇ヶ根追分で中山道大井宿とつながる全長15里（約60キロメートル）の道です。名古屋城下から中山道へは上街道経由より約4里長い行程です。

街道名は行先を冠することが多く、地域によって呼び方が異なります。善光寺参り、御嶽講などの旅人にも使われたことから、善光寺街道と呼ばれました。逆に、中山道側から尾張に向かう旅人には伊勢道とも呼ばれ、槙ヶ根追分には伊勢神宮遥拝所がありました。

上街道は尾張藩の公道であり、公用の荷物、役人の通行優先であったため、庶民は敬遠しました。一方、下街道は藩の管理下にない民道、庶民の道です。下街道には宿場も関所もなく、自由に往来できました。手間のかかる荷継ぎ、馬継ぎもなく、運賃も安く、地形も起伏が少なかったことから、物資輸送路として重宝されました。

もちろん下街道にも問題はありました。問屋場や人馬継立ての備えは貧弱で、道幅も狭く、途中には土岐川、肥田川、妻木川、生田川などがあって橋賃も必要であり、洪水で渡ることができないことも度々でした。それでもなお、公道である上街道よりも利便性で優っていたということです。

下街道の便利さは藩士にも知られており、木曽衆と言われた尾張藩山村家、千村家は、木曽と名古屋城下の往来に特例的に下街道を使いました。自前で人馬を調達して沿道に迷惑をかけないようにしてまで、下街道を使いました。下街道の利用が活発になることは、公道である上街道の利用者、つまり旅人や荷駄が減り、駄賃・宿賃を稼ぐことができず、上街道の小牧、善(ぜん)師野(じの)、土田(どた)の3宿にとっては死活問題でした。

そのため1624(寛永元)年、3宿連名で「下街道の商人荷物通行禁止」の訴状が出されました。藩も上街道を救済するために、下街道の荷駄取扱い禁止、武士の通行禁止などの御触れを再三出しましたが、あまり効き目はなかったようです。江戸時代を通して何度も訴状と御触れが繰り返されましたが、成果は上がりませんでした。

7　犬山城と東之宮古墳

上街道、下街道を北上すると、木曽川沿いの断崖上に白亜3層の犬山城が見えます。犬山城は亀甲城とか白帝城とも呼ばれます。白帝城については、荻生徂徠が李白の詩に登場する長江上流の城にちなんで名付けたと伝わります。尾張と美濃の国境に位置し、戦国時代の要衝でした。江戸時代までに建造された現存天守12城に含まれ、国宝指定された5城のうちのひとつです。他は姫路城、松本城、彦根城、松江城です。

1469（文明元）年、応仁の乱の最中に岩倉織田氏当主織田敏広の弟広近がこの地に砦を築いたのが始まりです。

1475（文明7）年、織田敏広は西軍の斯波義廉とともに京から尾張に帰還し、東軍との戦いを優勢に進めていましたが、1497（明応5）年、同盟関係にあった美濃守護代斎藤妙純（じゅん）（利国）の討死を機に、岩倉織田氏の勢力は衰えます。

1537（天文6）年、清洲三奉行の1人、織田信秀（信長父）の弟信康は居城の犬山木ノ下城を廃し、広近の砦を平山城に改修して移りました。

1544（天文13）年、信康が斎藤道三との戦い（加納口の戦い）で討死し、子の信清が城主となりました。信清は1558（永禄元）年の浮野の戦いで信長を支援して岩倉織田氏当主信賢（のぶかた）を下し、岩倉城は落城しました。

その後、信賢旧領の分与を巡って信長と対立し、1564（永禄7）年、信長に攻められて犬山城は陥落します。犬山城には信長家臣の池田恒興や織田勝長などが入城し、1582（天正10）年、本能寺の変後は、信長の次男信雄配下の中川定成が城主となります。

1584（天正12）年、小牧長久手の戦いでは、信雄方と見られていた大垣城主池田恒興が秀吉側に寝返り、奇襲をかけて犬山城を奪取。秀吉は犬山城に本陣を置いて小牧山城の徳川家康・織田信雄連合軍と対峙しました。

戦後、1587（天正15）年に信雄に返還されましたが、1590（天正18）年、信雄が転封を拒んで改易されると犬山城は豊臣秀次の配下となり、秀次の父三好吉房が城代を務めました。1596（文禄4）年、秀次が切腹すると石川貞清が城主となります。

1600（慶長5）年、関ヶ原の戦いでは岐阜城とともに西軍の拠点となったものの、岐阜城が陥落すると東軍に移りました。

1601（慶長6）年、清洲藩主松平忠吉の御付家老小笠原吉次が城主となり、江戸時代を迎えます。

1607（慶長12）年、徳川十六神将の1人平岩親吉が入城。親吉は嫡子のないまま亡くなったことから、1617（元和3）年、尾張藩御付家老の成瀬正成が城主となり、以後、江戸時代を通して成瀬氏9代の居城となりました。

犬山城の1、2階の下層は織田信康が木ノ下城を移築しました。3、4階の上層は成瀬正成が増築し、唐破風出窓などが施されました。成瀬氏7代正壽（まさなが）がオランダ商館長と親しかったことから、天守最上階に洋風絨毯を敷いたと伝わります。

小高い丘陵を利用した山城と平城の中間型の平山城で、城下町は成瀬氏が城の南側に造りました。城下に入る木戸が6ヶ所に設けられ、外側に武家屋敷を配置する町割は名古屋城下町と同じ構造です。防衛のための丁字型や鉤形の街路を備えた城下町が形成されました。

小牧山城と犬山城の間には楽田城もありました。永正年間（1504～21年）に尾張守護代織田久長が築城し、1558（永禄元）年、浮野の戦いで信長とともに岩倉織田氏を下した犬山城主信清に攻略され、信清の出城となりました。

しかし、信清が信長と離反して犬山城を追われると、楽田城にも信長配下の武将が入城します。その後、小牧長久手の戦いでは秀吉の陣所が置かれ、戦後に廃城となります。

江戸時代初期の尾張の軍学者小瀬甫庵（おぜほあん）の遺老物語に、1558（永禄元）年に楽田城に殿守（天守）が築かれたと記されています。楽田城は、殿守と呼ばれる櫓を構築したことが文献上で確認できる最初の城です。

犬山城の北東、木曽川の東岸に寂光院があります。６５４（白雉5）年に孝徳天皇の勅願によって創建された古刹です。信清を下して尾張を制した信長は、１５６５（永禄8）年、寂光院を参拝し、清洲城の鬼門鎮護のために寄進しました。

犬山城と小牧山城の間にある楽田城の東には大縣（おおあがた）神社があります。社伝によれば創建は垂仁天皇27年に遡る古社です。延喜式に記された式内社であり、尾張国二宮です。祭神は大縣大神（おおあがたのおおかみ）で尾張国開拓の祖神とされます。

犬山城と寂光院の間にある白山平山（はくさんひらさん）の山頂に東之宮古墳があります。尾張国で最古、最大の前方後方墳です。古墳の主軸上に巨岩が乗っており、冬至の日にこの巨岩上から陽が上ります。埋葬者は古代尾張氏の族長と考えられます。

楽田城から大縣神社を挟んだ西側、犬山城の真南には、青塚古墳もあります。周辺には十数基の古墳があり、青塚古墳群と呼ばれます。

古代、伊勢湾の海岸線が木曽川中流域に位置していた時代には、畿内から来た大王家に近い尾張氏一族は尾張北部から美濃にかけて居住していたと考えられます。

尾張氏の古（いにしえ）を感じさせる犬山周辺の古墳群、社寺群です。

8　志段味古墳群と味美古墳群

犬山界隈から南の熱田にかけての一帯に散在する古墳群を訪ねてみましょう。

下街道の経路に当たる春日井、守山は、早くから人々が住み始めた地域です。春日井の縄文遺跡である篠木遺跡では約5千年前に土器が作られていた痕跡が残っています。紀元前後には庄内川沿いで米作りも始まります。

2世紀頃には銅鐸が使われており、その後春日井の味美一帯に多くの古墳が造られるようになります。中でも6世紀初の二子山古墳は大規模な前方後円墳です。

律令制の下で春日部郡、春日部荘が誕生し、条里制の集落と荘園ができました。近隣には社寺が建立されます。古代には内々神社が誕生し、722（養老5）年に円福寺が創建されました。中世以降も、1264（弘長4）年に地蔵寺、1328（嘉暦3）年に密蔵院、1486（文明18）年に泰岳寺と、この地域の古刹が創建されていきます。

室町時代の1494（明応3）年、「十五の森」の悲劇が起きます。春日部郡では雨期に庄内川が氾濫し、頻繁に田畑が水害に遭いました。陰陽師が水神の怒りを鎮めるために人柱を埋めよと告げたことから、庄屋矢野家の15歳の娘が棺に納められて堤のよく切れる場所に埋められてしまいました。娘は数日間棺の中で生き続け、一緒に入れた鐘を叩く音が地中から聞こえたと伝わります。以来、水害はなくなったという悲しい人柱伝説です。

下街道沿いには複数の古墳群があります。4世紀後半築造と推定される白鳥塚古墳は守山にある志段味古墳群のひとつです。前方後円墳頂上部の葺石（ふきいし）に白色珪石が使われていたことから白鳥塚と呼ばれるようになり、尾張名所図会には白鳥山と記されています。

志段味古墳群の西には春日井の味美古墳群があります。尾張有数の規模を誇る二子山古墳をはじめ、白山神社古墳、御旅所古墳、春日山古墳など十数基からなる古墳群です。

その南、味鋺神社周辺にも味鋺古墳群があります。周辺は百塚と呼ばれるほど古墳が多かった一帯です。

味鋺古墳群では、前方後円墳が白山藪古墳、味鋺大塚古墳、味鋺長塚古墳の三つ。円墳が岩屋堂古墳、伊勢山古墳です。また、その他に無名塚を含めた24基の塚が古墳と考えられます。大規模な古墳群の存在は被葬者と大和王権の結びつきを示します。6世紀初頭の26代継体天皇の即位に尾張氏は大きな役割を果たし、二子山古墳は継体天皇陵と伝わる今城塚古墳と2分の1の相似形をなしています。

犬山の東之宮古墳、青塚古墳群、その南の志段味古墳群、味美古墳群、味鋺古墳群と連なります。さらに南下すると名古屋東部の古墳群を経て熱田の古墳群に至ります。

この南北の線上は、古代において、木曽川の氾濫原や伊勢湾の海岸線にかからない地域であり、かつ東部丘陵地帯の台地上、あるいは麓にあたり、大和王権とつながる尾張氏が居住し、集落を形成していった地域と考えられます。

早くから人々が住み、豊かだったこの地域には、社寺が築かれ、織田氏、豊臣氏、徳川氏との由来話も残ります。

第1章でも取り上げた春日井の内々神社は景行天皇時代創建の古社です。東国平定を終えた日本武尊（やまとたけるのみこと）が内津峠を行軍時に、早馬で駆けてきた従者から副将軍建稲種命（たけいなだねのみこと）が亡くなったとの報告を受けて「ああ現哉（うつつかな）」と嘆き、建稲種命を祀ったのが始まりです。1575（天正3）年に焼失したものの、豊臣秀吉が再建しました。

内津峠を越える道が下街道（善光寺街道）です。名古屋城下と中山道を結ぶ往還道として賑わい、内津は宿場町でもありました。

1328（嘉暦3）年開創の密蔵院は、15世紀半ばに最盛期を迎え、塔頭36坊の七堂伽藍、学徒3千人超、末寺は尾張、美濃を中心に11ヶ国700ヶ寺に及ぶ大寺院でした。尾張における天台宗の中心であったため、織田信長が延暦寺と敵対した影響で衰退しますが、江戸時代に住職珍祐が名古屋城三之丸東照宮の別当になったことを契機に再興します。

瑞雲寺は1429（永享元）年創建です。織田信長の父である信秀が寺領を寄進して繁栄しました。1584（天正12）年、小牧長久手の戦いで火災に遭いますが、江戸時代に復興されます。

林昌寺の創建時期は不明ですが、梵鐘は１４８９（延徳元）年に造られたものです。天正年間（１５７３～89年）に織田信雄が父信長の大法会を清洲總見院で行った際、熱田にあったこの梵鐘を総見院に納め、後に林昌寺に移されたと伝わります。

１５５２（天文21）年創建の林昌院は、桶狭間の戦いの際に織田信長に戦勝祈願を命じられました。１６６３（寛文３）年、尾張藩祖義直が奉安した秋葉権現を祀るようになります。

麟慶寺は１５９６（慶長元）年、正雲和尚中興開山と伝わります。当初は三台寺と称し、後に慶林庵となり、１７２６（享保11）年に麟慶寺に改称しました。麟慶寺は木曽御嶽山を開いた覚明行者の菩提寺です。

覚明行者は１７１８（享保３）年、春日部郡の生まれです。春日井を通る下街道は木曽御嶽山にも通じることから、この地域では江戸時代に御嶽講が広がりました。玉野御嶽神社をはじめ、御嶽神社が複数あります。

9　水野街道と定光寺

下街道の南東には水野街道があります。瀬戸街道、品野街道とも言われます。

名古屋城下の赤塚町大木戸から大曽根口を出て、まもなく下街道と分岐して北に進み、矢田、小幡、大森、新居、水野を通って瀬戸に至り、その先の三州街道、信州街道へと続いていました。途中に定光寺もあります。

水野街道は土岐川増水時の下街道の迂回路でもあり、新居村から分かれて瀬戸や品野を経て信州飯田に向かう道です。

江戸時代の信州で、馬の背に荷物を載せて運ぶことを「中馬（ちゅうま）」と言うようになります。信州の農民は自分の「手馬（てうま）」で荷駄を運んでいましたが、やがて副業として輸送を行うようになると「手馬」が転じて「中馬」と呼ばれるようになりました。中馬を活用して名古屋城下などと信州内陸を結ぶ道は中馬街道とも呼ばれました。水野街道も中馬街道のひとつです。

尾張徇行記には信州飯田街道の一部と記されています。また、大森付近から東谷（とうごく）山麓を経由して水野村の御狩場や藩祖義直の墓所がある定光寺に

［水野街道と定光寺］

向かいます。岩村街道、信濃街道という記述もあり、城下へ向かう場合は名古屋街道と呼ばれました。

瀬戸で焼かれた陶器を名古屋城下に運ぶ一方、尾張北東部や信州で必要な物資を名古屋城下から運ぶ交易路です。中でも名古屋城下町の南、星崎で作った塩を信州に運ぶ街道として重要な役割を果たしました。

尾張藩は地政学的に重要な位置にあり、文武に優れた藩祖義直は尾張藩の地理を熟知するべく、鷹狩をかねて西部の木曽川沿いや東部の丘陵地によく出かけました。家康と同じく鷹狩の道中に領内の視察を兼ねたのです。

とりわけ水野村付近の山野には度々出かけ、その風光を好んだと伝わります。その際、よく立ち寄ったのが桜や紅葉の名所として知られる1366（正平20）年開創の定光寺です。やがて定光寺に土地を寄進し、自らの墓所とするよう遺命しました。

1650（慶安3）年、義直が没すると、定光寺の寺域に隣接する山林に3年をかけて源敬公廟が造営され、尾張徳川家の庇護を受けます。源敬公（げんけいこう）は義直の諡号（しごう）です。

本堂の奥に義直の墓所があります。墓の石垣のどこかに数百万両の軍用金が埋蔵してあるとの伝説があります。

源敬公廟が造られた定光寺は歴代藩主が度々訪れる場所となり、定光寺に向かう水野街道は殿様街道、御成道とも呼ばれるようになりました。

義直の正室は紀州浅野家の春姫です。義直と春姫の間には世継ができませんでした。ある時、鷹狩に水野まで来た義直は、丈夫そうな農家の娘を見初めます。しばらくして城仕えとなったその娘に男子が生まれ、義直は家臣に自分の子であることを明かします。2年後、正式な世継ぎとなり、長じて2代藩主光友になりました。光友は将軍家光の一人娘を娶り、御三家筆頭の座を揺るぎないものとします。

水野街道は2代藩主生母の故郷であり、墓所もある大森につながる道でもありました。光友の生母歓喜院の菩提寺は大森寺です。

1661（寛文元）年、光友は父の愛した水野の地に山林の保護と管理をする奉行所を作りました。陶器の焼き物が盛んで、その燃料として山林の伐採が進んでいたからです。

1781年（天明元）年には代官所が置かれました。尾張では城下を治める大代官のほか、鳴海、横須賀、佐屋、清洲、小牧など8ヶ所に代官所が置かれました。水野代官所は春日井から瀬戸、長久手、日進に跨る東部丘陵地を管轄し、水野の地は尾張北東部の藩政の中心となりました。

守山村から小幡村へと続く水野街道沿いは御付家老成瀬氏の領地があった地域です。守山二十軒家も成瀬氏が作った集落であり、水野街道は名古屋城から木曽への藩主の脱出路として整備されていたと伝わります。

街道沿いの守山台地の先端に長母寺があります。１２２１（承久３）年の承久の乱に登場する星崎城主山田重忠が１１７９（治承３）年に建立したと伝わる古刹です。寺の裏は矢田川で、対岸には森山（守山）城址の森が見えます。松平清康（家康祖父）が亡くなった「森山崩れ（守山崩れ）」の舞台です。

松平八代の7代目清康は積極的に領地を拡大しました。１５３５（天文４）年、尾張の織田氏を攻めるために守山城に布陣します。ある夜、家臣の阿部定吉が織田氏に内通しているとの噂が立つ中、清康の本陣で馬が暴れる騒ぎがありました。騒ぎを聞いた定吉の息子正豊は、父定吉が清康に誅殺されたためと思い込み、清康を背後から襲って殺害します。正豊はその場で成敗されましたが、主君を失った松平軍は岡崎に帰陣します。この出来事は「森山崩れ」と言われます。

長男広忠はまだ幼く、松平氏は今川氏の助力を得ることとなり、以後今川配下となります。それが契機となって、後に広忠の子家康は今川と織田の人質として幼少期を過ごすことになったのです。

14年後の１５４９（天文18）年、広忠も家臣の岩松八弥に殺害されます。清康を討った阿部正豊、広忠を討った岩松八弥、そのいずれも成敗したのは家臣の植村氏明です。氏明自身は、１５５２（天文21）年、沓掛における織田勢との戦いで討死しました。

近くには清康の菩提を弔う宝勝寺があり、墓石は疎林の中の池畔にあります。

10　飯田街道と岡崎街道

　飯田街道と呼ばれる道は複数存在します。昔の道の名前は向かう先の地名を冠するものが多く、飯田に向かう道はみな飯田街道です。

　名古屋から東に行く道は、飯田街道のほか、駿河街道、平針街道、岡崎街道など複数あり、飯田街道と同じ道を指す場合があったほか、時代とともに場所も移り変わり、人による使い方の違いもありました。名古屋城下では東に向かう道を信州飯田街道と総称していたようです。

　名古屋城下から信州に向かう道は、木曽川と天竜川に挟まれた木曽山脈の西を通る木曽路（中山道）と東を通る伊那路に大別できます。

　西の道は名古屋城下から下街道（善光寺街道）を通って中山道に出て、木曽路を進みます。距離

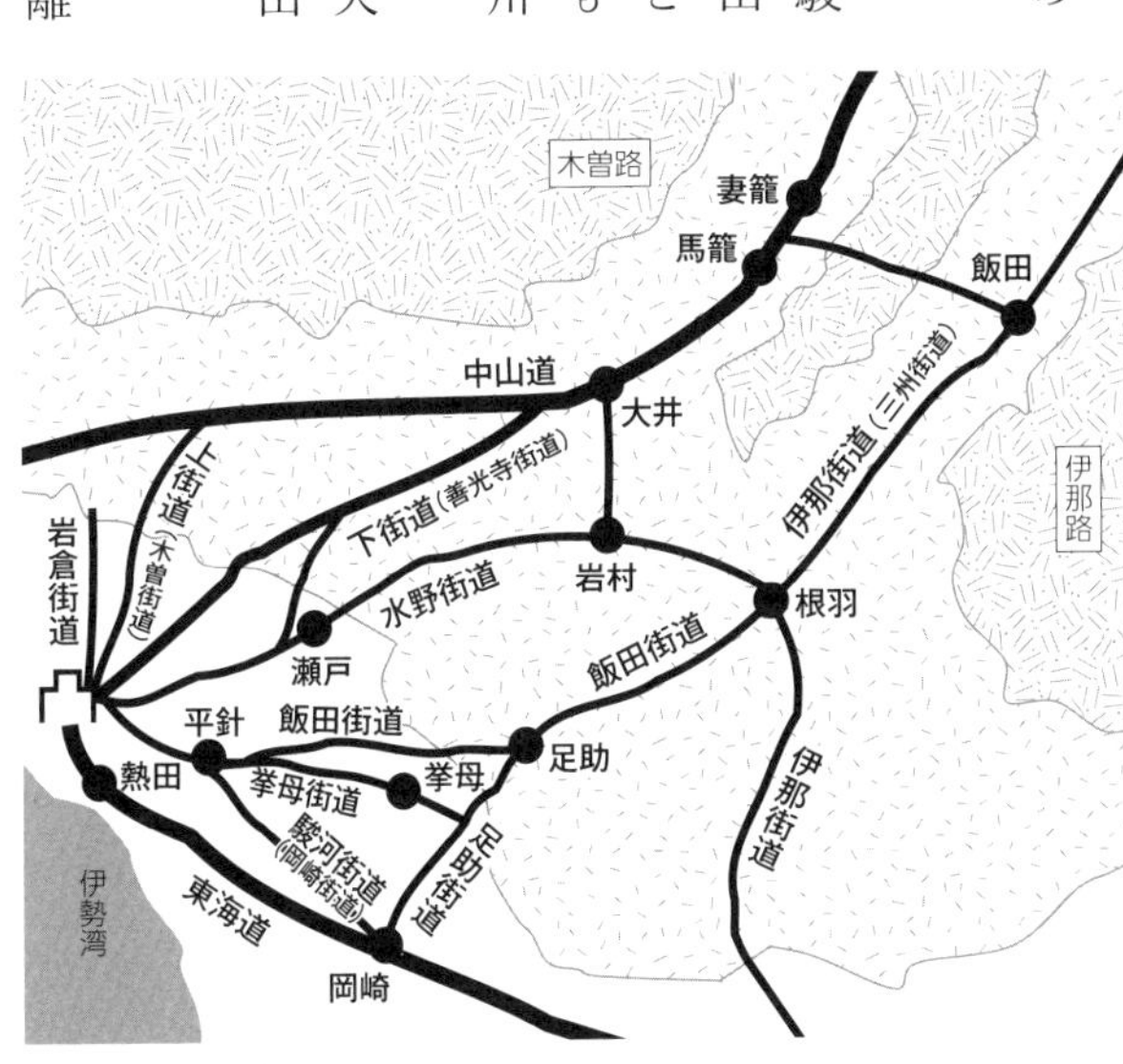

［木曽路と伊那路］

が短く、宿場も整備されていたので、多くの旅人が利用しました。

一方東の道は、塩を筆頭とする海産物や農産物の交易道です。伊勢湾や三河湾の塩をはじめ、多くの物資が足助経由で伊那や信州に運ばれました。その中核部分の道が飯田街道です。木曽路と伊那路の荷駄数の割合は、伊那路が全体の7〜8割を占めていました。

前述のとおり、江戸時代には信州の農民が馬を使って荷駄を運ぶ中馬と呼ばれる生業(なりわい)が普及しました。飯田街道は代表的な中馬街道ですが、中馬が往来する道は須く(すべから)中馬街道と呼ばれました。

名古屋城下における飯田街道の起点は、本町通と伝馬町筋が交差する札の辻です。そこから東に向かって名古屋五口のひとつ三河口を出て、吹上、川名に向かいます。

川名には川原神社があります。延喜式に載る古社で、戦国時代には神社東に川名北城と南城がありました。街道は山崎川を渡り、景勝地の壇渓を通ります。

まもなく隼人池が見えてきます。隼人池は飯田街道の西にある藤成新田を開発するために造られました。「隼人」は尾張藩御付家老成瀬隼人の名を取ったものです。「藤成」も成瀬氏が藤原氏の系譜であったことに由来して命名されました。

隼人池を過ぎた辺りで半僧坊道という道と接します。この辺りは新福寺、誓願寺など社寺も多く、名古屋城下出発後の最初の一里塚がありました。

八事手前には地蔵堂があり、塩付街道への近道である石仏街道との分岐点です。地蔵の横に「左八事」「右東海道 新四国道」と彫られています。塩付街道は星崎で作られた塩を名古屋城下に運ぶ道です。

さらに東に進むと尾張高野と称された興正寺が見えてきます。1688（寛文6）年創建です。境内のある西山と山林の東山に分かれ、東山の頂上呑海峰には尾張藩2代藩主光友が作った大日如来が鎮座しています。本堂赤提灯の後ろには7代藩主宗春が書いた「八事山」の額が懸かっています。宗春は蟄居を解かれた後に興正寺をよく訪れたそうです。

八事を過ぎると塩釜神社です。この辺りは音聞山と呼ばれ、松巨島（まつこしま）や伊勢湾を見渡せる絶景地、歌枕として知られていました。街道は坂を下って植田川に出ます。そこから天白川を渡り、平針宿に至ります。

飯田街道は、平針宿以東で岡崎街道、挙母街道、三州街道、伊奈街道と分岐します。平針から岡崎に向かう道も岡崎街道ですが、挙母街道、伊那街道経由で岡崎にむけて南下する経路も岡崎街道です。

飯田街道の中心である伊那街道は矢作川沿いに東進して足助に向かいますが、途中、赤池で挙母街道と分かれます。

さらに東に進むと北東の足助、南の岡崎への分岐点です。北東に向かうと「枝下の渡し」で矢作川を渡り、足助から三州街道で信州飯田に至ります。三州街道は三河と信州を結ぶ道を指します。

岡崎方面に向かうと、岡崎手前の宇頭で東海道に合流します。熱田を経由しない東海道の迂回路です。飯田街道の途中から岡崎に向かう道は、徳川家康が名古屋開府直後の１６１２（慶長17）年に戦略的に造った岡崎街道です。

名古屋城は西から来る豊臣方との戦いに備え、名古屋台地の西北角に造られました。城郭西北側の庄内川、木曽川を天然堀として活用しています。

家康は軍の駐留拠点、兵站路、撤退路も考えました。街道沿いに大規模な寺町を造って駐留拠点とし、兵站路、撤退路でもある北の上街道（木曽街道）、北東の下街道（善光寺街道）を整備しました。南は東海道です。

課題は南東方向、岡崎を中心とする三河とつながる経路です。１６１２（慶長17）年春、家康は自ら名古屋から岡崎の最短経路を構想すべく、探索に出ました。名古屋城築城場所の選定時と同じです。

家康は城下から八事を抜け、平針に通じる道筋が、その後の北・東・南三方向への分岐の利便性の観点から最適と判断したようです。

家康は平針村の長（おさ）を呼び、村全体を新たに作る街道の位置に移動させ、伝馬役を命じました。その代償に家康が村の菩提寺として造営したのが秀伝寺です。平針宿には本陣、脇本陣、問屋場も建てられました。

こうして整備された平針経由の道が、尾張藩2番目の藩道、岡崎街道です。1番目は上街道（木曽街道）です。

岡崎街道の宿場は平針と堤の2宿で、人馬継立は25人25疋でした。

岡崎街道の名古屋から平針までの道は飯田街道と共有しています。城下の出発点が駿河町であったため、庶民は駿河街道とか駿河町街道と呼びました。一方、三河側では新街道とか、熱田へ通じるので宮道とも呼びました。

姫街道という異名もあります。軍事目的の道であることを隠すために、家康自らが命名したと伝わります。

11　尾張四観音道

尾張四観音とは、荒子観音、甚目寺観音、龍泉寺観音、笠寺観音を指します。いずれも開基から千数百年以上を経た古刹です。徳川家康が名古屋城築城に際し、城の鬼門の方角にある4ヶ寺を鎮護寺に定めました。

4ヶ寺とも節分会を行います。名古屋城から見てその年の恵方に当たる尾張四観音に参拝する風習が名古屋城下に定着しました。

尾張四観音の節分恵方は、笠寺、龍泉寺、荒子観音寺、笠寺、甚目寺の順番で5年で一巡するようになっています。尾張四観音の恵方は名古屋城を起点とするものであり、大須観音などが示す中心恵方とは関係ありません。

龍泉寺は下街道沿いの守山にあります。1755(宝暦5)年の龍泉寺記は、延暦年間(782~806年)に最澄が熱田社参籠中に龍神のお告げを受け、馬頭観音を本尊として祀ったのが始まりと記しています。空海も熱田社参籠中に熱田の8剣のうちの3剣を龍泉寺に埋納したと言われ、これにより龍泉寺は熱田の奥の院とされてきました。

最澄、空海の両方の縁起がある龍泉寺です。

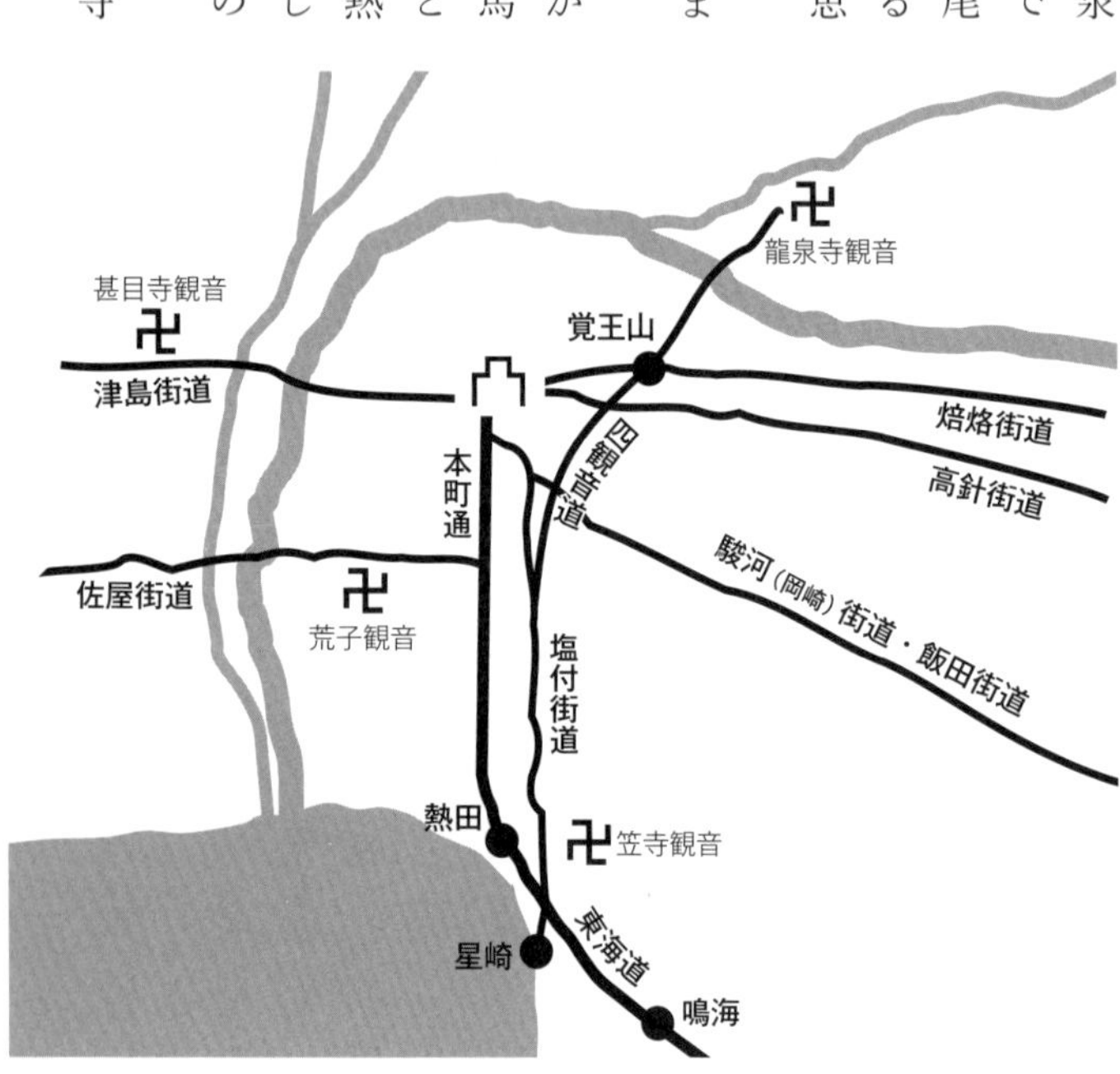

［尾張四観音道］

龍泉寺は庄内川と崖に囲まれた高台にあり、濃尾平野を一望できるため、古くから戦（いくさ）の際に陣が置かれました。何度も軍事拠点として使われたため、龍泉寺城とも呼ばれます。

1556（弘治2）年、織田信行が城を築いたほか、1560（永禄3）年の桶狭間の戦いの直前、織田信長が一隊を龍泉寺に派遣しました。

1584（天正12）年の小牧長久手の戦いでは、小幡城に進出した徳川家康に対峙して羽柴秀吉が陣取り、一夜堀の伝説を生みました。秀吉は退却する時に寺を焼きましたが、1598（慶長3）年、近隣の春日井密蔵院の住職秀純が再興しました。

甚目寺は萱津宿の西、津島街道沿いにあります。

597年、伊勢国の海人豪族である甚目龍麿（はだめたつまろ）（龍麻呂）が漁をしていたところ、当時海であったこの地付近で観音像が網にかかりました。近くの浜に堂宇を建て、その観音像を安置したのが始まりです。この観音像は、585年に排仏派の物部守屋が海に投げ捨てた仏像3体のうちのひとつ、聖観音と言われています。残る阿弥陀如来は善光寺、勢至菩薩は大宰府の安楽寺に祀られています。

鎌倉時代には1山500坊を擁し、約3千人の僧がいたと伝わります。戦国時代には織田信長、豊臣秀吉、徳川家康、徳川義直から庇護、寄進を受けて繁栄しました。

荒子観音は729（天平元）年、泰澄の開創と伝わります。泰澄は加賀白山の開祖とされる伝説的人物です。寺号は荒子観音寺です。

荒子観音は前田利家の菩提寺です。荒子観音南にあった荒子城で生まれた利家は、１５７６（天正４）年に本堂を再建し、自身の甲冑も寄贈しています。

荒子観音には多数の円空仏が祀られています。円空は１６７６（延宝４）年に荒子観音に滞在したほか、延宝年間（１６７３〜81年）と貞享年間（１９８４〜88年）にも数回訪れて、１２００体を超える仏像を彫って残しました。

全国で確認されている円空仏約５４００体のうち、荒子観音に１３００体近く、約４分の１が祀られています。荒子観音の山門仁王像は最大の円空仏です。

７３３（天平５）年、僧善光（禅光）が呼続の浜辺に打ち上げられた夜な夜な光を放つ霊木で十一面観音像を彫り、その像を祀る小松寺を建立したのが始まりと伝わるのが笠覆寺（りゅうふくじ）です。

その後約２００年を経て、堂宇は朽ち、観音像は雨露に晒されていました。ある雨の日、旅の途中で通りかかった藤原兼平が、雨に濡れる観音像に笠をかけていた娘を見初め、都へ連れて帰り、玉照姫と名付けて妻としました。９３０（延長８）年、兼平と玉照姫は観音像を祀る寺を建立し、笠で覆う寺、笠覆寺と名付けました。

１２５１（建長３）年に造られた境内の鐘楼には、尾張三名鐘に数えられる梵鐘が吊るされています。

四観音を結ぶのが四観音道です。このうち笠寺と龍泉寺を結ぶ道の一部は筆者の地元覚王山近辺に残っており、地名にもなっています。道標も1基残っており、「東やごとひらばり 西あらこ 南あつたかさでら 北せとりゅうせんじ」と刻まれています。

笠寺と龍泉寺を結ぶ尾張四観音道は、それぞれの方向や場所によって龍泉寺街道、笠寺街道と呼ばれていました。

笠寺から北上する道は塩付街道と重なります。前述のとおり、塩付街道は星崎で作られた塩を名古屋城下に運ぶ道です。

笠寺台地、御器所台地を進み、安田辺りで進路を北東に向け、松林寺の脇、丸山神明社の前を抜けて広小路に出ると覚王山です。江戸時代の地名は東山村田代です。

そこから日泰寺横を通って、鉈薬師、上野天満宮などを横目に山口街道に合流します。

山口街道は江戸時代に巡見使が通った巡見街道の一部です。起点である名古屋城東大手門辺りが山口と呼ばれていたうえ、街道が瀬戸の山口という郷を通っていたことから、山口街道と呼ばれるようになりました。

山口街道の南には、名古屋城下東部覚王山辺りから飯田街道につながる高針街道や猿投方面で作られた焙烙鍋の行商路となっていた焙烙街道もありました。

12 常滑街道と知多街道

さて、脇街道の旅もいよいよ最後です。知多半島に向かいます。

古代、熱田から南東方向に笠寺、鳴海があり、概ね伊勢湾の海岸線に沿っていました。鳴海潟はまだ完全には陸地になっておらず、徐々に土砂が堆積し、中世から近世にかけて天白川が流れるようになります。

したがって、知多半島に行くには鳴海辺りから南に行く道に入りました。知多半島は西側が西浦、東側が東浦と呼ばれ、街道も西浦に向かう道と東浦に行く道に分かれます。

海岸線を西浦に沿って南下するのが常滑街道（西浦街道）です。東海道の鳴海八幡宮辺りから南西に向かい、大高を通ります。この辺りは桶狭間の戦いの舞台であり、街道沿いに鷲津砦や丸根砦があります。桶狭間の戦いの三城五砦については第1章に記しました。

名和、横須賀を通って常滑に向かいますが、常滑の直前に大野があります。ここには佐治一族が支配する大野城があり、織田信長の姪、つまり信長の妹お市の娘お江（小督）が4代佐治一成に嫁ぎました。お江は後に徳川秀忠の正室になり、家光を産んでいます。

常滑は中世より焼き物の町であり、酒の醸造も行っていました。常滑から南下すると源義朝最期の地である野間に至ります。入浴中に襲われ「我に木太刀の一本なりともあれば」と無念を叫んで絶命したと伝わります。

常滑街道はさらに南下して知多半島の先端、師崎に着きます。常滑街道は知多半島を縦断する幹線道です。

名和と横須賀の間で常滑街道から分かれ、知多半島を南西方向に斜めに進んで西浦の半田を目指すのが半田街道です。また大野から知多半島を横断して半田につながるのが大野街道です。

知多半島の付け根辺り、東海道と知多半島の間は道が縦横につながっていました。大高で常滑街道と分かれ、大府を通って半田、緒川を目指す道もあり、半田街道あるいは緒川道と言われました。東海

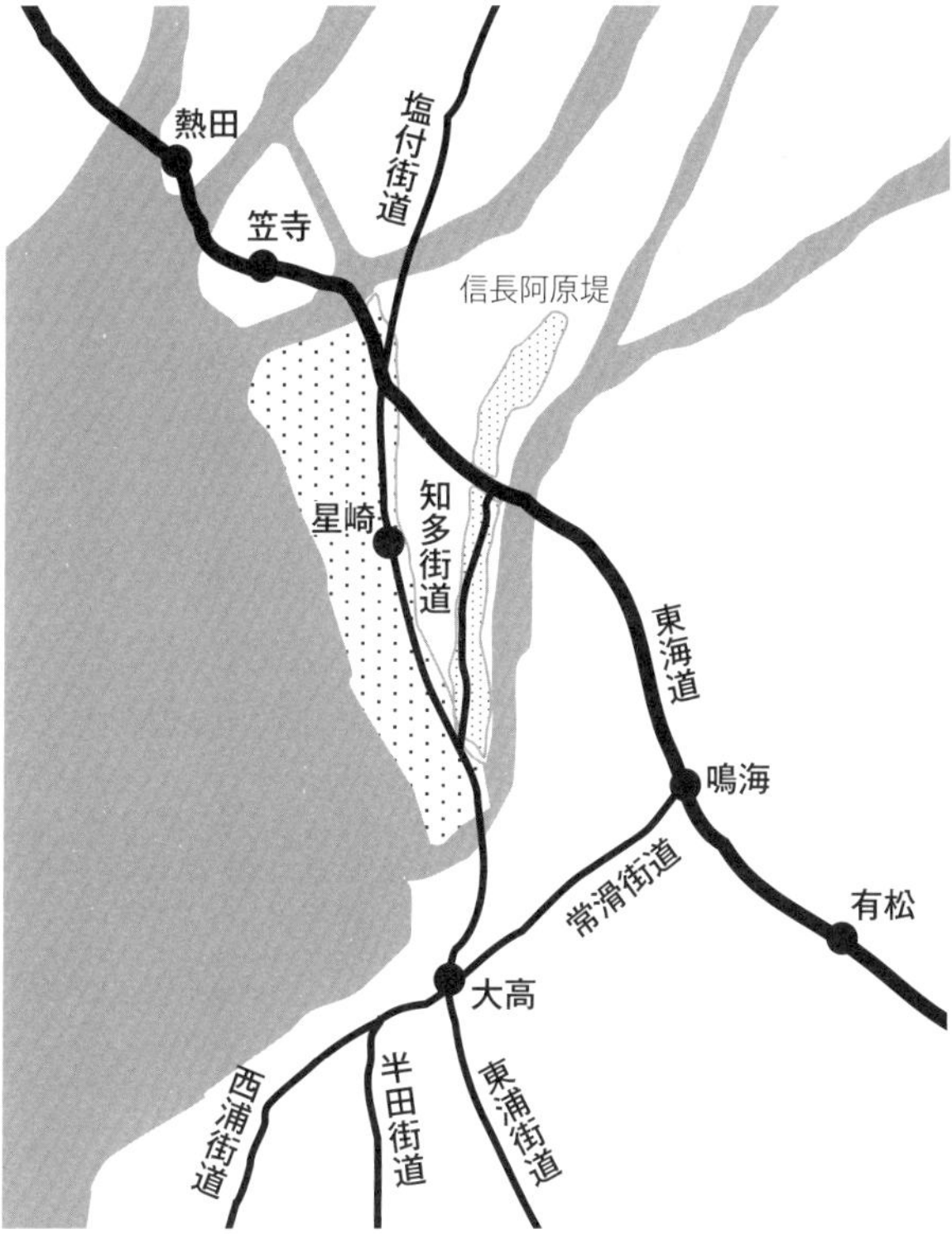

［東浦街道と西浦街道］

道より少し北を通っていた鎌倉街道沿いの豊明までつながっています。

緒川道は鳴海八幡宮近くの前之輪から知多四国霊場一番札所曹源寺に向かう道でもあり、大師道とも呼ばれます。

東海道池鯉鮒宿から緒川につながる経路もあり、これらを総称して半田街道、東浦街道と呼んでいたようです。

緒川は戦国時代に織田勢と松平勢に挟まれた地域で、緒川城主水野忠政は娘の於大を松平八代の8代目広忠に嫁がせました。広忠と於大の間に生まれたのが家康です。

しかし、忠政を継いだ息子の信元、つまり於大の兄が織田方についたことから、於大は広忠に離縁され、阿久比（阿古居）城主久松俊勝に再嫁。俊勝と於大の間に生まれた息子たちは家康の家臣となって松平姓を名乗ります。

知多半島東岸を南下する東浦街道も師崎まで至ったことから、師崎街道とも呼ばれました。

前述のとおり、古代には干潟であった鳴海潟は徐々に陸地となり、天白川が流れるようになりました。桶狭間の戦いに際し、織田信長が鳴海に直行せずに北回りの経路を選択したのは、潮の状況を勘案したためと考えられます。つまり、戦国時代にはまだ完全には陸地化していなかったようです。関ヶ原の戦い後に整備された近世東海道も、やはり北東に迂回しています。

こうした史実に照らすと、宮宿から知多半島に直行できるような経路ができたのはそれ以降のことでしょう。

そのことに寄与したのは、戦国時代に織田信長が笠寺台地の裾から知多半島に向かって造った阿原堤です。鳴海潟に土砂が堆積し、徐々に天白川と扇川が形成されて流路が一定になると、信長が造った堤が道として使われるようになります。

前述のとおり、東海道を宮宿から鳴海宿まで行ってから常滑街道に入るのに比べ、それより西側を直線的に短距離で知多半島西岸、つまり西浦に進めるようになりました。それが知多街道です。

常滑街道は鳴海宿から南西に進んだのに対し、知多街道は笠寺辺りから新たに陸地化した部分、あるいは星崎から拡大した塩浜を通って南下しました。知多半島への近道と言えます。

１８４１（天保12）年の尾張名所図会の笠寺の図の中で、笠寺から南に向かう道に知多郡道と記されています。知多街道は笠寺観音東の一里塚で東海道から分かれ、天白川、扇川を渡って、やがて常滑街道に合流しました。その後は大高の先で半田街道、師崎街道と道を共用し、亀崎、阿久比、武豊、美浜などを通って半島先端の師崎を目指します。

知多街道が通った星崎には星崎城がありました。治承年間（１１７７～81年）に始まる古城ですが、戦国期には城主山口重勝の娘が豊臣秀次の側室となり、秀次失脚に伴って一族も処断されてしまいます。

星崎から南に続く盛り上がった道は、前述の信長が作った阿原堤です。堤の影響で陸地化が進み、塩田開発も行われました。その塩を運ぶ塩付街道の始点が星崎辺りになります。

知多半島を南に縦断する道ばかりでなく、大高から東浦を通って、碧南、刈谷を経て大浜に行く横断道もありました。大浜街道です。

知多半島や東浦の対岸は、知多四国霊場や三河新四国霊場の遍路道であり、多くの古刹、名刹があります。詳しくは拙著「愛知四国霊場の旅」（中日新聞社）をご覧ください。

知多半島側では、鳴海八幡宮近くの前之輪から熱田へ向かう道を宮道、熱田道と呼んでいました。道中、天白川には橋がありましたが、扇川は「黒末の渡し」を渡し舟で渡りました。

前之輪から東海道に行くには、鳴海潟の小高い砂州の上を通る丸内（まるち）古道もありました。

第5章

尾張藩幕末史を追う

【高須藩と水戸藩と尾張藩の系譜】

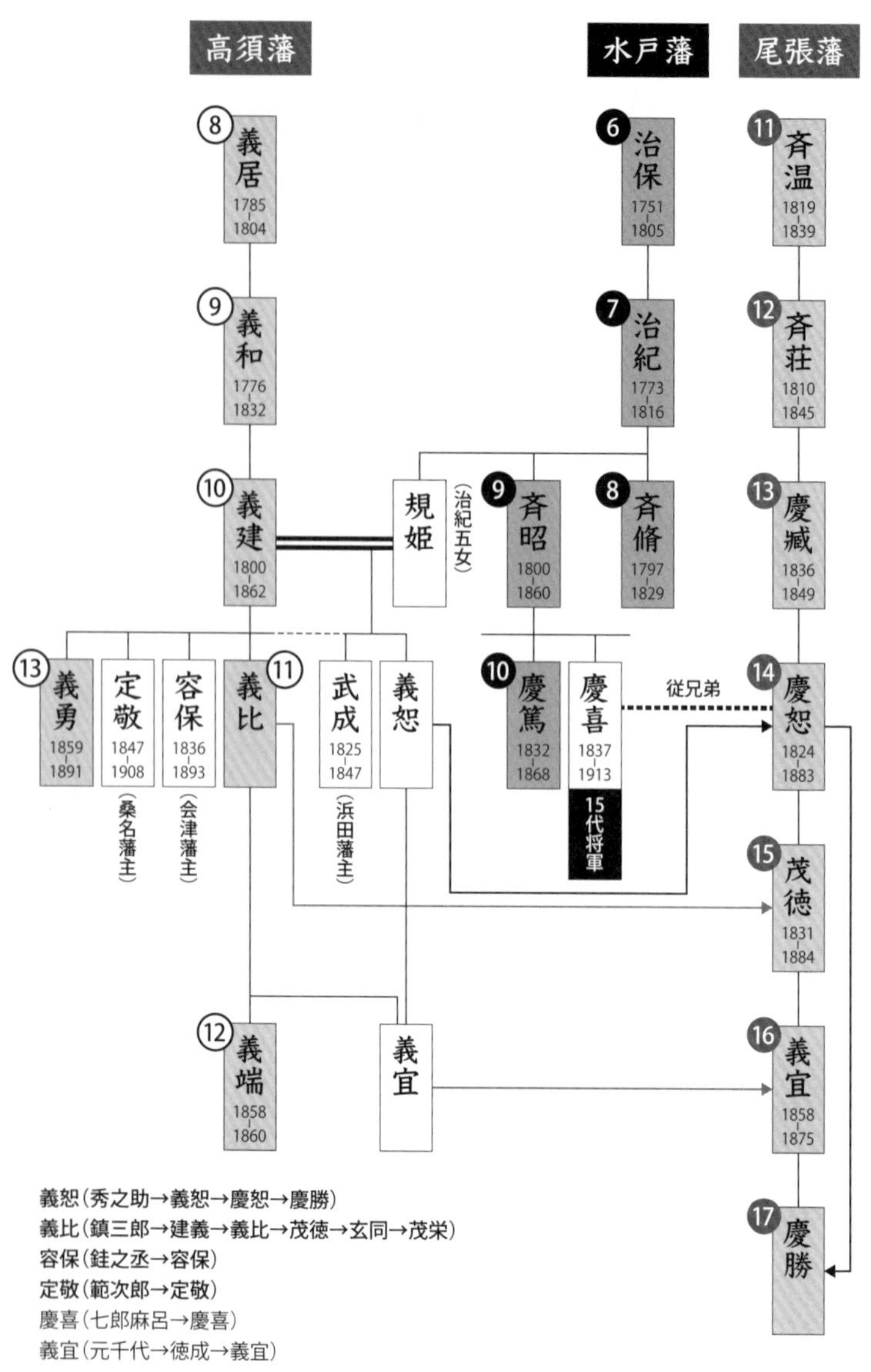

義恕（秀之助→義恕→慶恕→慶勝）
義比（鎮三郎→建義→義比→茂徳→玄同→茂栄）
容保（銈之丞→容保）
定敬（範次郎→定敬）
慶喜（七郎麻呂→慶喜）
義宜（元千代→徳成→義宜）

（注）丸数字は、尾張藩、水戸藩、高須藩の藩主の代を表わす

古代より尾張国は地政学的にも歴史的にも重要な位置づけにありました。幕末史においても例外ではありません。しかし、尾張藩の幕末史は意外に知られていません。

徳川御三家筆頭が果たした役割、その難しい立場を知ることは幕末史を理解するうえで不可欠です。第5章では尾張藩幕末史を追います。

1　尾張藩14代藩主慶勝（1849年）　幕末まであと19年

尾張藩初代藩主義直は自著軍書合鑑に「王命に依って催さるる事」と記し、朝廷を重んじる勤王精神を家訓として残しました。この遺訓が尾張藩幕末史にも影響を与えます。

2代光友の時に、3代に就いた綱誠（つなのぶ）以外の兄弟が梁川藩の大久保松平家、美濃高須藩の四谷松平家、尾張藩内で家禄を得た川田久保松平家を立て、この3家が分家御連枝（ごれんし）となりました。藩主の継嗣が絶えた時に後継者を出す役割です。

4代吉通は7代将軍に推される名君でしたが、「尾張は将軍位を争わず」として「将軍位に就くよりも神君家康公から与えられた尾張藩を護る方が大切である」との家訓を残しています。このことも幕末史に影響します。

梁川藩を継承していた3代綱誠の二十男が7代宗春として尾張藩主に就いたことにより、

１７３０（享保15）年、大久保松平家は廃されました。

川田久保松平家も１７３２（享保17）年に嫡子友淳が四谷松平家を継いで高須藩３代藩主義淳となったのを機に廃されます。この時点で分家御連枝は四谷松平家、すなわち高須藩だけになりました。

38年間尾張藩主を務めた9代宗睦（むねちか）の実子は早世していたため、１８００（寛政12）年、10代藩主は一橋家から4代吉通の外孫の系譜として初代義直の血統を継ぐ斉朝（なりとも）が養子として迎えられます。しかし斉朝にも実子がなく、藩祖義直からの血統は斉朝で断絶します。

11代斉温（なりはる）、12代斉荘（なりたか）、13代慶臧（よしつぐ）は、11代将軍家斉の実子か、あるいは御三卿出身であり、4代続いて将軍家周辺からの養子でした。とくに斉温は一度も尾張入りせず、藩士たちの不満が高まりました。

養子藩主の時代、藩政は立藩時からの御付家老である成瀬・竹腰両家が担っていました。幕府の藩政介入に批判的な藩士たちからは、御付家老は将軍家や御三卿からの養子藩主を甘受し、幕府からの財政支援を期待する江戸派と揶揄されます。

幕府の藩政介入に反発し、分家御連枝からの藩主擁立を目指す藩士たちは江戸派に対して尾張派と呼ばれ、決意と結束の固さを表して別名金鉄党とも称しました。

金鉄党は御連枝高須藩から嫡男義恕（よしくみ）が尾張藩に養子入りし、藩主に就くことを渇望していました。

義恕擁立は12代継承時に期待されたものの実現せず、斉荘のあとを弟慶臧が継ぎ、１８４９（嘉永２）年、慶臧が病死すると、幕府は再び斉荘の別の弟への相続を推しました。藩内では金鉄党を中心に農民、町民にまで反対運動が起き、慶臧没後２ヶ月が経って14代には念願かなって御連枝高須藩から義恕を迎えることが決まりました。

義恕は後に慶勝を名乗りますが、本稿では以後、基本的に慶勝と記します。ここから慶勝とその兄弟の数奇な幕末史が始まります。

慶勝の母は水戸藩7代藩主治紀の娘です。そのため、水戸藩9代斉昭は母方の叔父になり、斉昭の子慶篤（水戸藩10代藩主）と慶喜（15代将軍）は慶勝の従弟になります。こうした血統関係が慶勝を否応なく幕末史に巻き込みます。

血統としては水戸系の慶勝は就任時25歳の適齢期の藩主であり、当然のこととして内外情勢に関心と自論を抱くようになります。

藩主就任後の慶勝は以後約2年間、江戸において叔父の徳川斉昭から藩政や幕政に関する教示を受けました。

斉昭は既に嫡男義篤に藩主の座を譲った隠居の身でしたが、尊王水戸学を重んじるとともに、外国船来航が増えていた時期のため、海防政策や幕政にも一家言ある御三家の重鎮です。

初代義直、４代吉通の勤王護藩の家訓に加え、叔父斉昭の尊王水戸学は、御三家筆頭藩主を継いだ慶勝の幕末史における判断に影響します。

ここでもうひとつ重要なことがあります。斉昭の尊王水戸学は、そもそも尾張藩祖義直の「王命に依って催さるる事」という勤王思想に影響されたものと考えられます。つまり、慶勝は時空を超えて藩祖の遺訓の薫陶を受けたと言えます。

1851（嘉衛4）年3月、慶勝は初めて名古屋に入りました。

高須藩主の変遷は第2章に記しましたが、1700（元禄13）年、尾張藩2代光友の次男松平義行が高須藩主となりました。

高須藩10代義建（よしたつ）には子が多く、男子は合わせて6人が高須藩を含めた諸藩の藩主に就きました。

次男は尾張藩14代慶勝（幼名秀之助）、五男義比（よしちか）（同鎮三郎）は高須藩11代及び尾張藩15代藩主の後に御三卿一橋家当主となりました。義比は茂徳（もちなが）、茂栄（もちはる）と名前が変わります。六男は会津藩主松平容保（同銈之允）、九男は桑名藩主松平定敬（さだあき）（同範次郎）です。

つまり、慶勝、茂徳、容保、定敬は高須4兄弟と言われ、幕末史で重要な役割を果たすことになります。

さて、尾張藩幕末史を記すうえで、高須四兄弟の父である義建について触れておきます。義建は1800（寛政11）年、松平義和（よしなり）の次男として水戸藩の江戸小石川邸で生まれました。

義和は水戸藩6代治保の次男であり、当時水戸徳川家の部屋住みの身でしたが、1804（文化元）年に高須藩8代義居（よしすえ）の末期養子となり、高須藩を継承しました。

義建は兄が早世したため、1813（文化10）年に嫡子となり、1832（天保3）年、10代藩主になりました。つまり、水戸系です。

義建の嫡子慶勝は1849（嘉衛2）年に尾張藩14代藩主となったことから、義建の後の高須藩は五男の義比（後の茂徳）が継ぎました。

茂徳は1831年、容保は1836年、定敬は1847年生まれであり、それぞれ慶勝との年齢差は7歳、12歳、22歳の高須四兄弟です。

2　ペリー来航と御三家筆頭慶勝（1853年）　幕末まであと15年

中下級藩士層から藩主就任を待望された慶勝でしたが、将軍家との血縁が薄く、幕閣や重臣から軽んじられる向きもあったようです。
初めて尾張入りする直前の1851（嘉衛4）年2月、御付家老竹腰正富は藩政運営に関する上書を慶勝に献じました。上書では、慶勝が尾張直系でないことを踏まえ、重臣の意見を重んじて藩政運営に当たるよう求めており、御付家老と新参藩主の力関係がうかがえます。また、正富も曽祖父が尾張藩9代宗睦の九男であり、自身も藩主の有資格者との自負があったのかも

しれません。

こうした状況の中で慶勝が藩主として求心力を高めるには、幕政において存在感を発揮し、藩内家臣団を掌握する必要がありました。

尾張藩家臣団は、幕府の命で付属した者、立藩前の清洲藩主松平忠吉とともに入藩した者、藩祖義直の甲府藩主時代から仕える者、立藩後に登用された者などの系譜を継ぐ藩士たちで構成されていました。

家康の命で立藩時に尾張藩に配された御付属衆は、成瀬（犬山城主）、竹腰（今尾城主）、渡辺、石河、山村、千村の6家であり、このうち成瀬・竹腰が狭義の御付家老で両家年寄と称しました。第1章で述べたように、7代宗春と御付家老成瀬正泰が参勤交代で江戸に下向した際、尾張に残った御付家老竹腰正武が宗春の政策をことごとく覆したことがあり、代々両家年寄の藩政における力は強く、主導権争いもありました。このことは当然、藩内対立にもつながっていました。

慶勝に期待する中下級藩士中心の金鉄党は、やがて尾張藩の尊攘派を形成します。藩校明倫堂の学者や藩士、番士すなわち軍事専門家などであり、家格よりも実力を自負する者たちです。金鉄党は必ずしも外国船問題に関心を抱いていたわけではなく、幕閣の尾張藩介入に反発する幕府批判勢力でした。金鉄党は、反幕府、尾張藩自主独立を主張する拠り所を勤王に求め、後に攘夷的傾向を帯びます。

慶勝は養子藩主時代の人事を一新し、改革に取り組みます。このことは御付属衆、とりわけ御付家老の反発を買い、金鉄党と反金鉄党の対立も生みます。

慶勝が藩主になった頃、日本には外国船来航が相次いでいました。外国船は18世紀末から来航し始めました。1791（寛政3）年、貿易商ジョン・ケンドリックが日本を訪れた最初の米国人です。以降、米国船を含め、慶勝藩主就任までに数十回に上ります。

この頃の欧米列強諸国はアジアの植民地化を狙っていたのに加え、産業革命によって近代化が進み、機械の潤滑油やランプの灯火燃料として主に鯨油を使用していたため、日本近海の漁場で盛んに捕鯨を行っていました。

とくに米国は米墨戦争の勝利で1848年にカリフォルニアを獲得し、太平洋進出が国家目標となっていました。

慶勝が尾張藩主に就いた1849年はそういう時期だったのです。

1853（嘉永6）年6月3日、米国ペリー艦隊が浦賀沖に現れました。12代将軍家慶（いえよし）は病床にあり、老中首座阿部正弘はやむなく国書を受け取ったものの、将軍の病気を理由として回答に1年の猶予を要求。ペリーは再来航する旨を告げ、江戸湾での示威航行の後、12日に帰路につきました。

翌13日、露使節プチャーチンも軍艦4隻を率いて長崎に入港。国書受け取りを要求し、通商開始を求めました。

幕閣に名案はなく、阿部は大名から旗本、学者、庶民に至るまで広く意見を求めました。開幕以来、初のことです。幕政に発言権のなかった外様大名は喜び、結果として幕府の権威を下げることとなりました。

また、越前藩主松平慶永（春嶽）や薩摩藩主島津斉彬らの進言により、徳川斉昭を海防掛参与に任命。諸大名による幕政介入の契機となり、雄藩の発言力が強まりました。

1854（嘉永7）年1月、ペリー艦隊が再び浦賀に来航。日米和親条約（神奈川条約）に続き、和親条約細則を定めた下田条約を締結。徳川斉昭は条約締結に抗議して海防掛参与を辞任します。

阿部はペリー離日直後にオランダに軍艦を発注したのを手始めに、砲撃用台場造営、西洋砲術奨励、大船建造禁止解除、海外事情に通じたジョン万次郎を含む人材登用を進めるなど、安政の改革を遂行しました。

1855（安政2）年、攘夷派である徳川斉昭の圧力により開国派の2人の老中を罷免したことが井伊直弼らの反発を買い、孤立を恐れた正弘は開国派の堀田正睦を老中に起用。老中首座を譲り、両派の融和に腐心しました。

こうした世情の中で、尾張藩主慶勝は倹約政策を主とした藩政改革を行う一方、外国船問題に関しては徳川斉昭に呼応して強硬論を主張し、阿部らの不興を買いました。慶勝は御三家筆頭としての責任感が強く、幕政を補佐する意識からの直言でした。

この間、慶勝は家臣の田宮如雲（弥太郎）とともに、大久保忠寛（ただひろ）（一翁（いちおう））ら江戸と京の間を往来する幕閣や各藩重臣を名古屋城に招き、折々に話を聞いていました。田宮は尾張藩幕末史で重要な役割を果たします。

1856（安政3）年、米国総領事ハリスが下田に着任、1857（安政4）年、阿部正弘没。咸臨丸が日本へ回航され、幕府の軍制改革も始動。指導力のある将軍が待望される中、13代家定にも嫡子がなく、越前藩主松平慶永などが徳川慶喜を将軍継嗣にと建言し始めます。

3　不時登城と安政の大獄（1858年）

幕末まであと10年

1858（安政5）年、幕府は将軍継嗣問題と修好通商条約締結という二つの難問に直面していました。

13代将軍家定の継嗣を巡り、英明との評判が高い21歳の一橋慶喜を推す一橋派と、家定の従弟で12歳の紀州藩主慶福（よしとみ）を推す南紀派が対立する中、薩摩藩主島津斉彬は慶喜が適任である旨、幕府に進言しました。

同時期、米国総領事ハリス等は修好通商条約締結を幕府に迫り、幕府内、諸大名とも「締結はやむを得ないが、朝廷の勅許が必要」との意見が大勢となります。

勅許を得るために老中堀田正睦が上京したところ、在京攘夷派の工作に先んじられ、孝明天皇から勅許を得ることができませんでした。正睦が江戸へ戻った直後の4月23日、彦根藩主井伊直弼が大老に任じられます。

米国等の圧力が強まる中、直弼は下田奉行に条約調印を許可。6月19日、勅許を得ないまま日米修好通商条約をはじめとする安政の五ヶ国条約に調印しました。直弼には、鎖国は朝廷と無関係に始まったものであり、条約締結に勅許は必須ではないとの認識があったようです。

23日は御三卿の将軍拝謁日だったため、一橋慶喜が登城し、条約締結を違勅として直弼を詰問しました。

24日、徳川斉昭、斉昭長男の水戸藩主徳川慶篤、水戸系の尾張藩主徳川慶勝、福井藩主松平慶永が不時登城して無勅許条約締結を非難しました。不時登城とは、決められた登城日以外に登城することです。

直弼は身分の違う慶永を別室に移して気勢を削ぎ、他の3人には平身低頭を繰り返しました。

翌25日、将軍継嗣は慶福と発表されます。血統重視の慣例と将軍家定の内意に沿った決定とは言え、「時節柄、次期将軍は年長者が望ましい」とした朝廷の意向に反するものでした。

7月5日、幕政に直言した慶喜、不時登城した4人に処分が下されます。直弼は「台慮（将軍の考え）による」として、慶喜、斉昭、慶勝、慶永には隠居謹慎、慶篤には登城停止と謹慎を命じました。安政の大獄の序章です。

翌6日、家定が没し、慶福は14代将軍となり家茂（いえもち）を名乗ります。慶勝を支持していた尾張藩士も失脚します。安政の大獄に直接連座した者はいなかったものの、尾張藩では慶勝支持派の排斥が進みました。

尾張藩では慶勝に代わって弟の義比が15代藩主に就き、将軍家茂より偏諱（へんき）を授与されて茂徳（もちなが）を名乗ります。

茂徳は何事も両家年寄や重臣の意向を尊重した結果、藩政を主導するのは御付家老の竹腰正富、その背後で幕閣、すなわち井伊大老が影響を与えるという構図となりました。

外国船問題に対する強硬論者であった兄慶勝から佐幕的な弟茂徳への藩主交代は、成瀬派対竹腰派という御付家老の対立も絡み、尾張藩幕末史に影響を与えていきます。

この事態に対し、かねて将軍継嗣問題や外国船問題で朝廷工作を行っていた薩摩藩主島津斉彬は、藩兵を率いて上洛し、違勅を正すべく幕府と対峙することを計画。ところが7月16日、鹿児島で斉彬が急逝。率兵上洛計画は頓挫します。

薩摩藩の実権は、御家騒動で斉彬と対立して隠居させられた父斉興（なりおき）が掌握し、薩摩藩は幕府の意向に逆らわぬ方針に急転しました。

攘夷派の公家たちは違勅条約調印と一橋派排斥を暴挙と喧伝し、孝明天皇も幕府の行いに憤慨しました。

8月、朝議が開催され、薩摩藩、水戸藩、長州藩に対して幕政を正すよう勅書（勅諚）が下されます。「戊午の密勅」です。下賜先の中心は薩摩藩でしたが、直前に親朝反幕の藩主斉彬が急逝したため、水戸藩と長州藩にも下されました。

「戊午」とは安政5年の干支に由来します。「密勅」は関白参内のうえ下賜するという正式手続を経ていないことを指します。

孝明天皇は、親幕派の関白九条尚忠には武家伝奏から事後的に天皇の堅い意志である旨を伝えさせ、執行奉承（事後承認）で決したために密勅と言われていますが、秘密なわけではなく、あくまでも通常の勅諚です。

しかも孝明天皇は7月に同趣旨の勅諚を幕府に下していましたが、その返信がないまま1ヶ月が経過していました。幕府と言うより、井伊大老による勅諚放置が続く中、業を煮やして密勅を下したのです。

しかし、朝廷が大名に直接勅諚を下す事態は前代未聞です。直弼は、密勅は水戸藩の陰謀と断じ、関係者の弾圧に動きます。

直弼は老中間部詮勝（まなべあきかつ）を京都に送り、首謀者として水戸藩京都留守居役を捕縛させたのを皮切りに、攘夷派公卿の家人、幕政批判に関わった諸藩の藩士、学者等を捕えて酷刑に処します。安政の大獄の始まりです。

水戸藩の家老や重臣も断罪され、前藩主斉昭は永蟄居処分となりました。

さらに幕府は水戸藩に密勅返納を要求。主君の処分解除のために幕府に恭順すべきとする立場と、断固反対して雄藩との連合を目指す立場に藩論は二分。斉昭と慶篤の意向で返納論が主流となりつつも、返納阻止運動はかえって激化。反対派は密勅送還を警戒し、水戸街道を封鎖しました。

その後の水戸藩は藩内抗争が激化し、急進派の脱藩が相次ぎ、やがて尊攘反幕派による天狗党の乱に至り、400人近い藩士が斬首される凄惨な展開となります。

激動の1858（安政5）年が過ぎ、翌1859（安政6）年10月、慶勝の弟である定敬が桑名藩主の養子となり、11月に家督を相続して藩主に就任。幕末史に巻き込まれていきます。

4　桜田門外の変による謹慎解除（1860年）　幕末まであと8年

1860（安政7、万延元）年1月15日、幕府は水戸藩主徳川慶篤に対して改易（廃藩）の可能性まで示唆し、重ねて密勅返納を催促。水戸藩内の返納派と反対派の対立は激化し、衝突や襲撃、藩士の城内での抗議の割腹自殺などが頻発していたため、慶篤は幕府に猶予を願い出続けました。

永蟄居中の斉昭は事態を危惧し、密勅を水戸より6里北の瑞龍山の歴代藩主廟に隠し、結局返納は延期されました。

こうした中、尊攘激派の水戸藩士や薩摩藩の在府藩士らは井伊大老の襲撃と薩摩藩の率兵上京（江戸入り）を計画。天皇の勅書を得て、幕政を是正することを画策します。

しかし、薩摩藩では前年に逝去した島津斉興の後に実権を握った久光（斉彬を継いだ藩主忠義の父、斉彬の異母弟）が大老襲撃を黙認しつつも、薩摩藩の直接関与を回避します。その結果、率兵上京計画は再び頓挫しました。

井伊大老の暗殺が不可欠と考えた尊攘激派の水戸藩士は単独での実行を決意します。

3月3日、この日は在府諸侯が雛祭りの祝賀のために総登城することになっていました。江戸市中で大名駕籠が襲われた前例はないことから警護は薄く、当日は雪で視界が悪い中、護衛の供侍は雨合羽を羽織り、刀の柄、鞘ともに袋をかけていたので迅速に迎撃できず、襲撃側に有利な状況でした。

直弼の元には不穏者ありとの情報が届いていましたが、護衛強化は失政の誹（そし）りに動揺したとの批判を招くと考え、普段通りの体制で登城しました。

襲撃参加者16名のうち、1名が闘死、4名が自刃、8名が自訴。彦根藩側は直弼以外に8名が死亡し、他に5名が負傷。彦根藩邸では水戸藩に討ち入るべきとの声があがりましたが、家老岡本半介が阻止しました。

阿部正弘、徳川斉昭、島津斉彬らが主導した雄藩協調体制を否定し、反幕勢力を粛清するとともに、朝廷の幕政介入も阻止するという井伊大老の幕府絶対主義路線は、自身の死によって破綻しました。

そればかりか、御三家である水戸徳川家と譜代大名筆頭の井伊家が反目したことで、幕府の権威は大きく失墜し、尊王攘夷運動が激化する端緒となりました。

ここからわずか7年7ヶ月後、15代将軍慶喜によって大政奉還が成され、王政復古の政変、明治維新に至ります。その起点となったのが桜田門外の変です。

桜田門外の変によって、不時登城を咎められて隠居謹慎の身にあった慶勝は9月4日に謹慎解除となりましたが、茂徳との面会、慶喜・春嶽らとの文通は禁止のままでした。

この年、桜田門外の変後の5月18日、尾張藩主茂徳の実子が早逝しました。その後の慶勝の謹慎解除もあって、10月25日、慶勝の三男元千代（後の義宜）を養子とし、偏諱（茂徳の「徳」）を与えて徳成と名乗らせます。

慶勝は依然として行動に制約がある身ながら、御三家筆頭の前藩主、さらには次期藩主の実父として、徐々に影響力を取り戻し、幕末史の前面に登場します。

9月24日、藩主就任時に義恕改め慶恕としていた名を慶勝とします。

慶勝の隠居謹慎によって勢力が後退していた金鉄党も勢力を回復する一方、「金鉄をも溶かす」という意味を含ませた「鞴党」と名のる反対勢力が形成されていきます。鞴とは火起こし用の風を送る器具のことです。

金鉄党対鞴党の勢力争いは、御付家老の成瀬家対竹腰家の対立と絡み合い、その背景で攘夷論、開国論、公武合体論、佐幕論が渦巻き、尾張藩内は混迷していきます。

当初、金鉄党は成瀬家に批判的であり、竹腰家と接近しました。しかし、竹腰家が金鉄党に与する様子が見られないことに失望し、以後、成瀬家に接近します。

慶勝も最初は両御付家老と対峙していましたが、やがて、総じて言えば「慶勝・成瀬派」対「茂徳・竹腰派」という構図が形成されていきます。

各藩において、幕政改革、藩政改革を目指す藩士たちは様々な動きを示しました。尾張藩も例外ではありません。しかし尾張藩では、開幕以来の両御付家老の対立に加え、徳川御三家筆頭という特殊な立場と勤王という藩祖以来の家訓が、幕末史の中でとりわけ特別な展開を生み出していきます。

慶勝の謹慎解除後の翌1861（万延2、文久元）年も、幕末に向けた鳴動は続きます。

攘夷激派の活動は桜田門外の変以降、過激化していきます。1月、米国公使館の通訳兼書記官ヒュースケンが殺害されます。これ以前にも外国人襲撃事件はありましたが、ヒュースケンは実質的に代理公使を務め、英国やプロシア等の対日交渉でも活躍するなど、在日外交官の中でも重要人物でした。それだけに攘夷激派から疎まれる存在であり、ヒュースケン殺害は各国に衝撃を与えました。

5月には水戸浪士らが東禅寺の英国公使館を襲撃、7月長州藩重臣長井雅楽が老中に航海遠略策を上申、8月に武市半平太らが土佐勤皇党結成と、幕末史は急展開していきます。

老中安藤信正は、幕威を取り戻すために公武一和、公武合体路線を推進しました。将軍家茂と皇女和宮の婚儀が成立し、10月、和宮は京都を出発し、11月、江戸に到着します。こうした動きに対して、尊攘派志士たちは反発します。

5　八月十八日の政変と悉皆御宥許（1862〜63年）　幕末まであと6年

1862（文久2）年に入ります。水戸藩士と長州藩士は2年前に連帯を約した水長盟約に基づいて再度の老中暗殺や外国人襲撃を計画しますが、長州藩内で公武合体論が高まり、長州側は延期を提案。機を逸することを恐れた水戸側は単独決行を決めます。

1月15日、水戸浪士6名が江戸城坂下門外で老中安藤信正（磐城平藩主）を襲撃。信正は負傷し、水戸浪士は憤死しました。

桜田門外の変に続く坂下門外の変は、幕府の権威失墜を加速し、信正は老中を罷免されます。この機を捉え、幕政介入を目論む薩摩藩島津久光が率兵上洛し、4月13日に入京しました。

在京中の4月23日に自藩の尊攘過激分子を粛清する寺田屋事件を指揮する一方、朝廷や長州藩と協議し、将軍上洛、雄藩会議設置、一橋慶喜の将軍後見職と前福井藩主松平春嶽の大老就任を要求することを決め、勅使大原重富を擁して江戸に向かいます。久光一行は5月26日、数千人規模で宮宿（熱田宿）に投宿しました。各藩の藩士、浪士等の京都と江戸の往来が一段と増え、熱田に投宿する者も多く、宮宿は情報収集の要衝となりました。

坂下門外の変や薩摩藩の動きを受け、4月25日、幕府は尾張藩前藩主慶勝を「悉皆御宥許（しっかいごゆうきょ）」の身とします。「悉皆御宥許」とは「ことごとく許される」という意味であり、つまり完全復権です。徳川御三家筆頭の慶勝を復権させ、雄藩に対する将軍や幕府の盾役を期待しました。

5月、幕府は久光の江戸入りを前に、要求に先んじて一橋慶喜を将軍後見職、松平春嶽（慶永）を政事総裁職に任じます。勅使を擁した久光の江戸到着は6月7日でした。

水戸藩主義篤は慶勝や春嶽に先立って登城禁止を解除され、将軍家茂を支えていました。4年前の不時登城で処分された4人のうち、亡くなった斉昭以外の3人が完全復権し、一橋慶喜も表舞台に登場しました。

6月3日、慶勝は慶喜とともに江戸城に登城して将軍家茂と用談。一方、佐幕志向の弟の尾張藩主茂徳も同17日に幕政改革について幕府に意見書を提出しました。

8月、薩摩藩島津久光一行が江戸からの帰路、武蔵国で行列を妨げた英国人を殺害します。生麦事件です。

復権した慶喜と春嶽は安政の大獄の清算を図る文久の改革を行います。和宮降嫁の祝賀として大赦を行い、大獄で幽閉された者を釈放し、桜田門外の変、坂下門外の変による尊攘運動の遭難者の名誉を回復させました。

既に老中を罷免されていた安藤信正は蟄居謹慎。また、大獄は井伊直弼の専断であったとして、彦根藩は直弼腹心の重臣らが断罪され、石高も減らされ、藩主の京都守護職も剥奪されました。

彦根藩主に代わり、閏8月1日、会津藩主松平容保が京都守護職に任じられました。

同じ頃、尾張藩では藩士80名が御付家老成瀬正肥（まさみつ）に慶勝の藩主再任を求める上書を提出。9月に入ると幕府から御付家老竹腰正富に隠居謹慎が命じられる一方、慶勝と一緒に失脚した田宮如雲らの家臣が赦免され、要職に復帰します。

11月、幕府は朝廷の強い姿勢に屈し、やむなく攘夷決行を約束します。こうした情勢変化の中、12月、長州藩過激派が英国公使館放火事件を起こします。

12月、翌年の家茂上洛に先立ち、江戸にいた慶勝に上洛が命じられます。年末、慶勝は4年ぶりに江戸から名古屋入りし、年が明けた１８６３（文久３）年1月8日、初めて上洛して孝明天皇に拝謁し、徳川御三家筆頭前藩主として将軍補佐を命じられました。

慶勝が完全復権する一方、弟の藩主茂徳の求心力は低下。１８６２（文久２）年は尾張藩内の力学が変化し、慶勝と容保が幕政に本格的に登場する年となりました。

1863（文久3）年2月、将軍家茂が江戸を発ちます。229年振りの上洛は東海道沿道の藩や宿場の負担となるため、当初は海路が計画されました。しかし、前年の生麦事件、英国公使館放火事件などを受け、大坂湾に外国軍艦が頻繁に出入りしている状況を鑑み、結局陸路を選択。将軍上洛一行3千人は2月27日に宮宿に投宿しました。

3月4日に京都に入った将軍家茂は、孝明天皇に大政委任の謝意を述べます。つまり、幕末の朝廷と幕府の力関係と構造がここで節目を迎えたと言えます。大政は朝廷から幕府に委任されていることが明確になったのです。

5月3日、尾張藩主茂徳は将軍家茂に外交等の意見を上申すべく京都を目指しますが、途中で制止され、名古屋に帰城。5月20日、老中小笠原長行も将軍家茂を守るために率兵上洛を目指しましたが、朝廷から入京を拒否されます。

年初に公武合体派の家老が暗殺されて再び尊攘派が勢力を回復した長州藩は、5月23日に下関海峡の外国船を独断で砲撃。以後、英仏蘭米4ヶ国と紛争が続きます。

将軍家茂は6月に江戸に帰りました。

8月、急進派公家と長州藩は、孝明天皇が皇祖神武天皇陵で攘夷祈願や攘夷親征（天皇自らによる攘夷戦争）の軍議を行うための大和行幸の偽勅を出す陰謀を画策します。軍議の場で将軍後見役慶喜に攘夷決行を求めるとか、その間に御所を焼き払って天皇を長州に遷座させる等の噂が流れます。

この時点において、薩会両藩に支えられた孝明天皇周辺は公武合体が主流となっていたことから、朝廷は薩会両藩に急進派公家と長州藩の京都からの追放を密命しました。

8月18日、薩会両藩を中心とした27藩は御所の警護を固め、その間に、大和行幸の延期、攘夷派公家15人の禁足が決定されます。長州藩は京都から撤収せざるをえなくなり、攘夷派公家7人は禁足を破って長州藩と下向。いわゆる七卿落ちです。

八月十八日の政変、別名文久の政変で攘夷派は失権し、薩会両藩などの公武合体派が主導権を握ります。

尾張藩では、同年9月13日、時流の変化を察した茂徳が隠居。養子の元千代（義宜）、つまり慶勝の実子が16代藩主に就き、御付家老成瀬正肥や文久の改革で要職に復帰した田宮如雲らの支持を背景に、慶勝は藩主の実父、後見役として実権を掌握します。幕政にも参与して公武合体派の重鎮としての立場が明確になります。幕末まであと5年のことです。

茂徳は隠居して玄同（げんどう）と号します。慶勝に批判的な茂徳は、文久の改革で隠居させられた御付家老竹腰正富らに支えられ、家中に一定の影響力を保持しました。そのため、文久期以降、尾張藩は「慶勝・成瀬」対「玄同・竹腰」、「藩主の父の元藩主」対「藩主の義父の前藩主」という対立構造が続きます。

なお、八月十八日の政変直前の7月、前年の生麦事件への報復として英国が艦隊を鹿児島錦江湾に送り、薩英戦争が勃発。双方痛み分けとなったものの、薩摩藩は攘夷実行で朝廷から信頼を受ける一方、英国との戦闘によって西洋の兵器や戦術の威力を目の当たりにし、和平賠償交渉を通じて英国と接近しました。英国も薩摩藩の軍事力に一目置き、薩摩藩と英国の関係が幕末史の方向性に影響を与えます。

この年の暮れ、12月30日に会津藩主容保は朝議参与に補任されます。

6 禁門の変と第1次長征総督（1864年）幕末まであと4年

薩摩藩の上表（朝廷への上書）に基づき、1863（文久3）年大晦日に参与会議が発足しました。参与の職務は、二条城を会議所とし、2日おきに参内して天皇の簾前（れんぜん）で朝議に参加することです。翌1864（文久4、元治元）年1月15日、将軍家茂が参与会議出席のために軍艦翔鶴丸で2度目の上洛。将軍の海路上洛は初めてのことです。

孝明天皇は家茂に対し、攘夷実行、参与諸侯の政治参加、公武合体方針の明確化などを求めた宸翰（しんかん）を下しました。宸翰とは天皇直筆の文書のことです。これを受けて2月16日、参与諸侯に老中部屋への出入りが許され、正式に幕政参加が認められました。

参与会議の構成員は、徳川慶喜、松平春嶽、山内容堂（土佐藩前藩主）、伊達宗城（宇和島藩前藩主）、松平容保、島津久光です。

幕政は幕府単独では決められず、朝廷の下に置かれた参与会議の影響を受けることになりましたが、参与会議はうまく機能しません。

参与会議の喫緊の懸案は、長州藩の処分と攘夷とりわけ横浜鎖港問題です。

長州派の諸大名が続々と京都から退く中、長州擁護論もありましたが、孝明天皇の長州に対する厳しい姿勢は変わらず、また長州藩が関門海峡通過中の薩摩藩船を撃沈する事件も発生。久光も長州征伐即時実行の強硬論を主張するなど、硬軟両論あって収拾がつきません。

この時期、一部攘夷派を除き、諸外国との条約破棄は非現実的との見方が広がり、攘夷の具体的内容は兵庫開港阻止と横浜鎖港を意味するようになっていました。参与諸侯は元来開国的な考えであり、鎖港には後ろ向きであったため、攘夷論者である孝明天皇は失望します。

無勅許条約を締結した開国の当事者である幕府も攘夷には反対の立場ですが、前年の家茂上洛の際、孝明天皇から攘夷実行を約束させられており、１８６３（文久３）年12月に不可能を承知の上で横浜鎖港交渉のための全権交渉団をフランスに派遣しました。

慶喜も当初は横浜鎖港に否定的でした。しかし、薩摩藩の台頭を警戒し、鎖港反対の久光の主張を意識して逆に鎖港を主張するなど、参与会議は迷走します。

久光は参与会議を見限り、幕府との協調及び幕政改革路線を諦め、薩摩藩は朝廷支持に傾斜していきます。この間、慶喜は幕閣とも意見が合わず、幕閣は参与会議を廃止すべきと主張するようになります。

参与会議は事実上瓦解し、1864（文久4）年2月25日、容堂が京都を退去し、3月9日には慶喜が参与を辞職。続いて他の参与も相次いで辞任しました。

慶喜は3月25日に将軍後見職を免ぜられ、朝廷から新設の禁裏御守衛総督及び摂海防禦指揮（大坂湾から侵攻してくる外国勢力に対する防禦責任者）に任ぜられるなど、朝廷の人事や指示も迷走します。

容保は2月11日に京都守護職を免じられる一方、陸軍総裁職に任じられ、翌12日には参議に補任されるも固辞。さらに翌13日には名称変更で軍事総裁職に就くも、3月14日には朝議参与を辞職。4月7日には軍事総裁職を免職され、22日には京都守護職に復帰します。

弟の桑名藩主定敬は4月11日に京都所司代に補任され、従四位上に昇叙し、桑名少将と呼ばれるようになります。

慶喜は二条城において江戸の幕府から距離を置きます。配下にいずれも従弟である京都守護職松平容保、京都所司代松平定敬を従え、在京幕府勢力の指導的存在となりました。江戸の幕府、幕閣とは半ば独立した勢力となり、一会桑政権とも称されます。

なお、フランスに派遣された全権交渉団は予想通り目的を達せず帰国。以後、一会桑も幕府も横浜鎖港を積極的に推進することはありませんでした。

幕府対尊攘派の対立と衝突が激化する中、6月5日、尊攘激派の活動家が孝明天皇を長州へ連れ去る計画を立てたとして、京都に潜伏していた長州藩や土佐藩などの藩士、浪士を新選組が襲撃。池田家事件が起きました。

7月、長州藩は朝廷に復権を求めるために250人超の遊撃隊が入京し、それを追って長州藩兵3千人が伏見、嵯峨、山崎に布陣。

7月19日、御所に直訴の強行に出た長州藩は、蛤御門で薩会両藩と武力衝突します。禁門の変、別名蛤御門の変です。

長州藩は蛤御門を守っていた会津藩兵に対して優勢でしたが、西郷隆盛率いる薩摩藩が加勢に駆けつけたことで敗北。戦いは1日で決着しました。

この禁門の変で長州藩が撃った砲弾が御所内に着弾してしまったこと、さらに長州藩主父子による軍令状が見つかったことなどにより、長州藩は朝敵となります。

禁門の変に勝利した幕府は長州藩を倒して求心力を回復することを目指し、数日後に長州討伐令を発出。8月2日、第1次長州征伐が開始されます。

長州藩の国元では、前年に起こした外国船砲撃に端を発した米仏蘭英4ヶ国連合艦隊と睨み合いが続いていました。

禁門の変直後の8月5日、4ヶ国連合艦隊は砲撃を開始。圧倒的な兵器の差、戦力差で、8月8日、長州藩は惨敗。講和交渉の使者に高杉晋作を任じます。

こうした状況下、朝廷は第1次長州征伐総督に御三家筆頭尾張藩の藩主後見役、将軍補佐役でもある徳川慶勝、参謀に西郷隆盛を任命し、諸藩に従軍を命じました。

しかし、各藩にとって長州征伐の財政負担は重く、加えて長州征伐は幕府を増長させると捉える向きも多く、出兵には後ろ向きです。

総督となった慶勝も、内戦による国内の混乱は列強諸国につけ入られる隙をつくると懸念し、長州藩との本格交戦には否定的でした。

参謀となった西郷隆盛は幕府海軍の出動を要請するため、軍艦奉行勝海舟を訪ねます。勝は西郷に対し、既に幕府は国内統一の力を失っており、外国の日本侵略を防ぐために雄藩が合議して新政権を実現すべきと意見しました。

長州討伐を決意していた西郷でしたが、勝の話を受け止め、総督の慶勝に内戦回避を進言します。

慶勝と隆盛の考えは一致し、長州藩三家老ほかの処分、藩主父子の詫び状提出、在長公卿5人の太宰府移送などを条件とした長征収束案を長州藩に働きかけました。

禁門の変と下関戦争の敗戦で余力のない長州藩はこの条件を受け入れるほかなく、長州藩は戦わずして敗北。11月11日、禁門の変の責任者として三家老を含む14人が斬首され、幕府に謝罪恭順しました。

慶勝は京都に凱旋しましたが、幕府は交戦せずに長州と休戦したことに批判的で、参謀の西郷も非難されます。

慶勝は参与会議への参加を命じられるものの、会議自体が既に瓦解していたうえ、第1次長征の結果に対する幕府の受け止め方に反発し、参与を辞退します。

7　茂徳の第2次長征総督辞退（1865年）幕末まであと3年

幕府の第1次長征によって敗戦した長州藩では、藩政を窮地に追い込んだ責任は攘夷を唱える改革派にあるとして、保守派が復権して親幕路線に転じようとします。

元治元年12月15日（1865年1月12日）、この動きに対して改革派の中心人物高杉晋作が挙兵します。いわゆる功山寺挙兵です。

当初賛同者は少なかったものの、緒戦での勝利を受けて徐々に参陣者が増え、約2ヶ月の内戦の末、保守派は追放されました。

再び藩政を握った改革派は、前年の下関戦争での兵器の差を認識し、攘夷論から転じ、外国からの最新兵器購入による軍備力強化を目指します。幕府に恭順を装いながら、水面下で倒幕準備を進める武備恭順論です。そのために英国に接近していきます。

長州藩の情勢変化に対応し、1865（元治2、慶応元）年4月、幕府は第2次長征を決定し、総督に尾張藩前藩主の茂徳を指名します。

慶勝は、茂徳が総督を受諾することは問題があると考えました。茂徳が総督指名を受ける2ヶ月前、戊午の密勅以来藩内の混乱が続く水戸藩で前年に決起した天狗党は、前水戸藩主の実子である一橋慶喜を頼って入京を試みるも、井伊直弼の仇討ちを狙う彦根藩士に中山道を封鎖され、やむなく越前入り。しかも、頼みの慶喜自身が鎮圧軍として出陣したために敦賀で投降。彦根藩士らの手によって水戸藩士352名が斬首されるという悲惨な結末を迎えていました。

藩内竹腰派の支持を受け、佐幕的な考えが強い茂徳が総督となって復権することは、尾張藩内における攘夷派と佐幕派の対立につながります。慶勝は、尾張藩が水戸藩の二の舞になることを懸念しました。

そもそも慶勝が第1次長征で交戦せずに決着させたのは、内戦によって列強諸国が介入する隙をつくらないためであり、第2次長征でも交戦を回避するためには佐幕的な茂徳では不安がありました。

慶勝は弟の容保、定敬に尾張藩内の情勢とともに、尾張藩が水戸藩のようになれば、御三家も幕府も瓦解するとの懸念を伝え、幕府が茂徳指名を再考するように助力を促しました。

慶勝は幕閣に対しても同様に周旋し、茂徳にも家臣を通じて内意を伝え、加えて第1次長征で尾張藩の財政も逼迫していることに留意を促しました。茂徳は慶勝の忠告を聞き入れ、総督就任を辞退します。

幕末の波は尾張藩名古屋城下にも影響します。１８６５（元治2、慶応元）年の年初、3代目富田重助が西洋小間物や舶来毛織物等の洋物を扱って大繁盛していた紅葉屋に対し、攘夷派の金鉄党藩士が廃業を迫り、２度に亘って抜刀、乱入して商品を切り裂くという騒動が起きました。紅葉屋襲撃事件です。

城下の不穏な情勢を受けて、慶勝は茂徳指名直前の3月に京都から名古屋入りし、以後幕末が佳境となる１８６７（慶応３）年秋まで名古屋を動きません。自分が不在のうちに、藩内の尊攘派（金鉄党）と佐幕派（鞴党）の対立が激化することを懸念したのかもしれません。

幕政が制御不能となり、外国勢力の介入もあって日本の混迷が深まる中、王命重視の藩祖義直の遺訓と、尾張藩を護ることが何より重要とした4代吉通の遺訓を踏まえ、勤王護藩の道を沈思黙考する慶勝の姿が思い浮かびます。

茂徳辞退によって、第2次長征総督は将軍家茂自らが担うことになります。１８６５(元治2、慶応元）年、家茂は陸路で3度目の上洛をします。最後の上洛となることを、家茂は知る由もありません。

閏5月11日、名古屋城に到着し、慶勝、茂徳、義宜（元千代）の歴代藩主と対面しますが、慶勝は人払いのうえ、２度に亘って家茂と用談します。２人が何を話し合ったのか、誰もわかりません。

茂徳はこの時、諱を茂栄(もちはる)に改めます。

同年6月、茂徳(茂栄)は御所警衛とともに長州再征の旗本御後備を命じられ、大坂城に滞在する家茂の側にあって幕政に参与します。

茂徳は兄慶勝と懸念を共有する一方で、将軍側近として幕政における立場、ひいては藩内における一定の求心力を維持します。

同年9月、大坂城に布陣する将軍家茂は、朝廷から長征や攘夷の督促に加えて幕閣人事にも介入され、4ヶ国からは安政通商条約勅許と兵庫開港を迫られます。

窮した家茂は10月1日に京都に上り、将軍辞職を願い出て、後継に慶喜の名を挙げます。朝廷の無理難題や幕閣や雄藩の混迷に嫌気し、「やれるものならやってみろ」という心境だったのでしょうか。

この時、茂徳は慶喜らとともに諸事周旋に腐心し、5日に条約勅許が得られたほか、7日には家茂が辞職を撤回。朝幕分裂は回避されました。

この一件で家茂の茂徳に対する信頼は厚くなり、茂徳の立場は再び強くなります。尾張藩は元藩主で現藩主の父である慶勝派と、前藩主で将軍側近である茂徳派が共存することとなり、水戸藩のようになる潜在的火種を抱えた状態が続きます。

12月18日、定敬は左近衛権中将に任じられます。歴代京都所司代のうち中将任官者は定敬が初めてであったため、以後、桑名中将と呼ばれるようになります。

さて、当初は公武合体派の薩摩藩でしたが、第1次長征で交戦せずに長州藩を恭順させたことを寛大過ぎると幕閣から咎められ、その一方で幕府は自らの復権に腐心するばかりで外交の打開策も見い出せず、参与会議も崩壊して雄藩による幕政改革は頓挫。薩摩藩は徐々に倒幕論に傾いていきます。

八月十八日の政変、禁門の変、第1次長征等によって薩長対立は極まっていましたが、福岡藩尊攘派の仲介によって西郷隆盛と高杉晋作が会談するに至ります。同時期、英国公使パークスが高杉と会談し、薩長と交流する土佐藩を訪問しました。パークスによる西南雄藩を結びつける働きかけが始まります。

このような状況の中、勝海舟の海軍学校で学んでいた土佐藩浪士坂本龍馬も新政権実現を目指して薩摩藩と長州藩を引き合わせようと動き出しました。

坂本龍馬は、長州藩が朝廷や幕府から自藩名義で外国から武器を購入することを禁じられていること、薩摩藩が薩英戦争を契機に英国から秘密裏に武器を購入していることに着目しました。

坂本龍馬が中心となって設立した貿易会社亀山社中が薩摩藩名義で長州藩用の武器と軍艦を購入し、代わりに長州藩には薩摩藩が必要としている兵糧米を用意させることで両藩を取引させ、関係を改善しようと考えます。

坂本龍馬の思惑通り、両藩の関係は大きく改善し、同盟へと前進します。

8 薩長同盟と尾張藩と一会桑（1866年）幕末まであと2年

1866（慶応2）年1月5日、茂徳は将軍不在の江戸にあって江戸留守居役とともに御三卿清水家の相続を命じられます。

7月20日、将軍家茂が大阪城で逝去。その後、茂徳の相続先は清水家から一橋家に変更されます。清水家、一橋家の相続の背景には、茂徳を尾張藩から遠ざけたいと考える慶勝から慶喜への働きかけがあったほか、茂徳本人も尾張藩内の対立から距離を置きたかったようです。

さて、前年からの薩長連携の動きは同盟に発展します。両藩の利害は一致し、1866（慶応2）年1月、京都小松帯刀（清廉（きよかど））邸で薩摩藩と長州藩が6ヶ条を定める同盟を締結しました。

その内容は幕府による長州藩処分問題に関して、薩摩藩は長州藩を支援するという内容であり、直接倒幕を約したものではありません。

また、対立相手として想定していたのは、幕府そのものではなく、当時京都政局を制圧していた一橋慶喜、松平容保（会津藩）、松平定敬（桑名藩）のいわゆる一会桑政権です。一橋家当主の慶喜は固有の軍事力をほとんど保有しておらず、軍事的対決の相手としては会津・桑名両藩、とりわけ会津藩を想定していました。

会談内容はその場で記録されず、正式な盟約書も残されていません。長州藩木戸孝允が記憶を頼りに会談の内容を事後に6ヶ条にまとめ、確認のため坂本龍馬に送付した1月23日付の書簡に基づきます。坂本は木戸の書簡の証人として裏書(朱書)して2月5日付で返信しています。

具体的には、第1条では第2次長征が始まった場合に薩摩が京都・大坂に出兵して幕府に圧力を加えること、第2条～第4条で戦争の帰趨如何に関わらず薩摩が長州の政治的復権のために朝廷工作を行うこと、第5条では薩摩が第1条により畿内に出兵して圧力を加えても、一会桑政権が朝廷を牛耳って薩摩側の要求を拒むようであれば、一会桑と軍事的対決に至る覚悟があること、第6条では日本のために尽くすことを誓い合う内容となっています。

明治期に島津久光の側近として歴史編纂事業に従事した薩摩藩士市来四郎は、対幕府の薩長同盟が成立したのは翌1867年（慶応3年）11月、薩摩藩主島津茂久が率兵上洛する際に長州藩世子毛利広封（ひろあつ）と会見し、出兵協定を結んだ時点であると指摘しています。一理あります。

下関戦争で敗れて以降、長州藩では西洋式兵制を採用した奇兵隊を作るため、蘭学や兵学を学び西洋事情に精通していた大村益次郎を参謀として登用。軍備・軍制改革を進めます。

奇兵隊は武士によって編成される旧来の軍勢とは違い、武士、農民、町人など身分に関係なく登用し、有志諸隊と整理統合して藩の統制下に組み入れるものです。

また、幕府主力の命中精度の低い旧式ゲベール銃ではなく、長州藩は命中精度の高いミニエー銃やスナイドル銃などの最新ライフル銃を導入し、訓練を実施します。

さらに大村は、西洋式戦術を導入しました。旧来の日本の合戦は密集陣形を組んで日本刀や槍で戦う集団戦術ですが、銃火器中心の戦闘では密集陣形では被害が甚大化するため、兵士を散開させて戦う散兵戦術を採用しました。

しかし、散兵戦術を実行するには、指揮官の指示が届かない中で、兵が自ら判断工夫して作戦を遂行する教育と訓練が必要です。そのため訓練には散兵教練書を使い、近代戦の手法を浸透させていきました。

その成果は1866（慶応2）年6月から開戦した第2次長征で発揮されます。将軍家茂指揮の約15万人の幕府軍と約3500人の長州軍が交戦。兵力では圧倒的に幕府軍有利でしたが、長州軍が勝利しました。

7月20日に将軍家茂が大坂城で没したことから、幕府軍は戦意喪失。家茂は征長上洛に際し、和宮に「万が一の時の将軍後継は田安亀之助」と託していましたが、和宮自身がこの難局は幼齢の亀之助では無理と判断し、慶喜が後継に指名されました。

慶喜は7月27日に徳川宗家を相続したものの、将軍職は12月5日まで固辞しました。つまり、その間は将軍空位でした。

孝明天皇が休戦の勅命を出し、第2次長征は幕府の権威のさらなる失墜と薩長同盟という副産物を生んで終わりました。

その年の暮れ、12月25日（1867年1月30日）に孝明天皇が崩御。病気、崩御の原因については諸説ありますが、いずれにしても幕末史は最終局面に向かいます。

この年、慶勝は尾張に滞在したままでした。帰趨を見極めていたのかもしれません。茂徳は12月27日、兄慶勝や弟容保の斡旋により、徳川宗家を相続した慶喜に代わって一橋家当主を継承しました。

薩長が敵対する一会桑の当主はいずれも高須藩の3兄弟となりました。なお、前述のとおり、当初は家茂の内意を受けて清水家相続の予定でしたが、慶喜の意向により同家は徳川昭武が相続することとなり、相続先の差し替えが行われました。

茂徳の一橋家相続が決定したことにより、尾張藩の茂徳支持派は後ろ盾を失い、家中対立に一応の決着が着きました。

これを契機として藩政改革の機運が高まり、1867（慶応3）年以降、藩校明倫堂関係者の藩中枢部への進出が進み、藩政に影響を与えます。後の青松葉事件の一因となります。

9　大政奉還と諸侯会議（1867年）　幕末まであと1年

1867（慶応3）年1月9日、睦仁（むつひと）親王が14歳で天皇に即位しました。2月、将軍慶喜は大坂城でフランス公使ロッシュと会談し、幕府の軍制近代化に弾みをつけるとともに、慶喜が

次期将軍と考えていた徳川昭武をパリ万博出席のために渡仏させました。

ここに至って、幕府はフランス、薩長は英国の支援を受けるという構図が固まってきます。

4月、松平容保は参議に補任され、会津宰相と呼ばれるようになります。兄の慶勝は尾張にいましたが、この年の前半は傷心に打ちひしがれていました。4月、5月、6月、7月と4ヶ月連続で慶勝の幼い男子が次々と早逝していったのです。

5月21日、薩摩藩と土佐藩の間で武力討幕のための「薩土密約」が交わされました。薩土密約は薩長同盟と同じく京都小松帯刀邸で結ばれ、直後の5月25日、薩摩藩は重臣会議を開いて藩論を武力討幕に統一しました。この頃、坂本竜馬が船中八策を練り上げます。

10月に入ると幕末史大転回の1ヶ月が始まります。3日、土佐藩隠居山内容堂が大政奉還を建白。慶喜は大政奉還を決意します。

薩長に先手を打ち、倒幕の大義名分を失わせる奇策であると同時に、朝廷の下で全大名が団結することは、列強諸国の介入、侵略を防ぐための英断でもありました。それは、天皇への奏上文の内容から読み取れます。以下、該当部分です。

「況や當今外國之交際日に盛なりにより、愈朝權一途に出不申候而者、綱紀難立候間、從來之舊習を改め、政權を朝廷に奉歸、廣く天下之公儀を盡し、聖斷を仰き、同心協力、共に皇國を保護仕候得は、必す海外萬國と可竝立候」

「ましてや最近は、外国との交際が日々盛んとなり、朝廷に権力を一つとしなければもはや国の根本が成り立ちませんので、この際従来の旧習を改めて、政権を朝廷に返し奉り、広く天下の公議を尽くした上でご聖断を仰ぎ、皆心を一つに協力して、共に皇国をお守りしていったならば、必ずや海外万国と並び立つことが出来ると存じ上げます」

13日（1867年11月8日）、慶喜は在京40藩の大名や重臣約50名を二条城二之丸大広間に集め、大政奉還の方針と天皇への奏上文案を説明しました。出席者は諾否を問われ、土佐藩後藤象二郎、薩摩藩小松帯刀ほか6名は慶喜に拝謁のうえ、これを受諾。他の大名、重臣も書面にて了承した旨を記して提出しました。これによって、幕府の大政奉還の方針が決定しました。

同日、慶喜は開成所教授職の幕臣西周に対し、英国議会制度等を諮問。西周は議題草案と題する意見書を慶喜に提出しました。

西周はこの中で徳川家中心の新政権構想を示しています。西洋に倣って三権分立を取り入れ、行政権を公府が担い、司法権は暫定的に公府が兼ね、立法権を各藩大名及び藩士より構成される議政院が有することとし、天皇を象徴的地位に置き、公府元首は大君と称し、徳川家当主すなわち慶喜が就任して上院議長を兼ね、下院の解散権を持つという内容でした。

慶喜は周到に大政奉還後の体制を練っていたと言えます。

予想外の動きに倒幕派は動揺します。二条城で疑義を唱えなかった薩摩藩小松帯刀のように、慶喜を評価する者も少なくなかったようです。

岩倉具視や薩長倒幕派は大政奉還を無効化するために、天皇から倒幕の勅命を出すことを画策します。もちろん偽勅であり、いわゆる「倒幕の密勅」です。

なぜ偽勅という策謀、言わばクーデターを選択したのか。それは、この時点において岩倉ら倒幕派公家は朝廷内の主導権を掌握していなかったからです。前年末の孝明天皇崩御を受けて即位した新天皇は若く、親幕派である関白二条斉敬（慶喜の従兄）が摂政に就任していました。一方、三条実美ら親長急進派の中下級公家は八月十八日の政変以来、京から追放されたままです。

つまり、朝廷の実権は親幕派の上級公家が握っており、大政奉還後に朝廷の下に開かれる新政府（公武合体政府）は慶喜主導になることが予想されたからです。

岩倉ら中下級公家と薩長討幕派は、偽勅によって、大政奉還と上級公家と慶喜中心の新政府樹立を阻止することを画策します。

14日（1867年11月9日）、慶喜は大政奉還を正式に朝廷に奏請しました。

摂政二条斉敬ら朝廷上層部は困惑しましたが、小松帯刀、後藤象二郎らが上表受理を強く求め、翌15日に慶喜を加えて開催された朝議で受理が決定され、慶喜に沙汰書が授けられました。沙汰書には衆議を尽くして今後の体制を決定すると記され、同日、朝廷は諸侯会議開催のために10万石以上の諸大名に上洛を命じました。

15日、天皇は大政奉還を勅許します。

22日、諸侯会議までの間、政務を引続き幕府に委任し、将軍職も暫時従来通りとすることに諸藩が同意。つまり実質的に慶喜による政権掌握が続くこととなり、翌23日には外交も引続き幕府が中心で行なうことを認める通知を出しました。

一方、大政奉還奏請が行われた同じ14日、岩倉具視から薩長両藩に「倒幕の密勅」が渡されました。勅書には天皇による日付や裁可が記されておらず、形式が整っていません。日付がないことは、13日の幕府による大政奉還決定、14日の慶喜による大政奉還奏請、15日の天皇による大政奉還勅許を無効と言い張るべく、いつ時点で密勅が下されたかを弾力的に主張するための策謀と考えられます。

なお、岩倉具視も小松帯刀と同様に慶喜の大政奉還の決断を評価していたとの見方があり、「倒幕の密勅」は、西郷隆盛、大久保利通、木戸孝光等の薩長討幕派が後世になって捏造したという説もあります。

薩摩藩小松帯刀は朝廷から大政奉還後も政務を幕府に委任することの是非を問われたのに対し、賛同しました。一方、大政奉還奏上は将軍職に何も触れていませんでしたが、小松帯刀の進言を踏まえ、慶喜は24日に将軍職返上を奏上しました。薩摩藩の事実上の代表であった小松帯刀と慶喜の間にはそれなりに信頼関係があったと考えられます。

この時期、情報は錯綜し、何が真実だったかは知る由もありません。全体像を正確に鳥瞰することは不可能です。

会津、桑名、紀州等の徳川親藩や幕臣の間には大政奉還は薩長土各藩の画策によるものとの反発が広がり、大政再委任を要求する運動も起こりました。

土佐藩は坂本龍馬を越前藩に派遣するなど新政府樹立に向けて動きます。ところが、大政奉還勅許が下った11月15日、その坂本竜馬が暗殺されます。実行犯については諸説ありますが、有力説のひとつは薩摩藩説です。つまり、討幕派の西郷隆盛、大久保利通主導説です。

各藩は朝廷から上洛を命じられたものの、幕府、倒幕派、朝廷の形勢を見極めるために上洛を辞退する大名が相次ぎ、11月中に京都入りした有力大名は尾張、越前、薩摩、芸州の4藩のみです。

尾張藩の慶勝は10月23日に上洛の途につきます。朝廷も慶喜も、大政奉還に反対する松平容保、定敬兄弟の説得を兄慶勝に期待しました。上洛した慶勝は御三家筆頭としてここから苦渋の決断を迫られます。

武力倒幕派の策謀も動いていました。「倒幕の密勅」に続き、11月29日には藩主島津茂久が率兵上洛し、12月9日（1868年1月3日）の王政復古政変に向けた準備が進んでいました。

土佐藩の山内容堂が入京したのは12月8日。王政復古政変の前日です。

いよいよ、岩倉ら中下級公家、薩長倒幕派を中心とした新政府樹立のための政変が決行されます。

10　王政復古と天皇告諭と御三家筆頭（１８６７年）　幕末まであと10ヶ月

上洛した4侯（尾張、越前、薩摩、芸州の各藩主）は、幕府文久遣欧使節が結んだロンドン覚書に基づく兵庫開港問題について諮問されました。

覚書による開港期日は慶応3年12月7日（１８６８年1月1日）です。大政奉還により幕府のみならず薩長等の反幕府側の政治的正統性も失われている中で、幕府が交わした覚書に従って兵庫開港が実行されることは、旧幕府の決定事項の有効性を内外に示し、朝廷から引続き事実上政務を託された慶喜の政治的復権を暗黙裡に認めることを意味します。

こうした中、岩倉具視や薩長討幕派は、王政復古政変は可能であれば開港前に、遅くとも開港直後でなければ機を逸すると考えました。一方、英国が薩長の後ろ盾になっていたことから、英国が望む兵庫開港を白紙に戻すこともできません。薩長倒幕派は12月9日決行を決めました。

前夜、岩倉は自邸に、尾張、越前、薩摩、土佐、安芸各藩の重臣を集め、王政復古断行を宣言し、協力を求めました。5藩の軍事力を圧力とする意図でしたが、尾張、越前、土佐の各藩は徳川家を新政府に列することを前提に政変に参加しており、岩倉や薩長倒幕派とは同床異夢です。実際に、これらの藩の周旋により年末には慶喜の議定就任が取り沙汰されます。

ここにおいて慶勝には、尾張藩が御三家筆頭であるうえ、王命重視、尾張重視という遺訓が重くのしかかるとともに、自らの系譜が水戸系であるという複雑な葛藤がありました。

8日夕方から未明にかけて摂政二条斉敬（なりゆき）が朝議を主催します。長州藩主父子の官位復権と入京許可、岩倉ら蟄居遠投の身であった中下級公家の赦免と還俗などが決められ、これが旧体制における最後の朝議となりました。

9日（1868年1月3日）未明、前夜からの朝議が終わり、公家衆が退出した後、待機していた5藩の兵が御所の9門を封鎖。御所への立ち入りは藩兵が厳しく制限し、親幕派の朝廷首脳の参内が禁止されました。

そうした中、赦免されたばかりの岩倉らは、御所の御学問所に参内し、天皇の名の下に「王政復古の大号令」を発し、新政府樹立を決定、新たに置かれる三職の人事を決めました。

「王政復古の大号令」の内容は、徳川慶喜が申し出た将軍職辞任を勅許、京都守護職・京都所司代の廃止、幕府の廃止、摂政・関白の廃止、新たに総裁・議定・参与の三職を置くことでした。

9日暮六つ（18時）頃から、御所内小御所において天皇臨席のもと、最初の三職会議が開かれました。慶勝や山内容堂ほか、従来の公武合体派の流れを汲む面々は、旧幕府、徳川家も新政府に加わることが列強諸国に対抗するうえで必要と考えていました。そのため、三職会議に慶喜の出席が許されていないことを非難し、慶喜を議長とする諸侯会議の政体を主張しました。

岩倉具視、大原重徳らの公家は山内容堂らの主張に押され気味でしたが、容堂が「そもそも今日の事は一体何であるか。二、三の公家が幼沖なる天子を擁して陰謀を企てたものではないか」と詰問すると、岩倉が「ことごとく天子様のお考えの下に行われている。幼き天子とは何事か」と叱責したため、容堂は沈黙したと伝わります。

この時点で辞官納地（慶喜の内大臣辞任と幕府領の全納）は決まってはいませんでしたが、岩倉らは徳川政権の失政を並べ「辞官納地をして誠意を見せることが先決である」と主張します。

容堂らは慶喜の出席を強く主張して両者譲らず、遂に中山忠能が休憩を宣言。同会議に出席していた薩摩藩士岩下方平は西郷隆盛に助言を求めます。西郷は「ただ、ひと匕首（短刀）あるのみ」と述べ、岩下はこの発言を岩倉に伝えるとともに、芸州藩を介して土佐藩にも伝え、容堂の知るところとなります。

会議再開後は容堂を含め反対する者がなく、岩倉の提案通りに会議は進み、辞官納地が決しました。但し、松平春嶽らの努力で400万石全納から200万石半納に縮小されました。

小御所会議において慶勝は新政府議定に任命されます。

新政府総裁には有栖川宮熾仁親王、議定には公家5人と慶勝を含む武家5人。参与は岩倉具視ほか公家5人、武家5藩15人（各藩3人）で構成され、尾張藩からは丹羽賢、田中不二麿、荒川甚作が任命されました。土佐藩後藤象二郎、薩摩藩西郷隆盛、大久保利通は入っていますが、長州藩は入っていません。

その後、尾張藩の田宮如雲と林左門も参与に加わります。

慶勝は、慶喜への辞官納地通告役を命じられます。

慶勝は御三家筆頭として徳川宗家を支える立場であることも重んじ、小御所会議では慶喜出席の必要性を強く主張し、自らは議定の辞職願を提出し、辞官納地に際しては尾張藩領を宗家に返還する意向を表明しています。

12月9日の王政復古を受けて、容保、定敬は、京都守護職、京都所司代を免じられます。

この事態を受け、10日、慶喜は自らの新たな呼称を「上様」とすると宣言して、征夷大将軍が廃止されても「上様」が幕府の機構、組織を活かしてそのまま全国統治を継続する意向を示しました。また、岩倉や薩長の強硬な動きに対し、土佐藩等が巻き返しを図り、12日には肥後藩、筑前藩、阿波藩などの代表が御所からの軍隊引揚を薩長に要求する動きに出ました。

12日、前将軍となった慶喜は、同じく前京都守護職となった松平容保などとともに、大坂城へ向かいます。

13日、薩長の独断強行に対する反発は強く、岩倉と西郷は妥協案として辞官納地に慶喜が応じれば、慶喜を議定に任命するとともに「前内大臣」としての待遇を認める提案を行わざるを得なくなります。

王政復古の宣言は、14日に諸大名に、16日に庶民に布告されました。布告はされたものの、反対派の巻き返しを受け、王政復古は有名無実化される寸前だったと言えます。

16日、慶喜が米英仏蘭伊普6ヶ国公使と大坂城で会談し、内政不干渉と外交権の幕府保持を承認させ、19日には朝廷に対して王政復古の大号令の撤回を公然と要求するまでになりました。

22日、朝廷は告諭を発出。その内容は次のとおりです。

「徳川内府宇内之形勢を察し政権を歸し奉り候に付き、朝廷に於て萬機御裁決候に付ては、博く天下の公儀をとり偏黨の私なきを以て衆心と休威を同ふし、徳川祖先の制度美事良法は其儘被差置き、御變更これ無くの候間、列藩此聖意を体し、心付候儀は不憚忌諱極言高論して救縄補正に力を盡し、上勤王の實效を顯し下民人の心を失なはず、皇國をして一地球中に冠超せしむる様淬勵致すべき旨御沙汰候事」

内容的には、事実上徳川幕藩体制による大政委任の継続を承認したと読めます。王政復古の大号令は取り消しこそされなかったものの、慶喜の主張が完全に認められたとも受け取れます。

慶喜の将軍辞職を勅許し、慶喜の新体制への参入を排し、一会桑政権を支えてきた会津藩、桑名藩を京都から締め出し、摂政、関白及び五摂家を頂点とした朝廷、公家社会の門閥支配を解体し、天皇親政の名の下に、一部公家と薩長中心の一部藩士が主導する新政府樹立を目指す政変は、失敗に終わる可能性がありました。

22日の告諭に勢いを得て、大坂城では薩長に対する主戦論が広がり、旧幕府軍は京坂要地に兵を展開します。

新政府内では、大久保利通らが慶喜配下の旧幕府軍の動きを糾弾する一方、春嶽らは旧幕府内の強硬派に慶喜が窮していると睨み、慶喜を擁護します。春嶽と慶勝が慶喜に会い、慶喜は引続き新政府と話し合うことに同意するなど、慶喜復権に向けた動きは続いていました。

慶喜復権を阻止したい倒幕派は、江戸薩摩藩邸の勤王派浪士に市中での挑発作戦を敢行させます。23日夜、浪士は三田の庄内藩屯所襲撃や江戸市中放火の蛮行に出ました。旧幕府側は薩摩藩に浪士引渡しを求めたものの拒絶され、庄内藩等による江戸薩摩藩邸焼討事件が勃発しました。

江戸のこうした動きが大坂に伝わると、旧幕府側、薩摩側双方で主戦論が高まります。

11 青松葉事件と東征軍触頭（1868年） 幕末まであと9ヶ月

慶喜は主戦論を抑え切れなくなり、慶応4年1月1日（1868年1月25日）、討薩表を発し、朝廷への訴えと薩摩討伐のために京都に近代装備の約1万5千の軍勢を進軍させます。京都周辺の新政府軍は5千人（主力は薩摩藩兵）であり、兵力では優位でした。

慶喜としては、天皇の奸臣（かんしん）を除くための軍事行動であり、徳川家と薩摩藩の私戦という認識です。

1月3日午前、鳥羽街道を封鎖していた薩摩藩兵と旧幕府軍先鋒が対峙。通行を求める旧幕府軍に対し、薩摩藩兵は京都から許可が下りるまで待つように返答。

通行を巡る問答が続き、業を煮やした旧幕府軍は夕七つ半（17時頃）、隊列を組んで前進を開始し、強引に押し通る旨を通告しました。薩摩藩側では通行を許可しない旨を回答し、その直後に一斉に発砲、戦端が開かれました。

鳥羽での銃声、砲声が聞こえると、伏見でも戦端が開かれ、近江、淀、橋本と戦線は拡大していきます。

朝廷では緊急会議が召集され、大久保利通が徳川征討布告と錦旗掲揚を主張しましたが、松平春嶽は薩摩藩と旧幕府軍の私闘に対して朝廷は中立を保つべきと反論。会議は紛糾しましたが、議定の岩倉が徳川征討に賛成したことで大勢は決しました。

同日、朝廷では新政府軍に錦旗を与え、官軍に任じました。入京していた諸藩の兵も官軍となった薩長側に合流し始め、旧幕府軍は徐々に劣勢に陥ります。

6日、大坂城にいた慶喜は薩長軍が錦旗を掲げたことを知り、旧幕府軍と薩摩藩の私闘という構図が崩れたことに愕然とします。慶喜は会津藩主松平容保、桑名藩主松平定敬や老中とともに大坂城を脱出し、大坂湾から軍艦開陽丸で江戸に退却しました。

慶喜が戦線離脱したことにより旧幕府軍は戦意を喪失します。抗戦する者もいましたが、敗走する者、江戸や自領に戻る者も出始めます。

同日、新政府議定の立場である慶勝に二条城接収の命が下りました。

7日、朝廷が慶喜追討令を出し、旧幕府軍は朝敵とされました。9日、慶勝は新政府の一員として空になった大坂城も接収し、京坂一帯は新政府軍の支配下となりました。

この間、列強諸国は局外中立を宣言し、旧幕府は国際的に承認された政府としての地位を失い、2月には東征軍が進軍を開始します。

以後、戊辰戦争の舞台は江戸市街での上野戦争や、北陸地方、東北地方での北越戦争、会津戦争、箱館戦争と続きます。

1月6日、鳥羽伏見の戦いの最中、慶勝のもとに名古屋城から密使としてやってきた監察吉田知行が国元の不穏な動きを伝えました。吉田知行は、後に北海道八雲開拓（後述）の中心人物となる藩士です。

不穏な動きとは、尾張藩内の佐幕派が幼君（義宜）を擁して京都に上り、旧幕府軍との合流を画策しているという内容です。

国元では、王政復古の政変に慶勝が参画し、議定に就任したことを不審に思い、混乱が生じていました。宗家の慶喜が大坂に下ったにも関わらず、徳川御三家筆頭の慶勝が禁裏にいて議定を務めていることは、宗家と幕府への不義不忠であるとする反発です。

吉田が慶勝に報告した同じ6日、国元では、慶勝は朝幕間の周旋に尽力しているのであり、藩士は動揺しないようにとの御触れが出ました。

尾崎忠征日記によると、慶応4年1月12日（1868年2月5日）、尾張藩の成瀬正肥、田宮如雲、小瀬新太郎、尾崎八右衛門、荒川甚作、丹羽淳太郎、田中国之輔の7人が御所に参内し、岩倉具視に拝謁しています。

この時、彼らは尾張藩の情勢を報告するとともに、何事かを「歎願」し、岩倉はそれを「御入腹」したと記されています。成瀬らの何らかの申し入れを岩倉が了承したとのことです。

1月15日、朝廷から慶勝に対し、藩内の「姦徒」を誅戮し、勤王の志を奮起させよとの朝命が出されました。

朝廷から慶勝への御沙汰書は岩倉が作成した可能性が高く、鳥羽伏見の戦い後の尾張藩内の混乱に乗じ、旧幕府軍に呼応しようとする「姦徒」を朝命によって鎮圧し、藩論を勤王に統一しようとしたのと見方があります。

朝廷が特定の藩に具体的な命令を出すのは異例のことですが、王命重視、尾張重視の遺訓、勤王護藩の家訓がここで意味を持ちます。勤王の思いが強い慶勝は朝命に逆らうことはできず、徳川御三家筆頭の立場に勝ったと言えます。

慶勝は急ぎ尾張に向かいます。1月18日に清洲に着き、20日（1868年2月13日）、名古屋城に入りました。

21日、慶勝は家臣に登城命令を出し、入城後に城を閉鎖。御前会議を開き、佐幕派の中心人物と目されていた渡辺新左衛門ら3名に対して「年来姦曲の所置これある候につき、朝命により死を賜うものなり」という上意を言い渡し、弁明の機会を与えぬまま斬首しました。このあとさらに11名、合計14名の佐幕派が明確な理由を知らされることなく斬首され、その一族も家名断絶などに処せられました。

処断された人数は、第1次長征の際に長州藩の家老3人と11人、合計14人が切腹、斬首となったのと同じです。

藩内抗争を避けたい慶勝の苦渋の決断であったと思われますが、このことで尾張藩は徳川親藩でありながら藩論を勤王、新政府恭順に統一することとなりました。

新政府東征軍が進軍し始めると、慶勝は触頭に任命され、佐幕色の強い東海道譜代諸藩を勤王側へ動かす役回りを担わされました。尾張藩は東海道と中山道周辺の大名旗本領に藩士を派遣し、新政府恭順の証として勤王証書を提出するよう説得しました。御三家筆頭尾張藩の勧めとあって、沿道諸藩の大勢はこれに従います。

慶勝による藩内佐幕派の処断と触頭役としての働きによって、東征軍は大きな戦闘をすることなく江戸に至りました。

以後、尾張藩は朝廷側、新政府側に与することとなり、官軍の要請で出兵して奥羽列藩同盟と戦火を交えるなど、慶勝にとっては弟たちの旧藩を敵にまわす辛い戦いとなりました。

尾張藩が朝廷側、新政府側に与していなければ、東征軍の進軍もその後の戊辰戦争も大きく展開が変わり、日本の幕末史は違った結果になったかもしれません。

藩士粛清の件は斬首された渡辺新左衛門邸の通称にちなんで「青松葉事件」と言われるよう

になりました。その背景等を記した記録は残されていません。処刑に関わった旧藩士が次々と非業の死を遂げたことなどもあって、関係者の間で箝口令が敷かれ、真相は不明のまま時が過ぎました。

御付家老の成瀬家と竹腰家の長年にわたる勢力争いが影響していたとか、尾張藩が幕府方につくことを恐れた岩倉具視や薩長の陰謀であるなど、諸説語られています。また、藩校明倫堂関係者の暗躍を指摘する説もあります。

その後慶勝は、一橋家を継いでいた弟茂徳と協力して容保、定敬の助命嘆願を行います。とくに茂徳は徳川一族の総代的役割を担い、3月4日、江戸を立ち、25日に江尻で東征大総督有栖川宮熾仁親王に面会して前将軍慶喜の寛大処分を願い出ています。29日に願出が了承され、4月4日江戸に戻りました。

同年閏4月27日、徳川宗家の継承も要望し、29日、徳川家達による宗家相続が許されました。さらに5月10日、徳川宗家の領地決定を願い出て、24日、家達は駿府70万石を与えられました。

朝廷及び新政府側のこのような対応は、この時期、そうしなければ旧幕府側の反発がさらに高まり、事態が流動化する可能性を抱えていた証と言えます。

容保は1月10日に解官され、2月4日藩主を降り、2月8日登城禁止処分となりました。改元後の明治元年11月2日、因幡国鳥取藩に幽閉され、12月7日、鳥取藩に永預り処分となりました。

定敬もやはり1月10日に官位を剥奪され、2月11日に江戸深川の霊巌寺に謹慎。以降、新潟、柏崎、会津若松、出羽米沢、陸奥仙台、蝦夷と移動、転戦し、1869（明治2）年4月26日に横浜に来て、5月20日に降伏。8月1日、桑名藩は定教が藩主に就いて存続が決まると、8月15日、定敬は江戸津藩（藤堂家）邸にて永禁錮処分となりました。

12　八雲開拓と高須四兄弟（1879年）　幕末後

尾張藩は徳川御三家筆頭でありながら、慶勝が議定として新政府に参加したことに加え、青松葉事件という悲惨な出来事の犠牲のうえに、戊辰戦争で朝敵になることなく明治維新を迎えました。

しかし、まもなく慶勝は1868（慶応4）年閏4月21日、議定を辞任します。

9月、元号が明治に改元され、翌1869（明治2）年6月に版籍奉還が行われ、新政府は各藩が支配していた土地（版）と人民（籍）を朝廷に返還させ、統制力強化を図りました。

新政府の中枢は薩長出身者が占め、7月の官制改革では慶勝をはじめ当初新政府に参画していた尾張藩家臣のほとんどが要職から外されました。

主たる原因は、尾張藩が明治維新に貢献したとはいえ、やはり徳川御三家筆頭であったことだと推察できます。

加えて、宝暦年間（１７５３～55年）に行なわれた木曽三川治水工事に薩摩藩士が動員されて多数の犠牲者を出したことや、第１次長征軍総督が慶勝であり、交戦を回避したとは言え、藩主父子が剃髪謝罪、家老ほか14名が断罪に処せられたこと、また慶勝は最後の将軍慶喜の従兄であり、一橋家を継いだ茂徳、会津藩主容保、桑名藩主定敬の実兄であることなどから、薩長両藩の尾張藩に対する感情が影響していたと想像できます。

旧藩主は爵位を授けられ、多くは知藩事に任命されました。明治3年末（１８７１年1月23日）、尾張藩は財政難に陥った高須藩を吸収し、同年名古屋藩と改称されて慶勝が藩知事に任じられます。翌１８７１（明治４）年、廃藩置県が行なわれ、名古屋藩は名古屋県（のち愛知県）となり、慶勝は初代県令となりました。

１８７５（明治８）年、慶勝は尾張徳川家の当主であった実子義宜の病死を受けて、再び当主となりました。

新政府は版籍奉還にあわせて封建的身分制度も廃し、大名、公家を華族、一般武士を士族、農工商の一般庶民を平民としました。身分に関係なく満20歳以上の男子に徴兵制を導入した結果、武士の時代は終わりました。

形式的には四民平等になりましたが、華族、士族には家禄支給の特権が残されていました。しかし、新政府の財政状況は厳しく、家禄支給を継続することができず、１８７６（明治９）

年に華族、士族の家禄を全廃するかわりに、旧禄の種類や石高に応じた額面の金禄公債証書を与えました。いわゆる秩禄処分です。

華族や上級士族はその利子によって財産を蓄積できましたが、中下級士族は低額の公債しかもらえず、生活は苦しく、没落していきます。

明治政府が士族の特権剥奪に動いたのは、当時人口の約6％程度の華族、士族に対して、新政府が支給していた家禄が国家財政の30％以上を占めていたからです。

慶勝は旧藩士の授産のために、他藩に先駆けて、士族を士族身分のまま藩内各地に分散帰農させる帰田法を導入しました。しかし、志願者は少なく、帰田法出願士族は370人余、卒族（武士身分を持たない足軽等の下級家臣）を加えた総数8650戸のごく一部でした。

秩禄処分によって、生活に困窮していた中下級士族たちの生活はさらに苦しくなり、全国各地で不平士族の反乱が相次ぎ、その最終局面が1877（明治10）年の西南戦争でした。

こうした状況に直面した旧尾張藩も、さまざまな方法で困窮士族たちを救済しようとしました。慶勝は1877（明治10）年、旧藩士を北海道に移住させ、開拓農業に従事させることによって授産を行なうことを決意します。

慶勝は5万円を出資して名古屋に第11国立銀行を設立し、その利子の一部を開墾事業の資金に充当することとしました。

慶勝は金鉄組藩士の中心であった吉田知行等を北海道に派遣して移住適地の調査に当たらせ、函館から近い胆振国山越内村字遊楽部を最適地としました。この遊楽部が後の八雲町です。慶勝は直ちに北海道開拓使長官黒田清隆に対して土地150万坪の払下げ要望書を提出しました。開拓使が制定していた北海道地所規則では、土地払下げは1人10万坪までとされていましたので、慶勝の要望は異例です。しかし、黒田清隆は岩倉具視に対して慶勝の申し出は国策に沿ったものとして、許可することを勧めます。

当時、樺太千島交換条約によってロシア南下の懸念は薄らいでいましたが、開拓の進捗は捗々しくなく、慶勝が申し出た「民間資本による集団移住」は新政府としても開拓停滞状況を打開する渡りに船の案でした。

1878（明治11）年1月、慶勝は吉田知行に北海道事業担任を命じ、移住希望者の募集を開始させました。しかし、北海道は熊が棲む極寒の未開地という印象が強く、希望者はなかなか現れません。

慶勝は移住地調査に行った角田弘業（こうぎょう）の弟、角田弟彦（おとひこ）に率先して移住するように諭しました。彼が歌人として士族たちの間で有名な存在であったことや、かつての帰田法適用藩士であり、農業の経験があったからです。

慶勝の勧めとあっては断りきれず、弟彦は移住を決意。案の定、応募者が増え、ようやく初年度の移住者である家持15戸72名及び単身者10名が決まりました。同年6月、新政府は土地

150万坪を無償で慶勝に払い下げました。

先発隊一行は7月1日に品川を出港します。10月初旬、移住者15戸分の家屋15棟が完成し、最初の移住者たちが現地に到着。旧尾張藩士による北海道移住の始まりです。

徳川家開墾試験場には1878(明治11)年から1896(明治29)年までの間に合計78戸330余人、単身移住者29人、幼年移住者24人の約380人の士族が移住しました。

しかし、開拓の現実は過酷であり、旧藩士たちの苦労は想像を絶したと伝わります。

1880(明治13)年、慶勝は家督を養子の義礼に譲り隠居します。3年後の1883(明治16)年、60歳で逝去しました。

茂徳は、1868(慶応4)年5月24日、宗家家達の実父である田安慶頼らとともに独立の大名に列し、立藩しました。1869(明治2)年、知藩事就任を願ったものの、版籍奉還で廃藩となり、知藩事にはなれませんでした。1870(明治3)年6月、家臣らに別離の挨拶を行い、一橋藩は完全に解体し、1884(明治17)年3月、53歳で逝去しました。

容保は、1869(明治2)年に紀伊国和歌山に遷され、1871(明治4)年には陸奥国旧斗南藩預かりとなり、同年、東京に移りました。

1872(明治5)年に預かり処分が免じられ、1880(明治13)年に日光東照宮宮司に就任しました。晩年は東京府皇典講究所監督、栃木県皇典講究所監督等を務め、1893(明治26)年、57歳で薨去しました。

定敬は、1869（明治2）年5月に降伏し、江戸伊勢津藩（藤堂家）藩邸にて永禁錮処分となりました。1871（明治4）年に伊勢国旧桑名藩に移され、翌1872（明治5）年に謹慎を免じられました。

1894（明治27）年、兄松平容保が亡くなった後を受けて日光東照宮宮司に就き、1908（明治41）年、61歳で亡くなりました。

慶勝、茂徳、容保、定敬は、1879（明治11）年9月、幕末後初めて兄弟4人で集まり、銀座の写真館で写真を撮りました。幕末史の真実とそれぞれの葛藤について、高須四兄弟から直接その思いを聞くことはできません。

「高須四兄弟」右から慶勝、茂栄、容保、定敬
（海津市歴史民俗資料館提供・原資料は行基寺蔵）

【尾張藩幕末史】

1858〜59年頃の動き　不時登城と慶勝隠居謹慎

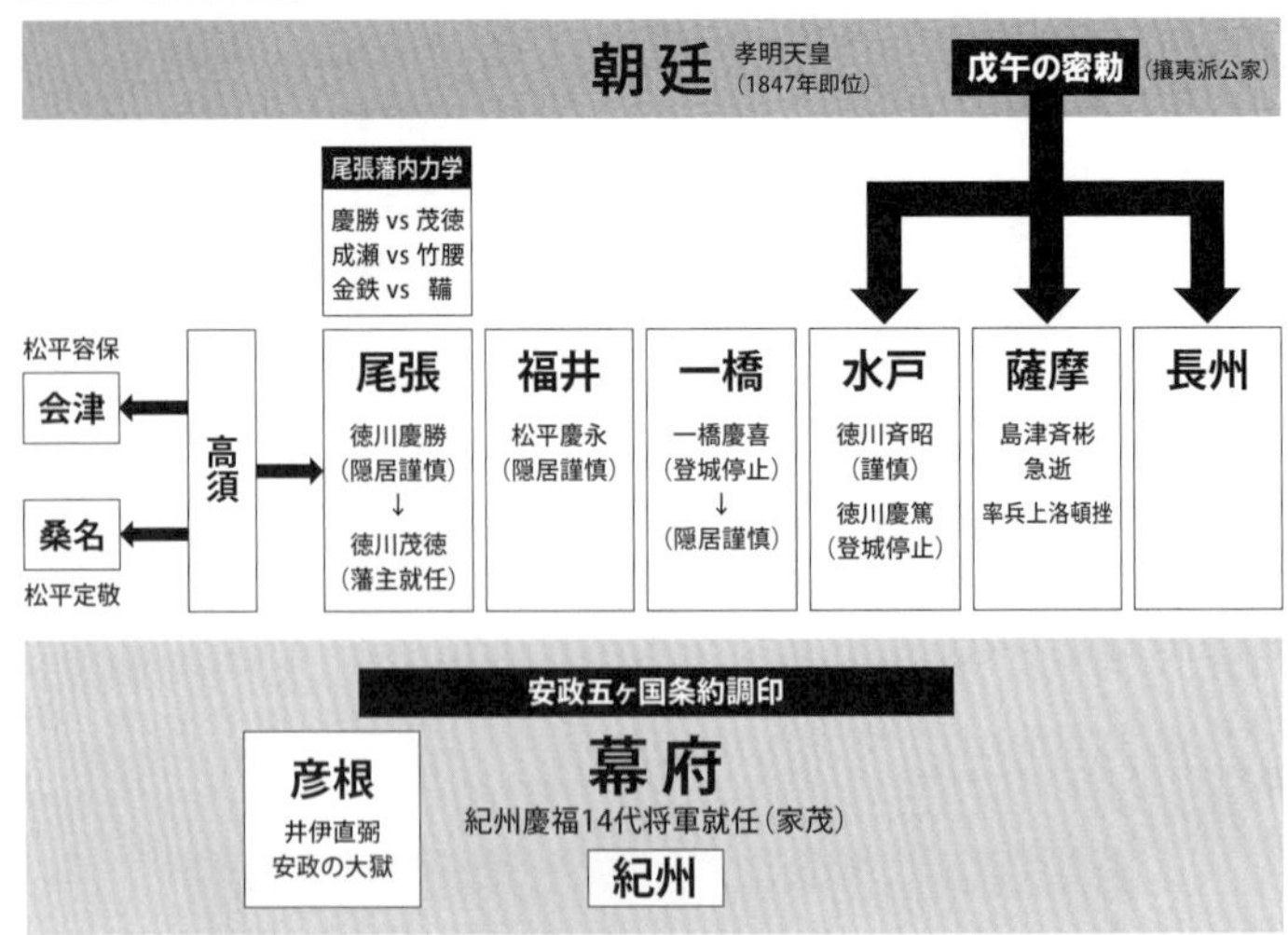

1862〜63年頃の動き　八月十八日の政変と尾張藩内力学

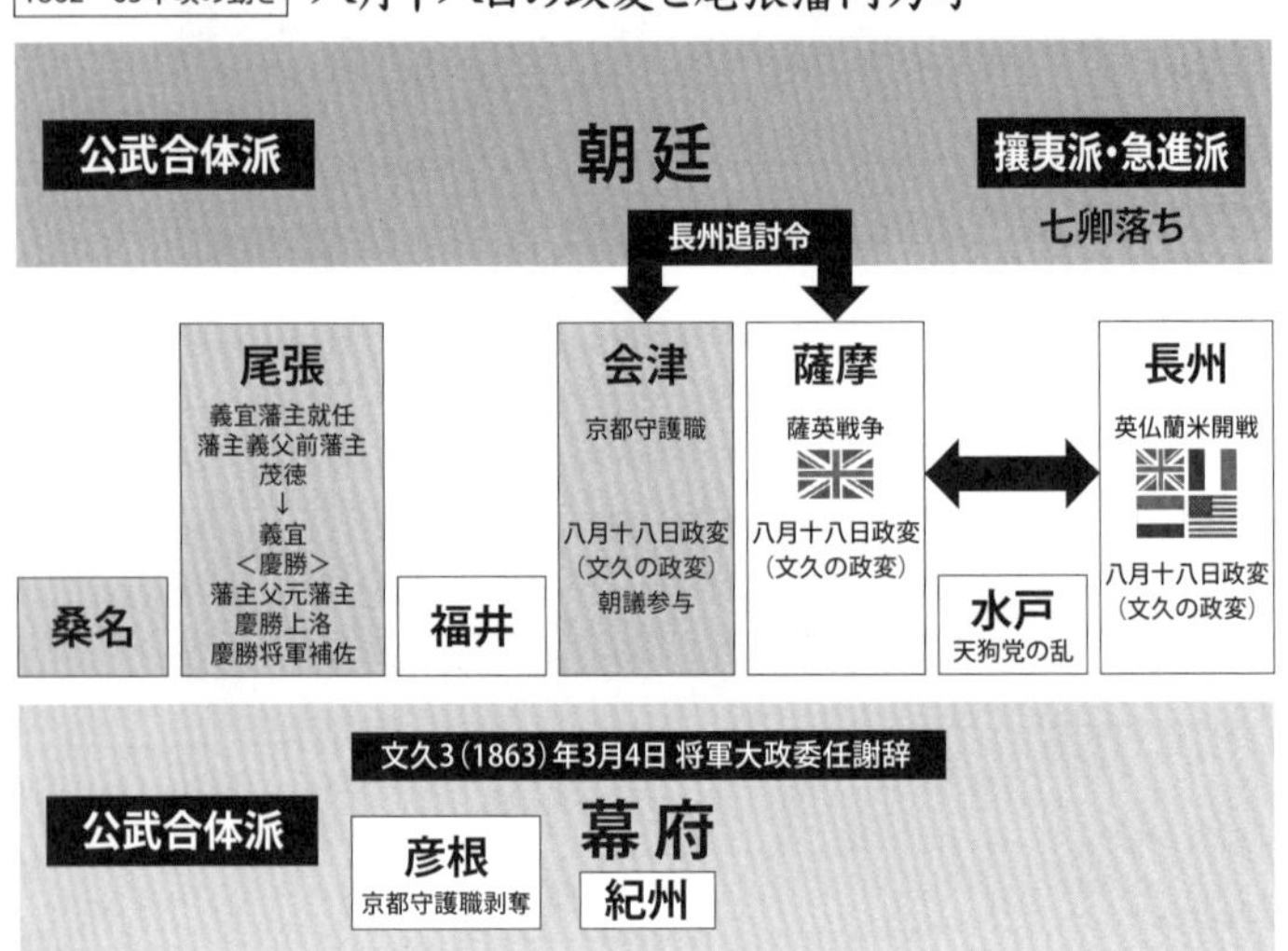

1864〜66年頃の動き　尾張藩と一会桑と薩長同盟

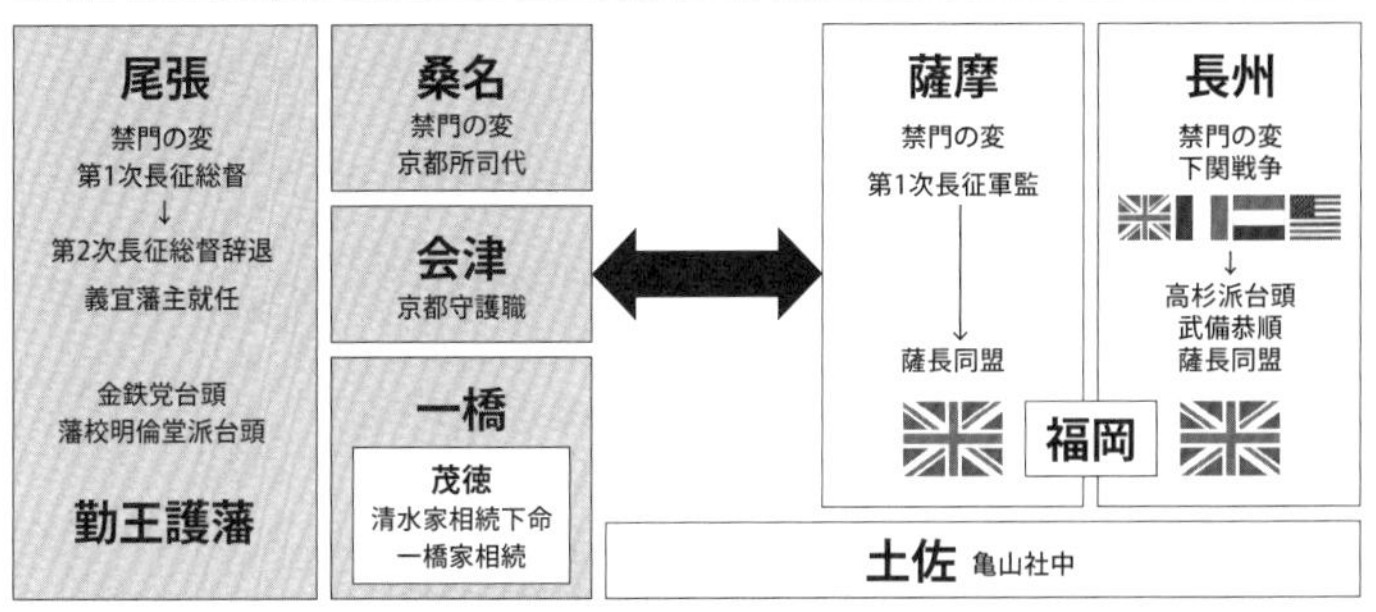

1867〜68年頃の動き　大政奉還と王政復古と尾張藩

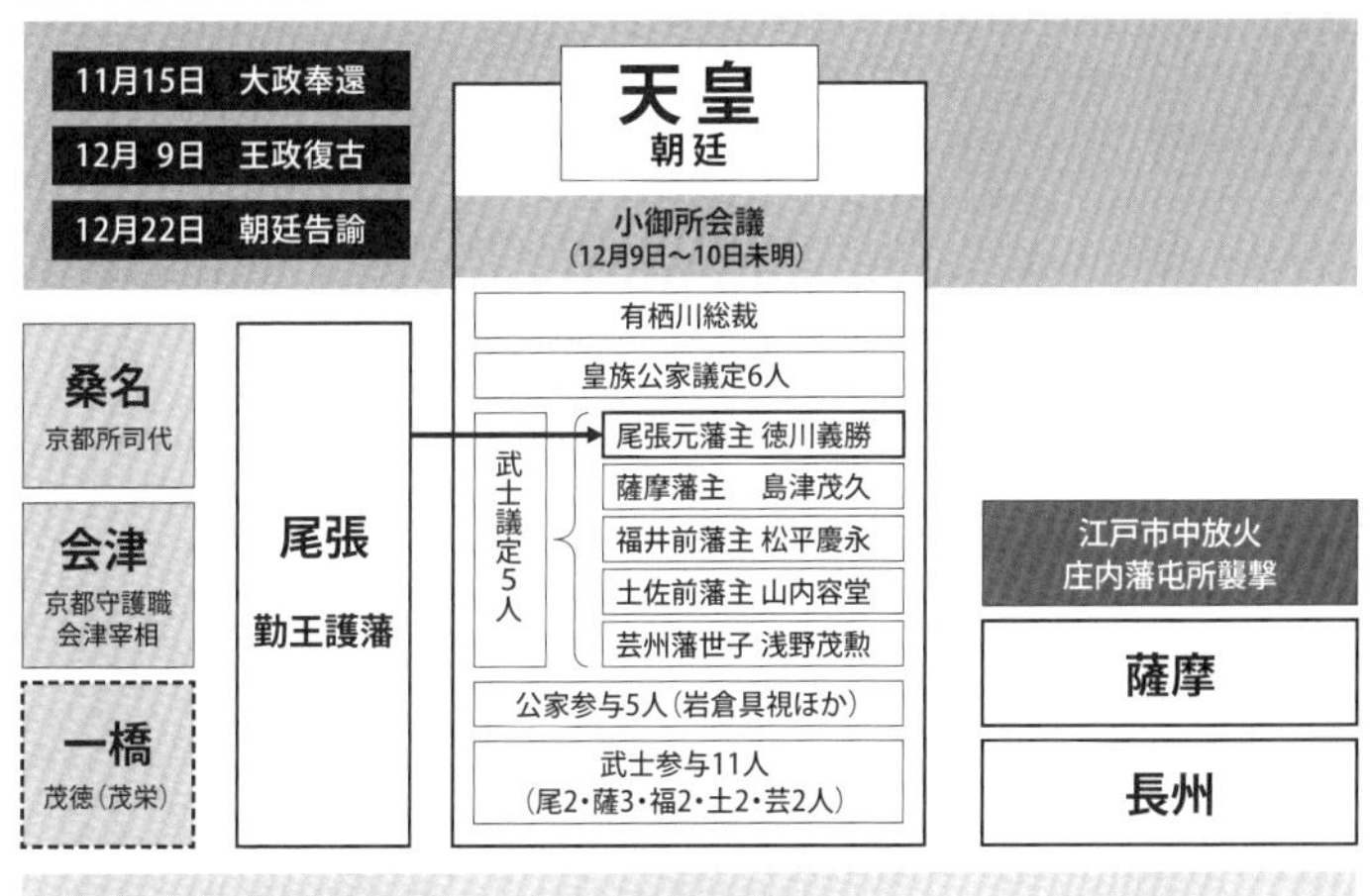

定敬	主な出来事
	英船薩摩宝島上陸
	露船蝦夷侵入交戦
	水戸藩大砲鋳造
	米東印艦隊浦賀入港(通商要求)
1/18生誕	徳川慶喜一橋家相続
	英軍艦下田来航測量
	蘭商館長、米艦隊翌年来航を幕府に予告、薩摩藩反射炉建造
	6/3 ペリー来航
	4/3日米修好通商条約批准書署名、**4/24〜安政の大獄**
11/16桑名藩主	10/21 米総領事ハリス将軍家茂謁見、露海軍軍人殺害
	3/1 桜田門外の変、12/5 ヒュースケン薩摩藩士に殺害される
	7/6 徳川慶喜将軍後見職就任、8/21 生麦事件
京都所司代	3/4 将軍徳川家茂229年ぶり入京、5/10 長州藩関門海峡で外国艦船砲撃 7/2 薩英戦争、**8/18 八月十八日の政変**
	2/5 将軍家茂2度目上洛(翔鶴丸による海路)参与会議出席 6/5 池田屋事件、**7/19 禁門の変**、**8/2 第一次長州征伐** 8/5 米英仏蘭四国艦隊長州藩下関砲台を占拠
	4/19 第二次長州征伐、閏5/22 将軍家茂3度目上洛 10/1 家茂朝廷に将軍職辞表提出(7日に撤回)
	6/7 幕府長州を攻撃、7/20 将軍家茂大坂城で逝去 8/20 慶喜徳川宗家相続、12/5 慶喜15代将軍就任、12/25 孝明天皇崩御
京都所司代解任	2/6 慶喜大坂城で仏公使ロッシュと会談、**10/14 大政奉還** **12/9 王政復古**、12/12慶喜大阪城へ移る
	1/3 鳥羽伏見の戦い、**1/20 青松葉事件**、4/11 江戸城無血開城、9/8 明治改元
	6/17 版籍奉還、8/15 蝦夷地を北海道に改称
写真撮影	
7/21逝去	

【高須四兄弟の生涯】

西暦	和暦	慶勝	茂徳	容保
1824		3/15生誕		
1831			5/2生誕	
1836	天保7			12/29生誕
1846	弘化3			4/27会津藩養子
1847	4			
1849	嘉永2	**6/4尾張藩主**	**12/26高須藩主**	
1852	5			**2/10会津藩主**
1853	6			
1858	安政5	7/5隠居謹慎	**7/6尾張藩主**	
1859	6			
1860	万延元（安政7）	9/4謹慎解除		
1861	文久元（万延2）			
1862	2	4/25悉皆御宥許		
1863	3		9/3隠居	**閏8/1京都守護職** 12/30朝議参与
1864	元治元（文久4）	**8/7 第1次長征総督**		2/11陸軍総裁 2/12参議辞退 4/7京都守護職復職
1865	慶応元（元治2）			
1866	2		**12/27一橋相続**	4/27参議就任
1867	3			京都守護職解任 2/4藩主辞任
1868	明治元（慶応4）			
1869	2			
1878	11	9月3日、銀座の二見朝隈写真館において4人で		
1883	16	8/1逝去		
1884	17		3/6逝去	
1893	26			12/5逝去
1908	41			

古典文献概要（五十音順）

吾妻鏡　鎌倉末期の1300（正安2）年頃に完成した初代頼朝から6代宗尊親王までの鎌倉幕府将軍記。武家政権最初の記録、基本史料と評される。

遺老物語　江戸時代初中期の見聞記・随筆・実録を集めた叢書。国学者、医者の幕臣朝倉景衡が1733（享保18）年に編纂。遺漏物語、故老物語ともいう。

延喜式　平安時代中期に編纂された律令施行細則。そのうち神名帳は927（延長5）年にまとめられた9～10巻を指し、官社に指定されていた全国神社一覧である。

大江匡房奏状　平安時代後期の公卿、儒学者、歌人である大江匡房が天皇に上申した文書。匡房は藤原伊房、藤原為房とともに白河朝「三房」と称され、小倉百人一首に権中納言匡房として登場する。

尾張国郡司百姓等解文　988年12月19日（永延2年11月8日）付で尾張国の郡司・有力農民（田堵負名）らが国守藤原元命の非法失政を朝廷に訴えた文書（解文）。これを受けて元命は翌年解任された。

尾張国地誌　1752（宝暦2）年の尾張藩最初の地誌**張州府志**、9代藩主宗睦の命により狩野派絵師でもある藩士内藤正参が記して赤林信定が編纂した1789（寛政元）年の**張州雑志**、1844（天保15）年に藩命により書物奉行深田正韶が張州府志をもとに再調査を行って編纂した**尾張志**などがある。

尾張徇行記　尾張藩士樋口好古が尾張・美濃・近江の領内を巡視してまとめた郡村徇行記の一部である尾張八郡地誌。1792（寛政4）年に稿を起こし、1822（文政5）年に完成した。

尾崎忠征日記　幕末の尾張藩京都留守居役尾崎忠征の日記。忠征は自分が発した書状や受け取った書状の内容を日記の中に書き留めており、尾張藩幕末史の貴重な史料。

尾張名所図会　江戸末期から明治初期に刊行された尾張国地誌。学者岡田文園と枇杷島橋守役野口梅居が著し、画家師弟の森高雅、小田切春江が挿絵を描いた。

鸚鵡籠中記　尾張藩士朝日文左衛門重章が書いた1691（元禄4）年から1718（享保2）年までの日記。下級武士の日常生活、藩の内情、城下の事件事故や噂話なども記された史料である。

金城温古録　尾張10代藩主斉朝の命で藩士奥村得義が記した名古屋城の記録。約10年の調査の末、1860（万延元）年完成分は15代藩主茂徳に提出され、明治になっても編纂、清書が続いた。

源平盛衰記　応保年間（1161～62年）から寿永年間（1182年～83年）までの20年余りの源平の盛衰興亡を百数十項目にわたって叙述する軍記物語の代表作。著者不明。

金鱗九十九之塵　天保年間（1831～45年）に桑山好之が編纂した名古屋地誌。神社仏閣由緒、士農工商家系譜、諸道芸能人物伝、清洲越等の史実も記す。

古事記　「ふることふみ」とも読む。712（和銅5）年に太安万侶が編纂し、天地開闢から推古天皇期までを記す最古の歴史書。日本書紀と併せて「記紀」と総称される。

宿村大概帳　幕府直轄五街道、諸街道、宿場等について詳しく調査、記述している。宿場の戸数等は1843（天保14）年調べが大半だが、一部安政年間（1854～60年）の調査も含む。

松涛棹筆　江戸時代後期の尾張藩普請方藩士奥村徳義が描いた絵図。享和年間（1801～04年）の御坊（東別院）及び周辺を描いた古渡東本願寺辺之古覧と題した絵図が載っている。

信長公記　織田信長家臣太田牛一が編纂した信長一代記。江戸時代初期に完成。信長記とも呼ばれ、他文献や軍記物とは一線を画す緻密さ、史料性の高さを誇る。

先代旧事本紀　「さきのよのふることのふみ」とも読む。著者不明の平安時代初期の神道神典。天地開闢から推古天皇期までを記す。尾張氏と物部氏の系譜が詳述されている**天孫本紀**、大化改新以前の全国各地の国造の系譜と叙任を記す**国造本紀**などが収蔵されている。

大日本国一宮記　室町時代に編纂された諸国一宮一覧。諸国一宮の社名、祭神、鎮座地を記した一宮記は同種本が複数存在する。その代表的文献。

特選神名牒　1876（明治9）年に各府県作成の神社取調書や神社明細帳を参考に内務省が編纂した延喜式神名帳注釈書。式内社の祭神、神位、社格等を記す。

続日本紀　797（延暦16）年に藤原継縄、菅野真道らが編纂した勅撰史書で、日本書紀に続く六国史の第二にあたる。697（朱鳥12）年から791（延暦10）年までの歴史を記す。

日本紀略　平安時代に編纂された史書で、六国史の抜粋と神代から六国史以後の1036（長元9）年までを記す。編者不詳。日本史紀略・史略・史類とも呼ばれる。

日本史　戦国時代末期にイエズス会宣教師ルイス・フロイスが記した史書。布教史に加え、織田信長、豊臣秀吉等の武将の動向から庶民の実情、災害や事件などが細かく記されている。

日本書紀　「やまとふみ」とも読む。720（養老4）年に完成した最古の正史で、六国史の第一にあたる。神代から持統天皇期までを記す。

以上のほか、本文中に登場する史料は、1835（天保6）年の名古屋城下町上・中・下市場の諸商人・職人・商家の軒数等が記された**上市場永代帳**、絵図と解説から構成される江戸時代旅行記である**諸国道中鏡**（名古屋城下図には城郭、武家屋敷、社寺等の主要な建造物が描かれている）、**定光寺年代記**、**霊泉玉井由緒記**、**真清田神社縁起**（古縁起）、**神社紀要**、**名護屋図**、**名古屋城下図**（東加茂郡足助町小出家文書）等である。

あとがき

尾張名古屋に生まれ育った者として、その歴史の一端を紐解いた本書が多少なりとも郷土史に貢献できれば望外の喜びです。

まえがきにも記しましたが、筆者の自宅は織田氏居城であった末森城址近くです。既に鬼籍入りしている父親の出身地は木曽川町であり、鎌倉街道の玉ノ井に先祖の家があったようです。

仕事柄、名古屋と東京を頻繁に往来していますが、東京で1軒だけ馴染みの赤提灯があります。場所は四谷荒木町。奇遇なことに高須藩の江戸藩邸址です。高須四兄弟は皆この地で生まれ育ちました。筆者の東京での居所は紀尾井町。尾張藩邸址です。

筆者が客員教授を務める藤田医科大学は古代鎌倉街道の駅（うまや）、両村（ふたむら）址に立地しています。キャンパスに連なる二村山は歌枕の名勝地であり、鬱蒼とした山の中には鎌倉街道が残っています。近接する勅使池という池の名前は、天皇の勅使が池の改修工事に関わったことに由来します。

　本書を執筆し始めてから、その内容に関連する事物や出来事、奇瑞、奇譚に遭遇したり、気づくことが多く、何やら不思議な因縁を感じます。

本書では尾張の古代史から近世史までを旅しました。尾張氏は、古代においては日本武尊の東征に参じ、壬申の乱に際しては天武天皇（大海人皇子）を支え、それぞれ重要な役割を果たしました。

中世においては、熱田社大宮司の孫である源頼朝が初の武家政権を樹立し、尾張は京と鎌倉を結ぶ鎌倉往還の要衝となりました。

戦国時代には信長、秀吉、家康を輩出し、近世安定期の基盤を作りました。その要は尾張藩の名古屋城下町です。7代藩主宗春と8代将軍吉宗の政策的対立は今日においても示唆に富んでいます。

そして尾張藩幕末史です。尾張藩の立ち位置、尾張藩が果たした役割、ならびに尾張藩にまつわる史実が、今後大いに検証されることを期待します。明治維新から150年が過ぎ、薩長史観で脚色され、固定化されてきた幕末史が、そろそろより客観的に検証、修正されてもよい時期だと思います。

古代から近世まで、尾張名古屋の歴史の中で常に重要な役割を担ったのが街道です。街道筋の社寺、城郭の由緒は、尾張国史の重要性を語り継ぐ証でもあります。

城山神社（末森城址）や覚王山日泰寺を遊び場として育ち、長じては仕事柄、尾張名古屋のみならず三河を含む愛知県内各地を隈なく訪ね、歴史に触れる機会に恵まれていることに感謝しつつ、筆を置きます。

覚王山「耕庵」にて　大塚耕平　合掌

主な参考文献（五十音順）

愛知県神社庁『愛知縣神社名鑑』（1992）.

愛知県高等学校郷土史研究会『愛知県の歴史散歩（上）尾張』（2005）山川出版社.

愛知中世城郭研究会・中井均編『愛知の山城ベスト 50 を歩く』（2010）サンライズ出版.

家近良樹『幕末維新の個性 徳川慶喜』（2011）ミネルヴァ書房.

岩下哲典『幕末日本の情報活動「開国」の情報史』（2008）雄山閣.

石田泰弘編『街道今昔佐屋路をゆく』（2019）風媒社.

池田誠一『なごやの古道・街道を歩く』（2007）風媒社.

池田誠一『なごやの鎌倉街道をさがす』（2012）風媒社.

『尾張名所図会』（1998）臨川書店.

太田正弘『尾張藩著述家綜覧』（2005）私家本.

梶山勝「古代東海道と両村駅」『研究紀要（23 巻）』（2000）名古屋市博物館.

岸野俊彦「尾張藩青松葉事件」『歴史読本』（2003）角川書店.

岸野俊彦編『尾張藩社会の総合研究（第七篇）』（2020）清文堂.

北見昌朗『愛知千年企業（江戸時代編）』（2010）中日新聞社.

児玉幸多校訂「東海道宿村大概帳」『近世交通史料集（第 4 巻）』（1970）吉川弘文館.

榊原邦彦「尾張における中世の東海道」『郷土文化（137 巻）』（1963）.

清水禎小「名古屋東照宮祭礼における町人及び藩主の対応」『尾張藩社会の総合研究6』（2015）清文堂.

鈴木雅「枇杷島橋の水計杭と小田井人足」『名古屋市博物館研究紀要（第 40 巻）』（2017）.

千田嘉博「愛知県中世城館跡調査の課題と展望」『日本歴史（502 巻）』（1990）.

高田徹「桶狭間合戦時の織田氏陣城」『中世城郭研究（14 巻）』（2000）中世城郭研究会.

高田徹「末森城について」『郷土文化（57 巻 1 号）』（2002）郷土文化会.

徳川黎明会編『尾張国町村絵図』（1988）図書刊行会.

中根洋治『愛知の歴史街道』（1997）愛知古道研究会.

服部哲也・木村有作・纐纈茂『なごやの古代遺跡を歩く』（2008）風媒社.

名古屋市博物館『尾張史料のおもしろさ 原典を調べる』（2004）.

名古屋城下町調査実行委員会『名古屋城下町復元プロジェクト報告書』（2007）.

羽賀祥二・名古屋市蓬左文庫編『名古屋と明治維新』（2018）風媒社.

秦達之『尾張藩草莽隊・戊辰戦争と尾張藩の明治維新』（2018）風媒社.

藤田英昭「嘉永・安政期における徳川慶勝の人脈と政治動向」『研究紀要（51 号）』（2017）徳川林政史研究所.

藤田英昭「徳川慶勝の政治指導と尾張徳川家」『幕末維新の政治と人物』（2016）有志舎.

八事・杁中歴史研究会『八事・杁中歴史散歩』（2018）人間社.

吉田富夫「名古屋の古道とその開拓」『文化財叢書（50 巻）』（1971）名古屋市教育委員会.

城郭

その他

(注)索引項目は、本書内容に照らして特に重要と思われるものを抽出した。
また、頻出語である「信長」「家康」「慶勝」「名古屋城」については章節で記した。

神社

寺院

索　引

人名

大塚 耕平（おおつかこうへい）

仏教・歴史コラムニスト。中日文化センター等で仏教・歴史講座の講師を務める。著書に『弘法大師の生涯と覚王山』『仏教通史』『四国霊場と般若心経』（大法輪閣）、『愛知四国霊場の旅』（中日新聞社）。

仏教・歴史ブログ「覚王山耕庵」https://ko-an.blog

1959年名古屋市生まれ。末森城址麓の城山中学、名古屋城東の旭丘高校を経て、早稲田大学卒業、同大学院博士課程修了（学術博士）。日本銀行を経て参議院議員（2001年～）。元厚生労働副大臣・内閣府副大臣。現在、早稲田大学客員教授（2006年～）、藤田医科大学客員教授（2016年～）。元中央大学大学院客員教授（2005～2017年）。著書に『公共政策としてのマクロ経済政策』（成文堂）、『3.11大震災と厚労省』（丸善出版）、『「賢い愚か者」の未来』（早稲田大学出版部）など。

尾張名古屋 歴史街道を行く —社寺城郭・幕末史—

2023年1月26日　初版第1刷発行

著　　者　大塚耕平
発 行 者　勝見啓吾
発 行 所　中日新聞社
〒460-8511　名古屋市中区三の丸一丁目6番1号
電話　052-201-8811（大代表）
052-221-1714（出版部直通）
郵便振替　00890-0-10
ホームページ　https://www.chunichi.co.jp/corporate/nbook/
デザイン　idG株式会社
地図制作　クロックワークヴィレッジ
印　　刷　図書印刷株式会社

ISBN978-4-8062-0802-0 C0021